Michael Schneider

Das neue Leben aus dem Glauben III

AF137828

Michael Schneider

Das neue Leben aus dem Glauben III

Einübung in das geistliche Leben

Fromm Verlag

Imprint

Any brand names and product names mentioned in this book are subject to trademark, brand or patent protection and are trademarks or registered trademarks of their respective holders. The use of brand names, product names, common names, trade names, product descriptions etc. even without a particular marking in this work is in no way to be construed to mean that such names may be regarded as unrestricted in respect of trademark and brand protection legislation and could thus be used by anyone.

Cover image: Vom Autor bereitgestellt

Publisher:
Fromm Verlag
is a trademark of
Dodo Books Indian Ocean Ltd. and OmniScriptum S.R.L publishing group

120 High Road, East Finchley, London, N2 9ED, United Kingdom
Str. Armeneasca 28/1, office 1, Chisinau MD-2012, Republic of Moldova, Europe
Managing Directors: Ieva Konstantinova, Victoria Ursu
info@omniscriptum.com

Printed at: see last page
ISBN: 978-620-2-44271-8

INHALTSVERZEICHNIS

EINÜBUNG IN DAS GEISTLICHE LEBEN

Die folgenden Ausführungen zu Gestalt und Einübung eines geistlichen Lebens sind über Jahrzehnte hin in der Begleitung von jungen Erwachsenen und deren Suche nach einem authentischen Leben aus dem Glauben entstanden. In kurzer und einprägsamer Form werden jene Themen und Fragen geistlichen Lebens aufgegriffen, die in den beiden vorangegangenen Bänden »Das neue Leben aus dem Glauben« behandelt werden. Teils thesenartig wird die Thematik weitergeführt, um zum Weiterdenken anzuregen. Die gegen Ende der Ausführungen angegebenen »Wegmarken« mögen der persönlichen Vertiefung in die angeführten Erfahrungen und Vollzüge eines geistlichen Lebens dienen.

Erneut sei an das Bild vom »Wegweiser« erinnert. Seine Aufgabe besteht darin, in die Richtung zu weisen, in die zu gehen ist; aber er wird wohl kaum all das anzeigen, was der Wanderer unterwegs zu erleben und zu erkunden hat. In diesem Sinn mögen auch die vorliegenden geistlichen Hilfen verstanden werden: Sie wollen die Leser auffordern, sich auf den Weg zu begeben, um selber zu erkunden, wohin Gott sie führen will.

Anlaß zu einem solchen Aufbruch sind die Verheißungen Gottes, die den Menschen auf den Weg der Nachfolge locken. Seine Verheißungen sind erfüllt in Jesus Christus, der der Weg, die Wahrheit und das Leben ist (Joh 14,6). Er lehrt nicht nur die Wahrheit, auch ist er nicht bloß der Größte aller Lehrenden: Die Wahrheit, die er lehrt und gelebt hat, wäre nicht, wenn er nicht existierte. Wer an ihn glaubt, wendet sich ihm zu als dem Ursprung des Lebens und geht mit seiner ganzen Existenz – also mit seinem Leben, Denken und Fühlen – in die Schule des Herrn, um im Empfinden für das Richtige und das Unrichtige alles neu von ihm zu lernen; dazu müssen die Augen neu geschaffen, die Ohren neu gebildet, die Gedanken und Maßstäbe neu ausgerichtet werden.

Eine solche Kehrtwendung im Leben geschieht nicht aufgrund eines Befehls, auch läßt sie sich nicht mithilfe von Methoden erproben, vielmehr erklärt sie sich allein aus der uneingeschränkten Liebe Gottes, die dem Menschen ein neues Leben eröffnet.

Von der Schönheit seines Geschöpfes ergriffen, ist Gott voller Sehnsucht, bis er ruht – in uns! Also nicht die Ermahnung: »Du sollst Christus nachfolgen!«, sondern das Erkennen seiner Liebe führt in die Freude und Vollkommenheit der Nachfolge. Die Bedingungslosigkeit, mit der Gott liebt, befreit zugleich von allen Götzen menschlicher Selbstverliebtheit. Gott zerstört die Bilder des Heiligen, die zu heiligen Bildern, also »sakrosankt« wurden. Eindeutig und radikal tilgt er das, was in der menschlichen Vorstellung nicht göttlich ist und zu einem Götzen(-bild) wurde;

doch handelt es sich dabei um kein Vernichten, vielmehr legt Gott, wenn er am Menschen vorübergeht, schützend Seine Hand auf ihn, damit dieser Seine Gegenwart erträgt (Ex 33,22f) und die Begegnung mit Ihm überlebt.

Gott verheißt dem Menschen ein neues Leben, das stärker ist als der »Bund mit dem Tod« (Jes 28,15) und das ihn »ein neues Lied« lehrt (Ps 33,3), das »wirkkräftig in der Liebe« ist (Gal 5,6). Die Kraft dieses Liedes zeigt sich darin, daß es den Menschen neuschafft; neu geboren, ist er fortan sich selbst voraus, da er aus dem lebt, was auf ihn zukommt, nämlich das Reich Gottes.

Für die Augen des Glaubens ist die Gegenwart Gottes in den alltäglichsten Dingen und Begebenheiten nicht zu übersehen: in dem Rufenden, der auf seinen Weg befiehlt (Joh 1,35–51); in dem Mann der anderen Religion, der um einen Trank bittet (Joh 4,1–26); in dem Geringen, der arm und obdachlos ist (Mt 25,31–46); in dem Gärtner an einem leeren Grab (Joh 20,11–18); in dem Wanderer, der sich zwei Fragenden beigesellt (Lk 24,13–35), und in dem Mann am Ufer zur Stunde des Morgengrauens, der nach Fischen fragt (Joh 21,1–14). Mit den Augen des Glaubens erhält der Mensch eine ganz neue Begabung für Gott, die ein neues Sein und Reden möglich macht, da er nun in allen Dingen Gottes Gegenwart zu erkennen vermag, selbst in den Erfahrungen von Leid und Tod, wie sie der franziskanische »Sonnengesang« ausbuchstabiert.

Das neue Leben, das der Mensch im Glauben empfängt, eröffnet eine unverhoffte »Gleichzeitigkeit« mit Christus. Die Lebensgemeinschaft mit dem auferstandenen Herrn führt in eine neue Identität: Hat der Mensch bisher Unheil erfahren, da er nicht war, was er ist, ist er nun in Christus eine erlöste, begnadete und erhöhte Neuschöpfung, in allem der Liebe und Treue Gottes würdig, von der ihn nichts mehr zu scheiden vermag (Röm 8,35). Selbst angesichts der eigenen Schwachheit vermag der Glaubende nicht mehr zu verzagen, da in ihr Gottes Kraft zur Vollendung gelangt.

Sie übersteigt alle menschlichen Fähigkeiten und Talente, alle Erfolge und erreichten Ziele, weil sie gewirkt ist durch den »Geist des lebendigen Gottes« (2 Kor 3,3): Er hört das Seufzen der Kreatur und nimmt sich des Menschen in seiner Schwachheit an. Zugleich befreit er von allen festgefahrenen Steckenpferden und Ideologien und erlöst aus aller geistigen Sklaverei der Selbstverliebtheit. So schenkt er den »köstlichen Geschmack« an Gott und verleiht die Kraft, zu lieben »nicht mit Worten noch mit der Zunge, sondern in der Tat und Wahrheit« (1 Joh 3,18).

Was Gottes Geist wirkt, übertrifft alles rein »Geistige«: Wie Gott verloren wird, wenn er als »reiner Geist« verstanden wird, so führt auch das Wirken des Heiligen Geistes zu einer derart andersartigen Erfahrung, daß sie nach einem Wort des Apostels Paulus für so manchen ein »Ärgernis« ist (1 Kor 6,13–20). Ohne das Wirken des Heiligen Geistes vermag ein Christ nur den »Buchstaben« zu erfüllen, doch dieser ist gefährlich, denn er läßt nie der Ordnungen Gottes gewahr werden. Dies gilt erst recht für ein geistliches Leben: Wer es »buchstäblich« zu erfüllen sucht, wird sich meilenweit von den Wegen und Weisungen Gottes entfernen. Das göttliche Geschenk eines neuen Lebens befreit von allem angestrengten Streben nach Tugend und Vollkommenheit, ist es doch ganz bestimmt von der Freiheit des Heiligen Geistes und der Freude am Beschenktsein durch Gott. Ein Leben mit Gott gleicht einem Geburtsvorgang, wie er in den biblischen Wundern der Brotvermehrung und der Verwandlung des Wassers in Wein beschrieben wird: Gott schenkt *mehr als nötig* (»gratia victrix«). Dieses Übermaß göttlicher Gnade und Liebe ist fortan die einzig bestimmende Maßgabe christlichen Lebens.

Nach dieser Maßgabe wurde auch das Titelbild dieses Buches ausgesucht. Es zeigt die Darstellung des innergöttlichen Gespräches, geschrieben von Oleg Kuzenko nach einer Vorlage von Andrej Rublev. Bis ins Mittelalter hinein scheute man sich, die Dreieinigkeit in eine bildhafte Abbildung zu holen; lieber verstand man die drei Männer, die Abraham und Sarah in der Oase Mamre besuchten und ihnen einen Sohn verhießen (Gen 18,1–15), als sichtbaren Typos des dreieinen Gottes. In Rußland erklärte die Stoglav-Synode von 1551 die Ikone der drei Engel sogar zur einzig erlaubten Darstellung der drei göttlichen Personen; als Vorbild galt die Ikone Rublevs aus dem Dreieinigkeitskloster in Sergeij Possad, die sich heute in Moskau befindet. Vermutlich ist in der mittleren Gestalt der Sohn dargestellt, rechts von ihm der Heilige Geist und gegenüber Gott Vater. Die drei Engel sitzen auf der Ikone um einen (Altar-)Tisch, auf dem ein kelchartiges Gefäß steht, in dem der Kopf eines geschlachteten Kalbes zu sehen ist.

Vor der Ikone brennt ein Licht zum Zeichen dafür, daß der Beter wie dieses brennende Licht vor dem Angesicht des dreieinen Gottes Tag für Tag leben möchte, auf daß sein ganzes Leben ein unablässiges Gebet sei.

Auf dieser Ikone ist dargestellt, was Aussage der vorliegenden Schrift ist. Wer sich in das geistliche Leben einüben möchte, weiß, daß er sich nicht allein mit geistlichen Methoden und Übungen dem dreieinen Gott zu nähern vermag. Vielmehr ist er dessen gewiß, daß er längst schon in das innergöttliche Gespräch hineingenommen ist, denn: »Aus seiner Fülle haben wir alle empfangen, Gnade über Gnade« (Joh 1,16). Deshalb wird der Beter bereit sein, alles abzulegen, was ihn von diesem Geschenk abhält, auf daß er immer glaubwürdiger von sich bekennen darf: Nicht mehr ich lebe, der dreieine Gott ist es, der in seinem eingeborenen Sohn »seine Zelte« in mir aufgeschlagen hat (Joh 1,14), auf daß ich fortan in ihm lebe.

I. Leben aus dem Glauben

Wer aus dem Glauben leben möchte, hat zunächst sein tägliches Leben zu ordnen. Nur so wird er die Gemeinschaft mit Gott finden und ein glaubwürdiger Zeuge des Glaubens sein.

1. Grundsätze geistlichen Lebens

In kurzen Merksätzen faßt *Heinrich Spaemann*[1] wesentliche Wesensmerkmale eines erlösten Lebens wie folgt zusammen:

Erstwichtiges nicht an die zweite Stelle setzen!
Erstwichtig ist Gott und meine Verbundenheit mit ihm; darum dem Gebet und dem Gottes-Dienst nichts vorziehen.

Verzichte nicht verweigern, sofern sie von der Liebe zu Gott und zum Nächsten nahegelegt sind!
Sorge tragen, daß das vordergründige Vielerlei im eigenen Leben nicht überhandnimmt. Auswählen! Nur Menschen ohne viel Gepäck, nur »Kinder« und »Arme« kommen durch die »enge Tür, die ins Leben führt«.

Der Neigung zu unnötiger und liebeleerer Kritik nicht nachgeben!
Jesus ist Gottes Ja zu uns, in ihm sind wir »im Bunde« mit Gottes Güte und Barmherzigkeit.

Nicht das Auge der Menschen suchen!
Die Linke nicht wissen lassen, was die Rechte tut: »Der Mensch ist so viel wert, wie er vor Gott wert ist – nicht mehr und nicht weniger« (Pfarrer von Ars).

Sich nicht ängstlich sorgen, sich nicht selbstisch sichern!
Wenn es gilt, der größeren Liebe zu gehorchen: Gott die Zukunft und Angst überlassen. Der je nächste Schritt genügt! Nichts aufschieben oder gar mit Blick auf ein mögliches Morgen das reale Heute versäumen. Die drei Kennzeichen eines wahren Gehorsams gegenüber Gott sind: sogleich, freudig, ganz.

---

[1] H. Spaemann, Und Gott schied das Licht von der Finsternis. Christliche Konsequenzen, Freiburg 1982, 69-79.161-170.

8

Keine Zeit vertun!
Die Stunde auskaufen (Eph 5,15–20). Die uns geschenkte Zeit wird jenes »Talent« sein, über das am Ende des Lebens Rechenschaft vor Gott abzulegen ist.

Sich dem Kreuz als dem Geheimnis des letzten Platzes verpflichtet wissen!
In jeder Eucharistiefeier darum bemüht sein, das innere Verhältnis zum »letzten Platz«, wie es Christus uns vorgelebt und aufgetragen hat, zu vertiefen suchen. Sich nicht ärgern und empören, sondern bejahen, daß man gelegentlich verkannt, hintangesetzt, nicht beachtet und vielleicht sogar übergangen wird. Darauf gefaßt sein, daß berechtigte Wünsche und Vorstellungen durchkreuzt werden und daß das Gebet oft anders erhört wird, als wir es hier und jetzt erwarten oder erkennen.

Neu anfangen, immer wieder!
Die Anfangsbereitschaft nicht aufgeben. Es ist traurig, daß wir immer neu anfangen müssen, aber es ist tröstlich, daß wir immer wieder anfangen dürfen: »Die große Schuld des Menschen ist nicht, daß er in Sünde fällt – denn der Mensch auf Erden ist ja schwach, und die Gefahr ist groß –, sondern daß er jeden Tag umkehren kann und dies nicht tut« (Chassidim).

Aus den Gaben des Geistes leben!
Die Stille suchen, lieben, verwirklichen und dabei in den Spiegel der Heiligen Schrift schauen. Auf ein zartes Gewissen, das die »erste Liebe« nicht verliert, bedacht sein und eine von Gott geprägte Lebens- und Tagesordnung einhalten.

2. Zur Lebenskultur des Glaubens

Es lassen sich einige Grundregeln für die Bestimmung einer geistlichen Lebenskultur nennen, die täglich neu einzuüben sind und darin bezeugen, wie wichtig einem der Glaube in konkreter Nachfolge ist:

Das Leben im Glauben ganzheitlich gestalten.
Viele zum Teil alltägliche Lebensvollzüge und Lebensumstände hängen mit anderen zusammen und bedingen sich gegenseitig: Also auf den verschiedenen Ebenen und in den einzelnen Bereichen des Alltags eine geistliche Lebenskultur pflegen!

Das Gelingen des eigenen Lebens setzt eine gewisse »Kultur«, also eine tägliche »Pflege« voraus.
Zu einer geistlichen Lebenskultur gehört auch eine Kultivierung des Genießens, beispielsweise im Essen und Trinken: Wer genießen kann, schlingt die Nahrung nicht einfach hinunter. Wer schlingt, »verschlingt« vielleicht eines Tages auch Menschen. Zu einer Lebenskultur gehört sodann die Pflege der Beziehungen. Diese sollte man nicht ständig austauschen – wie eine Biene, die von einer Blüte gleich zur nächsten fliegt, sobald sie ausgesogen ist. Zu einer guten Lebenskultur gehören konkrete Rituale während des Tages, z. B. morgens beim Aufstehen und abends vor dem Schlafen: Wie beginne ich den Tag und wie beschließe ich ihn? Ein authentischer Lebensstil konkretisiert sich darin, daß man mit den Dingen und den eigenen Beziehungen sorgfältig umgeht und das eigene Leben »feiert« (vgl. »Feierabend«).

Die Gestaltung des Zimmers und der Wohnung, in der ich lebe, ist auch Ausdruck der Sorgfalt für mich.
Lebensstil und Spiritualität sind eng miteinander verbunden. Wie sieht mein »Daheim« aus, worin besteht mein Daheim?

Um das eigene Leben bewußt zu gestalten und um nicht nur gelebt zu werden (vom »Überleben« zum »Leben«), bedarf es regelmäßig eines betenden »Verdauens« des Lebens im Auswerten der täglichen Erfahrungen (Gewissenserforschung als »Gebet der liebenden Aufmerksamkeit«).
Dadurch lernt man, das innere Ausmaß der eigenen Lebensgeschichte zu entdecken und oberflächliche Halbherzigkeit abzulegen.

Die Grundhaltung aller Lebenskultur ist die Dankbarkeit.
Eine persönliche Lebensordnung soll nicht schon im Vorfeld verzwecklicht werden, sondern einen Raum eröffnen, in dem man reift.

3. Geistliche Lebensordnung im Alltag

Das soeben dargestellte Grundverständnis einer inkarnierten Spiritualität hat Konsequenzen für das geistliche Leben und Beten im Alltag.

a) Voraussetzungen
Die Überlegungen zum Beten im Alltag können mit einer eher humorvollen Frage ansetzen: Es ist für das geistliche Leben nicht unbedeutend, ob der Mensch vom Affen oder vom Bären abstammt. In dem einen Fall würde eine Banane genügen,

um so manches Problem geistlichen Lebens zur Zufriedenheit zu lösen. Ganz anders, wenn der Mensch vom Bären abstammt. Der Bär braucht zum Überleben eine Höhle, in der er brummen kann, er benötigt ein Glas Honig und den Winterschlaf, bei dem er sich einmal in Ruhe lassen kann. Gleiches gilt letztlich auch für ein geistliches Leben:

Ein geistlicher Mensch benötigt eine »*Höhle*»«, nämlich einen Ort, an den er sich gerne zurückzieht, um bei sich einzukehren und dort zu verweilen. Dies kann eine Gebetsecke sein, ein Zimmer, ein Sessel. In Rußland wird ein solcher Ort als die »schöne Ecke« bezeichnet, geschmückt mit einer Ikone und einem Licht. Eine solche »Höhle« dient der inneren Erneuerung, es ist ein Ort, von dem wir sagen: »Hier ist gut sein.«

Mit »*Brummen*« ist gemeint, daß ein geistlicher Mensch der Worte bedarf, die ihn von innen her erneuern. Die frühen Mönchsväter haben immer wieder Worte der Heiligen Schrift vor sich »hingebrummt« (»ruminare«), um sie von innen her auszukosten. Es kann eine große Hilfe sein, Worte der Psalmen auswendig zu lernen und sie immer wieder aufzusagen, wie z. B.: »Meine Seele, warum bist du so betrübt? Harre auf Gott.«

Der »*Honig*« ist das, was den Menschen von innen her aufrichtet. Dazu zählen der Schlaf, ein Spaziergang, das Gespräch mit einem Freund, ein Bad ...

Auch im geistlichen Leben gibt es einen »*Winterschlaf*«: Es ist die Zeit, in der der Mensch keine Entscheidungen und Veränderungen in seinem Leben treffen darf, sondern wo alles darauf ankommt, sich einmal in Ruhe zu lassen – streßfrei und ohne Aufputschmittel. Eine solche Gelassenheit kann sogar zu einem Glaubenszeugnis werden.

b) Ausformung
Geistliches Leben ist eine immer neu zu suchende und zu erringende, realistische Harmonie unter den körperlichen (konditionellen), seelischen (geistigen und gemüthaften), sozialen (existentiell-dialogischen) und finalen (spirituellen) Dimensionen unseres menschlichen Daseins.

Der rechte Umgang mit der Zeit bezeugt eine gediegene Spiritualität, deren Kennzeichen sind: Pflege der eigenen Beziehungen; der Mut, auch einmal »Nein« sagen zu können; ein gesunder Rhythmus von Arbeit und Freizeit; Rituale des Alltags; kreative Gestaltung der Freizeit; existentielle Zustimmung zur Situation, in der man lebt bzw. vielleicht sogar leben muß; Stärkung des eigenen Lebenskonzeptes; tragfähige Verarbeitung von Enttäuschungen. Alle Neuansätze in der Ordnung des eigenen Lebens sind nicht monokausal, sondern multidimensional anzugehen.

Bewegungsmangel, der eine gewisse »Leibfeindlichkeit« ausdrückt, wird häufig nicht als krankmachend erkannt; deren Folge sind Kreislaufstörungen, Hemmungen und Ängste, innere Unruhe und Schlaflosigkeit. Zur inneren Zufriedenheit gehört der gute Umgang mit dem eigenen Leib; eine gute körperliche Kondition stärkt das Selbstgefühl.

Psychische Krankheitssymptome zeigen sich heute nicht mehr so oft in Schuldgefühlen und skrupelhaften Ängsten, sondern eher in Antriebs- und Arbeitsstörungen. Deren Folge sind Lustlosigkeit und mangelnde Durchhaltekraft unter Belastungen. Hier gilt es, neu eine gesunde Fähigkeit zu Liebe, Verzicht, Genuß und Arbeit anzustreben, unter Beachtung der eigenen Grenzen, Kräfte und Begabungen.

c) Leib

Wie kaum ein anderer hat die heilige *Hildegard von Bingen* über das Zeugnis des Glaubens im Vollzug des Lebensalltags nachgedacht. Was heute gemeinhin als »Lebenskultur« bezeichnet wird, erfaßt Hildegard tiefer und grundlegender aufgrund ihrer christologischen Entfaltung einer Wachheit des Geistes in den leiblichen Sinnen.

Der Mensch sieht mit seinen leiblichen Augen die Geschöpfe, mit den Augen des Glaubens jedoch schaut er seinen Herrn in allem, was er schuf und heute noch schafft. Wirkliche Einsicht im Glauben beansprucht nach Hildegard alle Sinne des Menschen. So geht Hildegard den ganzen Menschen durch, vom Kopf bis zum Fuß, um zu zeigen, daß »das Wort Fleisch geworden ist«. Statt »Gott und meine Seele« gilt für die heilige Hildegard die Maxime, daß die Seele am »Turm« ihrer Leiblichkeit zu bauen habe. Denn der Leib ist das Ende der Wege Gottes und damit der Schlüssel für die Geheimnisse und Schönheiten der Welt. Das gläubige Leben in der Welt gleicht einem leibhaften Gespräch über das Heil, wie es von Gott allen Menschen guten Willens verheißen ist.

Leibhaft lebt der Mensch in einer mehrfachen Spannungseinheit, die die heilige Hildegard recht anschaulich beschreibt.[2] Da ist zunächst die Spannung von Leib und Seele. Wenn der Mensch seinen Leib maßlos bedrängt, bringt er ihn zur Erschöpfung, und im Zweifel darüber, ob er das aushalten kann, beginnt der Mensch im Zorn »wie ein Bär zu brummen«, aber Gott kann schöpferisch mit ihm nichts mehr

---

[2] C. Bonn, Leben als Spannungseinheit. Vortrag am 09.10.1984 in der Abtei St. Hildegard, Eibingen.

bewirken. Sodann die Spannung zwischen Himmel und Erde: Je transparenter das Irdische auf das Himmlische hin offengehalten wird, um so wirklicher ist die Identität. Einem Bischof ruft Hildegard zu: »Baue im Himmel!« Das heißt, er solle gefälligst die Last der täglichen Plackereien »wie ein geduldiger Esel zum Weinberg des Herrn tragen«. Wer die Spannung zwischen Himmel und Erde nicht aushält, ist wie ein total »versalzenes Mittagessen«. Schließlich die Spannung von Ruhe und Bewegung: Wer ein Rad zeichnen will, muß den Zirkel in der Mitte des Rades fest (»stabilitas«) aufsetzen. Je fester, desto größer kann der Kreis geschlagen werden. Das Stehen in der Mitte ist kein faules Ausruhen, vielmehr läßt sich von der Mitte her der Kreis schlagen. Zur »stabilitas« gehört der Gehorsam (»oboedientia«), nämlich in jedem Augenblick all das zu tun, was Gott will. Dann ist der Mensch überall zu Hause, auch an der Peripherie. Einheit mit sich und der Welt findet nur, wer Mut zum Leiden hat, denn ohne die Wunden des Herzens ist keine Einheit im Leben möglich, wie Hildegard betont.

Dies alles weist auf die Notwendigkeit einer inkarnierten Spiritualität und Lebenskultur, sei es z. B. durch Leibesübungen (wie Eutonie etc.) oder durch Einübung in eine gesunde und ausgewogene Lebensweise und Freizeitgestaltung wie auch durch die Integration von »*animus*« und »*anima*«.

4. Zum Umgang mit den »Gedanken« und »Lastern«

Ein Katalog von Zehn Geboten allein genügt nicht, um die Fehlhaltungen von Sünde und Schuld vor Gott zu erkennen und zu bekennen. Es müssen in gleicher Weise die »Grundhaltungen« bedacht werden, also die »Wurzeln«, aus denen die Sünde erwächst. Schon früh hat die Kirche über diese »*Wurzelsünden*« nachgedacht, vor allem im Katalog der acht Laster. Er gibt acht Grundhaltungen an, aus denen die meisten Fehlhaltungen und Sünden des Menschen entstehen.

a) Die »Eröffnung« der Gedanken
Wenn die frühmonastische Praxis der Gewissenseröffnung von »Sünden«, »Bekenntnis« und »Buße« spricht, ist damit nicht schon die sakramentale Amtshandlung gemeint, bei der die Absolution im Vordergrund steht, vielmehr geht es um die »Eröffnung« (Exagoreusis) der »Gedanken« (Logismoi) und Versuchbarkeiten im eigenen Leben, für die ein Zuspruch erbeten wird.[3]

---

[3] Vgl. A. Grün, Der Umgang mit dem Bösen. Münsterschwarzach 1979; M. Schneider, Aus den Quellen der Wüste. Köln [2]1989.

Aus den Gedanken erkennen wir die unguten Regungen, die in einem Menschen am Werk sind. Er wird nicht direkt beeinflußt, wohl aber durch die Begegnung mit Gegenständen und durch Leidenschaften, die mit diversen Situationen jeweils verbunden sind. Dabei wirken die unguten Regungen auf zweifache Weise, nämlich durch:
– *Dinge* (der Außenwelt: Gegenstände, Ereignisse, Menschen) und durch
– *Gedanken* (der Innenwelt: Phantasie, Traum).

b) Zum Umgang mit den Gedanken
Die Logismoi äußern sich als recht konkrete »Einreden« – und zwar als:
– Einflüsterung,
– Versuchung,
– innerer Befehl (der auffordert, etwas sogleich zu tun),
– Rucksackgefühl (negative Gefühle und Wertungen, die man in sich trägt),
– Knick in der Optik (negative Sicht des ganzen Lebens).

Bei den Gedanken durchläuft der einzelne fünf Stadien, wobei erst die beiden letzten als »sündhaft« bezeichnet werden können:
– Suggestion,
– Dialog als inneres Debattieren,
– Kampf bzw. Zwiespalt,
– Zustimmung und Einwilligung,
– Lasterhafte Leidenschaft.

Die unguten Regungen können von sich aus keine Gedanken im Menschen hervorrufen, sondern allein durch Rückbindung an gesehene und wahrgenommene Dinge und Menschen. Die unguten Regungen in einem Menschen sind zwar beeinflußt durch seine »Gedanken«, diese jedoch sind stimuliert durch:
– *plötzliches Auftreten* (eines Gedankens und Gefühls): Überraschungseffekt mit Überrumpelung;
– *Erinnerungen,* die nun aber verschärft auftreten und Zorn, Begierde, Verbitterung und Mutlosigkeit hervorrufen;
– *Bilder* aus der Phantasie- und Traumwelt;
– *Haltung:* Die unguten Regungen verstecken sich hinter Gedanken, Neigungen und Bedürfnissen, indem sie die Schwachpunkte bzw. schwachen Seiten des Menschen aufgreifen (innere Haltung) oder seine Körperhaltung schwächen (äußere Haltung);
– *Projektion:* unbewußte, nicht wahrgenommene und unabsichtliche Hinausverlegung eines subjektiven seelischen Tatbestandes in ein äußeres Objekt;

14

– *Übertreibung*: Prinzipienreiterei, Übertreibung (ohne »discretio«, wie Poimen sagt: »Alles Übermaß ist vom bösen Geist«);
– *Streitsucht*: Kritik, Nörgeln, neugieriges Reden über andere; das Wühlen im Schmutz der anderen, wobei die eigenen Fehler in die anderen gelegt werden;
– *Flucht in die Krankheit*: Aufgrund von Schwächlichkeit und Kleinmut wird die Lebensweise der Nachfolge fallengelassen.

c) Der Lasterkatalog
Die Mönchsväter haben die Gedanken und Regungen in einem Schema zusammengetragen, dem sogenannten Lasterkatalog:

3 GRUNDTRIEBE

Völlerei		
Unzucht	*Begehrlicher Teil (epithymia)*	Ziel: ordnen (statt tilgen zu wollen)
Habgier		

3 STIMMUNGEN

Traurigkeit		bei Nichterfüllung
Zorn	*Emotionaler Teil (thymos)*	der 3 Triebe oder
Akedia		bei Verdrängung

Ruhmsucht	*Geistiger Teil (nous)*
Stolz	

Bei den acht (bzw. in der westlichen Tradition: sieben) Lastern geht es um Grundhaltungen, die zu einem Fehlverhalten und zu konkreten Sünden führen können. Die einzelnen Laster sind mit ihnen eigentümlichen Erfahrungen und »Gedanken« verbunden; diese sollen nun kurz dargestellt werden.

Zunächst geht es um die drei Schritte der Analyse des jeweiligen Lasters (vgl. Gedanken, Ursachen, Taktiken), woraus als vierter Schritt das Vorgehen gegen das entsprechende Laster folgt:

VÖLLEREI

Gedanken: »Das Essen reicht nicht aus. Das Fasten nützt dir nichts. Das Fasten schadet deiner Gesundheit.«

Ursachen: Angst, unnötige Sorge bzw. Fixierung auf Krankheit und Gesundheit.

Taktiken: Rationalisieren (versteckt hinter »Vernunftgründen«); Verbitterung; Verschleierung (ohne direktes Anstacheln zu einem übermäßigen Essen).

Vorgehen: Äußeres Maß und Meiden von Sättigung.

UNZUCHT

Gedanken: »Es ist dein Recht, die Sexualität zu befriedigen. Es hat keinen Zweck mehr, gegen den Trieb anzukämpfen. Du wirst nie mit deiner Sexualität zurechtkommen.«

Ursachen: Situation, Phantasie, Wortwahl.

Taktiken: Sexuelle Vorstellungen; uneingestandene Wünsche; Fixierung; Übertreibung der scheinbar unbesiegbaren Macht von Sexualität oder Selbstvorwürfe (z. B. wegen Jugendsünden); Mutlosigkeit; zeitliche oder physische Schwachpunkte (nachts; Mittagsdämon); Plötzlichkeit (»wie aus heiterem Himmel«); Heftigkeit oder mit langem Arm vorbereitet.

Vorgehen: Rekonstruktion und Entlarven mit Suche nach stärkerer Motivation; Überwindung im Glauben (statt Analyse): »Ich bin ja eine Neuschöpfung« (2 Kor 5,17).

HABSUCHT

Gedanken: »Du hast selbst nicht genug. Du mußt noch mehr arbeiten und Geld verdienen. Sichere deine Zukunft!«

Ursachen: Angst, Kleinmut, ein fehlender innerer Schwung, Süchtigkeit, infantile Bedürfnisse; man fühlt sich »in Schach gehalten«.

Taktiken: Rationalisieren; Suggestionen (Hungersnot, Krankheit); unstillbare Gier nach Besitz; indirektes Manövrieren.

Vorgehen: Agere contra, also das Gegenteil tun; Freigebigkeit.

TRAURIGKEIT

Gedanken: »Ich kann nicht mehr. Das schaffe ich nie. Ich habe es so schwer. Bei mir geht alles schief. Ich bin ein Versager. Keiner kümmert sich um mich. Niemand mag mich.«

Ursachen: Übertriebene Angst; frustrierte Wünsche; Zorn; Anhänglichkeit an die Welt; Hängen an der Vergangenheit; Herzensenge.

Taktiken: Selbstmitleid; zu hohe Erwartungen an sich selbst oder an die Umwelt; Illusionen; Verlassenheitsgefühle.

Vorgehen: (siehe bei Akedia).

ZORN

Gedanken: »Diese komischen Mitmenschen! Die anderen leben völlig verkehrt (Streit, Kritik). Die anderen geben sich ja keine Mühe!«

Ursachen: Verdunkelter Geist; Traurigkeit kommt aus Zorn – und umgekehrt.

Taktiken: Verbitterung; Ressentiment; Rachegefühle; Groll; Traurigkeit; Aggressivität; Griesgrämigkeit.

Vorgehen: Versöhnungsbereitschaft (»Die Sonne soll nicht untergehen über eurem Zorn!«); Barmherzigkeit und Milde; Meiden von Einsamkeit.

AKEDIA

Gedanken: »Da lohnt sich kein Engagement! Das bringt doch nichts. Ich habe keine Lust mehr. Wie konnte ich mich darauf einlassen! Es ist alles sinnlos. Mein Leben ist verpfuscht.«

Ursachen: Unzufriedenheit mit der Arbeit; Suche nach Interessantem; Selbstmitleid; Neid und Groll; Minderwertigkeitsgefühle; Lebensmitte; Mittagsdämon.

Taktiken: Inneres Schimpfen; Mattigkeit, Jammern; Schlaf und Lustlosigkeit; verdrängte Triebe; Selbstmitleid; Verlassenheitsgefühl.

Vorgehen: Vergießen von Tränen; Abwarten und in der »Zelle« bleiben; Musik (Psalmengesang), Poesie und Kunst; geistliche Lesung (»antirrhetische« Methode als Suche nach einer neuen Motivation); geregelter Alltag.

RUHMSUCHT

Gedanken: »Du bist berühmt. Alle bewundern dich. Alle lieben dich. Du müßtest den anderen predigen, das würde Eindruck machen.«

Ursachen: Selbstüberschätzung, Angst, Versuchung des Tugendhaften.

Taktiken: Andere belehren wollen; Imponiergehabe; Genuß der eigenen Worte; falsches Eifertum; apostolische Bemäntelung; »Inflation«; Distanzierung von den Mitmenschen; Erhabenheitsgefühle und wandelndes »schlechtes Gewissen« gegenüber den anderen.

Vorgehen: Blick auf das »Letzte Gericht«; Askese; Demut; das Einhalten der Regel.

STOLZ

Gedanken: »Die müssen froh sein, daß es mich gibt. Denen bin ich ja überlegen. Das kann ich besser. Mit denen gebe ich mich nicht mehr ab.«

Ursachen: Selbstüberhebung (ohne bzw. gegen Gott); fehlender Realitätssinn; Bekehrungseifer (man stöbert im Dunkel der anderen); Vernebelung.

Taktiken: Verurteilen der anderen und ihr Abqualifizieren.

Vorgehen: Besuch von befreundeten Mitmenschen; Erinnerung an die Fehler und Sünden des eigenen Lebens; gesunde und gute Distanz zu sich selbst (Humor); Liebe und Demut; Regeltreue.

d) Der geistliche Kampf

Die Art des Kampfes mit den »Einreden« hängt vom jeweiligen Zustand des Menschen ab, denn sie begegnen ihm nach Evagrios auf recht vielfältige und unterschiedliche Weise: »Mit Weltleuten kämpfen die Dämonen mehr durch die Dinge, mit den Mönchen dagegen meistens durch die Gedanken. Denn wegen der Einsamkeit entbehren die Mönche der Dinge. Aber wie es viel leichter ist, in Gedanken als in der Tat zu sündigen, so ist der Kampf gegen die Gedanken viel schwieriger als der gegen die Dinge. Denn der Verstand ist leicht beweglich und hinsichtlich unerlaubter Phantasiebilder schwer zu zügeln.« Daraus folgt, daß die äußeren Versuchungen, die durch Dinge, Ereignisse und Situationen ausgelöst werden, leichter abzuwehren sind als die inneren, die sich hinter Gedanken und Gefühlen, vor allem hinter leidenschaftlichen Vorstellungen, Träumen und Phantasiebildern verbergen.

Was der Mönch in solchen Stunden der Versuchung erfährt, ist auch von Jesus berichtet, nämlich in seinem Versuchungsbericht (Mt 4,1–11): Der böse Geist, der Satan, gibt Jesus einen versucherischen Gedanken ein, der den, der in allem Gott gehorchen möchte, vom rechten Weg abbringen soll.

Es sei – wieder stellvertretend für viele andere Beispiele – nochmals folgende Begebenheit aus dem Leben des Altvaters Arsenios kurz wiedergegeben: »Jemand sprach zu Abbas Arsenios: 'Meine Gedanken (logismoi) bedrängen mich, indem sie zu mir sagen: Du kannst weder fasten noch arbeiten; besuche wenigstens die Kranken, denn das ist auch ein Liebeswerk.' Doch der Altvater erkannte den Samen der Dämonen und sprach: 'Geh, iß, trink, schlafe und arbeite nicht; nur geh nicht aus deinem Kellion!'«

Der Logismos ist ein Gedanke von besonderer Qualität und *Machtintensität*. Wenn ein Logismos in einen Menschen eindringt, kann er ihn so okkupieren, daß er ihn auf einer sehr tiefen und grundsätzlichen Ebene verpestet. Das ganze geistliche Fundament kann in seinen Grundfesten erschüttert werden. Hilflos scheinen wir dann solchen Gedanken ausgeliefert zu sein und wir scheinen uns vergeblich mit ganzer Kraft gegen sie zu wehren. Selbst Heilige werden von Logismoi bedrängt, aber sie lassen nicht zu, daß diese in sie eindringen. Letzten Endes hat der Logismos keine Macht über einen Menschen; er kann ihm nur dann Schwierigkeiten bereiten, wenn dieser sich ängstigt und ihm nachgibt. Die beste Taktik ist also, die bösen Eingebungen einfach zu ignorieren.

Nicht nur die Treue gegenüber der eigenen Berufung ist eine wichtige Waffe im Kampf gegen die Versuchungen, sondern auch das Studium der Heiligen Schrift und die Übung des Gebetes; diese halten den Geist des Menschen wach und lassen ihn verharren in der Gegenwart Gottes. Wie unerläßlich die *geistlichen Übungen* sind und wie wirkungsvoll im Kampf gegen die Versuchungen, zeigt Abbas Poimen recht anschaulich:»Wenn der Topf kocht, kann eine Fliege oder ein Kriechtier ihn nicht berühren. Ist er aber kalt, dann setzen sie sich darauf. So auch der Mönch: Solange er bei den geistlichen Übungen bleibt, findet der Feind nichts, um ihn zu Fall zu bringen.« Das Wort vom »Fall«, das Poimen benutzt, erinnert an den Fall der Engel: Wie sie versucht wurden und von Gott abgefallen sind, kann auch der Mensch von den Dämonen derart versucht werden, daß er ihnen gehorchen möchte und Gott untreu wird.

Die Rede von »Dämonen« ist keine Aussage über okkulte Phänomene und auch keine über rein psychische und psychologische Wirklichkeiten im Innersten des Menschen. Vielmehr beinhaltet die Rede vom Kampf mit den Dämonen eine theologische Aussage – und zwar über das *Heil* des Menschen. Der Mönch nimmt bewußt den Kampf mit den Dämonen auf sich, weil er erfahren hat, daß sein Leben wie das eines jeden Christen im Streit von »Mächten und Gewalten« steht. Indem sich der Mönch im Widerstreit der diabolischen Kräfte für das Gute entscheidet und den guten Kampf vollendet (2 Tim 4,7), kämpft er an der Seite Christi und wirkt am Heil der Welt und am Kommen des Gottesreiches mit. Damit bekommt das Tun des Mönches eine apostolische und sogar *missionarische Dimension*.

Die Erscheinungsweise der Logismoi verändert sich unablässig, wie schon der Versuchungsbericht Jesu erkennen läßt. Ein Logismos behält keine feste Gestalt, vielmehr sucht er durch seine verschiedenen Auftrittsweisen den Menschen zu verwirren und zu täuschen. Deshalb bedarf der einzelne eines »geistlichen Vaters«, der ihm insofern helfen wird, als er und sein »Schüler« auf der geistlichen Ebene eine innere Einheit bilden, so daß er jenen, der sich ihm anvertraut hat, von innen her zu stärken vermag. Der Heilige Geist wird im geistlichen Vater auf so geheimnisvolle Weise wirken, daß jener, der sich ihm anvertraut hat, genau den Rat erhält, der für seine geistliche Entwicklung erforderlich ist. Doch wirkt der Heilige Geist durch den geistlichen Vater eher *indirekt*. Dies kann sogar dazu führen, daß der Ratsuchende meint, der geistliche Vater hätte ihm dies oder jenes gesagt bzw. zu etwas geraten, wovon in der unmittelbaren Begegnung eigentlich gar nicht die Rede war: Der Ratsuchende hat es aus seinem eigenen Inneren in der Begegnung mit dem geistlichen Vater erfahren.

Eine andere wichtige Schutzwaffe ist das *Kreuz(-zeichen)*; kein Dämon kann vor ihm bestehen, sobald wir uns bekreuzigen und dabei den Namen Christi anrufen. Doch muß man sich richtig und aufmerksam bekreuzigen und nicht bloß mechanisch. Sobald wir uns auf angemessene Weise vor einem Tun bekreuzigen, stellt sich eine außergewöhnliche Energie ein und bietet Schutz auf dem Weg.

Ferner sollte man sich nicht an Orten oder in Situationen aufhalten, die eine bestimmte sündhafte Versuchung hervorrufen oder an diese bzw. an eine andere Leidenschaft erinnern; es kann ratsam sein, schon vor dem Eintreten einer Versuchung die nötigen Vorkehrungen und Sicherungsmaßnahmen zu treffen. Man spricht hier von »philepistrofé«, denn die alten Leidenschaften kehren gerne wieder und holen einen an den gewohnten Knotenpunkten des Alltags ab. Wenn wir immer wieder an einem bestimmten Ort oder zu einer gewissen Zeit bestimmte Sünden begehen, ist das Umfeld von unguter Energie aufgeladen; diese wirkt sich wiederum auf den Menschen aus, der sich dort aufhält. Ähnlich wie bei Räumen verhält es sich in der Begegnung mit den anderen: Nach manchen Begegnungen kehren wir schlechter und nach einigen besser zurück.

Nicht selten schicken die bösen Geister einen Logismos, der uns beruhigen und uns einreden will, es sei durchaus in Ordnung, etwas Bestimmtes zu tun, da Gott »mitfühlend« und »barmherzig« sei und uns ohnehin vergeben würde. Gibt man nun diesem Logismos nach und begeht die von ihm »eingeflüsterte« Handlung, überfällt er uns daraufhin mit einer weiteren Einflüsterung, nämlich mit der von »Gott als einem strafenden und gnadenlosen Richter«, der uns sicher verdammen würde. Sobald der einzelne einem solchen Logismos nachgibt und ihm unterliegt, wird der böse Geist schon sehr bald zurückkehren, aber mit noch größerer Kraft; dann wird es noch schwieriger sein, ihm zu widerstehen. Dies kann bis zu einer Sucht entarten. Logismoi, die von Gott kommen, lösen in uns immer Frieden und Freude aus, die Dämonen hingegen machen uns unglücklich und unruhig: Verzweiflung und Depression kommen nicht von Gott! Wegen unserer Verfehlungen sollten wir nicht verzagen, sondern realistisch bleiben und voller Mitgefühl, auch für uns selbst.

Die beste Strategie ist, die Logismoi einfach zu ignorieren, also die völlige »Gleichgültigkeit«. Auf jeden Fall ist es gefährlich, sich in ein Gespräch mit ihnen einzulassen, sei es aus Neugier oder aus »Vertrauensseligkeit«. Denn man würde sich in das Gespräch einlassen mit einem, der wesentlich stärker ist als man selbst und der vermutlich sogar immer dreister wird.

Wenn ein Logismos einen gar nicht mehr losläßt, ist die Methode des »Spaltlogismos« anzuwenden. Man greift zu einem anderen Logimos und konzentriert sich auf diesen. Man denkt beispielsweise an etwas »Unsinniges« bzw. »Unbedeutendes«, um sich abzulenken. Man denkt oder tut etwas »Lächerliches«, um dadurch die Energie des quälenden Logismos zu ersticken. Als ebenso dienlich gelten Sport, Leibesübungen, Wandern, körperliche Arbeit etc. Besonders hilfreich ist das Gebet, beispielsweise der Rosenkranz oder das Jesusgebet, sodann die Teilnahme an der Liturgie, das Fasten, die Beichte (als offenes Bekenntnis der eigenen Versuchbarkeit und als Aussprechen der jeweiligen Versuchung), die Lektüre des Lebens von Heiligen und anderen Vorbildern. Man sollte jedoch nicht schon gleich anfangen zu beten, solange man in Panik ist, also nicht genau in dem Moment, in dem man von einem Logismos angerührt wird.

Es gibt auch das Gesetz der »anadoché« (Auf-sich-Nehmen, Ertragen): Ein geistlicher Vater kann die Lasten derer auf sich nehmen, die unter seiner Führung stehen, und ihnen dadurch die Schwere ihrer Schuld abnehmen. So können das Leid und die Versuchungen der anderen auf ihren geistlichen Vater übertragen werden, wie auch Christus die Sünden derer auf sich nahm, die er erlösen wollte. Beispielsweise versprach Cardinal Höffner in seiner Kaplanszeit einem Alkoholiker, sollte dieser nicht mehr trinken, daß auch er keinen Alkohol mehr trinken werde, und er hat dies bis zum Lebensende eingehalten. Um des geistlichen Fortschritts eines anderen willen, den man zu führen hat, nimmt man dessen Last gerne auf sich, was dem anderen dann zum Guten gereicht.

Unmerklich jedoch werden wir die Lasten derer aufgeladen bekommen, die wir mißhandeln. Wenn wir andere verleumden oder Lügen über sie verbreiten und sie es uns nicht mit gleicher Münze heimzahlen, kann ihre Last, ihr Leid und ihre Versuchung zum Teil auf uns als die Übeltäter, die ihnen geschadet haben, übertragen werden. Hier handelt es sich um eine *negativ wirkende »Anadoché«*: Wenn andere uns verletzen, neigen wir gerne dazu, es ihnen heimzuzahlen, weil wir davon ausgehen, daß wir uns wehren müssen, um unseres guten Namens und unserer Ehre willen; in Wirklichkeit jedoch holen wir mit diesem Zurückschlagen nur gegen uns selbst aus. Gewiß ist es gut, wenn wir bei erlittenem Unrecht uns wehren: »Was schlägst du Mich, habe Ich dir etwas getan?«, fragt Jesus seinen Beleidiger in der Passion (Joh 18,23). Aber zuweilen kann das Eintreten für unsere »Rechte« in Wirklichkeit einen Teufelskreis eröffnen, der womöglich unsere geistlichen Grundlagen untergräbt. Wenn wir auf Aggression immer nur mit Aggression und Gegenschlag reagieren, verlieren wir die Möglichkeit, selbst aus einer solchen Erfahrung geistlichen Nutzen zu ziehen.

5. Nachfolge

Folgende Fragen können bei der Rechenschaft über den eigenen Weg der Nachfolge helfen:

a) Aufbruch

Welches sind die – entscheidenden bzw. weniger entscheidenden – Aufbrüche in meinem Leben gewesen? Welche waren für mich von besonderer Bedeutung? Warum?

Zu welchem Aufbruch drängt es mich momentan? In welcher Sache oder in welcher Beziehung fühle ich mich erstarrt, unlebendig, unbeweglich, festgefahren? Kenne ich in mir den immer wiederkehrenden Impuls: »Eigentlich müßte ich ...«? Was hindert mich, in dieser oder jener konkreten Sache jetzt aufzubrechen?

»Man kann nicht zwei Herren dienen« (Mt 6,24). Was sagt mir dieses Wort über meine Lebensorientierung? Wenn diese Aufforderung des Herrn mich zu einer Veränderung auffordern möchte, wie sähe diese gegebenenfalls aus? Was hilft mir bzw. was würde mir helfen, den nächsten Schritt zu tun?

Welche (positiven oder negativen) Persönlichkeitsmerkmale habe ich, von denen ich glaube, daß sie für die Orientierung anderer an mir bedeutsam bzw. hinderlich sein können?

»Was willst du, daß Ich dir tue?« Wenn der Herr mir dieses Wort geben würde, worum würde ich ihn heute bitten? Welche Heilung ersehne ich?

b) Leben mit Christus

Was hat mich bisher an der christlichen Botschaft am meisten angesprochen? Was nicht? Warum?

Wie verbinde ich meine Freude am Leben mit meinem Glauben an Gott?

Welche Seite des Christusgeheimnisses habe ich bisher in meinem Leben verwirklichen wollen?

Gibt es einen bestimmten Menschen in meinem Leben, der seinen Glauben authentisch und glaubwürdig gelebt hat? Was fasziniert mich bei ihm am meisten? Welchen Heiligen habe ich besonders gern? Was sagt sein Leben für die Gestaltung meiner eigenen Zukunft aus? Auf welche Frage meines Lebens kann er eine Antwort geben?

Was würde sich in meinem Leben ändern, wenn ich keinen Glauben hätte? Was würde sich ändern, wenn ich nicht in die Nachfolge des Herrn gerufen wäre?

Spüre ich einen Ruf Christi in meinem Alltag? Hat es ihn schon einmal gegeben? Wiederholt er sich? Schirme ich mich vor ihm ab? Habe ich Angst vor ihm?

Gibt es in meinem Leben einen Punkt, wo ich allein »Herr im eigenen Haus« sein möchte, wo ich mir nicht »in die Karten sehen« lasse und wo ich Christus nicht begegnen möchte?

Habe ich es in meinem Leben schon einmal erfahren, daß ich »nicht tiefer fallen kann als in die Hände Gottes«? (Erfahrungen von »Glück im Unglück« und von »Noch einmal Glück gehabt!«)

Wo lebe ich mit mir bzw. mit einem anderen unversöhnt? Was heißt es da für mich, daß Gott mir alles verzeiht, wenn ich zu ihm komme? Teresa von Avila: »Eher werde ich müde, Gott durch meine Sünde immer neu zu beleidigen, als daß ER müde wird, mir zu verzeihen.«)

Kann ich es mir vorstellen, daß auch ich »voller Freude hingehe und verkaufe, was ich habe« (Mt 13,46), weil ich die »Perle« gefunden habe? Was wäre für mich eine solche »Perle«?

c) Ideal Heiligkeit

Ein alter Fragebogen beim Eintritt in den Karmel enthält folgende Nachfragen:

– Was ist für Sie das Ideal der Heiligkeit?
– Was ist das Mittel, es am raschesten zu erreichen?
– Welchen Heiligen lieben Sie am meisten?
– Welcher Punkt der Regel sagt Ihnen am meisten zu?
– Welches ist der Hauptzug Ihres Charakters?
– Ihre Lieblingstugend?
– Der Fehler, den Sie am meisten verabscheuen?
– Geben Sie eine Wesensbestimmung des Gebets.
– Welches ist Ihr Lieblingsbuch?
– Fühlen Sie eine starke Sehnsucht nach dem Himmel?
– In welcher Verfassung möchten Sie sterben?

– Welche Form des Martyriums wäre Ihnen die erwünschteste?

– Welchen Namen möchten Sie im Himmel tragen?

– Was ist Ihr Wahlspruch?

d) Christusfreundschaft

In einem Gebet von Roger Schutz heißt es: »Du, Christus, forderst mich unablässig heraus und fragst mich: Für wen hältst du mich?«

Unmittelbar vor Jesus treten und mich fragen: »Wer bist Du für mich?« Darf ich so fragen? – Ich höre Seine Frage an mich: »Wer bin Ich für dich?« Er will keine Information, seine Frage ist eine Frage an mich und mein Leben.

Gab es in meinem Leben entscheidende Orte und Situationen der Christusbegegnung, wo die Frage Jesu meine Antwort suchte bzw. fand? Ich bedenke mein Leben, meine früheste Erinnerung an Jesus. Wie wandelte sich meine Christusfreundschaft im Laufe meines Lebens? Hat vielleicht das Studium der Theologie dieses Bild nochmals verändert? Gibt es vielleicht eine Veränderung in meiner Freundschaft mit Jesus?

Wenn ich Künstler wäre: Wie würde ich den Herrn am liebsten darstellen? Wie würde ich ihn und mich in einer Beziehung zueinander darstellen? Welches Bild steht da vor meinen Augen?

Richtet sich mein Gebet mehr an Gott oder an Christus? Wann richtet sich mein Gebet an den Heiligen Geist, an Maria, meinen Namenspatron ...?

Seine Frage ergeht, da es heißt: »Da sah ihn Jesus an und liebte ihn« (Mk 10,21). Was liebt Jesus an mir, was fasziniert ihn vielleicht sogar?

6. Unterscheidung der Geister[4]

Wer Christus nachfolgen möchte, muß eine Lebensentscheidung im Glauben treffen, in der Gott unbedingt vorkommt. Für diese »Wahl« gelten folgende Regeln:

a) Kriterien der Berufung

In der Geschichte der eigenen Berufung geht es um einen Kampf der Freiheit:

– Der Mensch *muß* sich auf seinem Lebensweg entscheiden, auch wenn er sich immer dabei »überfordert« fühlt in und mit seiner Freiheit.

– Freiheit verlangt Verzicht, was wiederum die Angst schüren kann, etwas zu verpassen.

---

[4] Ausführlich M. Schneider, Unterscheidung der Geister. Köln 1998.

– Eine Berufung durch Gott bedeutet immer auch eine Diskontinuität zum Bisherigen (als Befreiung zu dem, der ich vor Gott bin); dies kann das Gefühl einer Herausforderung, nie aber Überforderung hinterlassen.

– Eine Berufung ereignet sich nur selten auf außergewöhnliche Weise.

– Die eigene Berufungsgeschichte klärt sich als eine Erfahrung bzw. Evidenz im Tun, wobei die letzte Entscheidungsklarheit selten »zwingend« ist; meist wird nur eine generelle Tendenz sichtbar (ohne Nötigung): Man »muß« sich zu etwas entscheiden, obwohl man eigentlich anders könnte bzw. weil man nicht anders »wollen kann«: »Müssen« meint hier das von innen her erhellte »Sollen«.

– Oft erweist sich der »Ruf« (bzw. die »Berufung«) nicht schon gleich als passend, sondern muß es erst werden, da man vielleicht noch nicht in allem der Person Jesu und dem Anspruch des Evangeliums entspricht (z. B. aufgrund ungeordneter Anhänglichkeiten und mangelnder Indifferenz).

– Die Ehre Gottes ist der lebendige Mensch: »Nur wer weiß, was er will, weiß auch, was Gott von ihm will« (Teresa von Avila).

– Wir haben das Geistlich-Werden immer nur *vor* uns.

– Für eine Berufung ist die Neigung, aber ebenso auch die Eignung entscheidend.

b) Regeln für eine Lebensentscheidung
Bei einer zu treffenden Lebensentscheidung im Glauben sind die einzelnen Regungen und Stimmungen wie folgt zu unterscheiden:

1) Nur die Stimme, die sich auf ein Schriftwort, auf ein Verhalten Jesu zurückführen läßt, ist unter den vielen Stimmen die Stimme Gottes.
»Nur die Stimme, die ein bestimmtes Verhalten oder Wort Jesu auf das eigene Leben hin übersetzt und konkretisiert, kommt von Gott« (G. Greshake).

2) Gott ruft immer dahin, wo der Mensch letztlich Trost, Freude, Zuversicht und Hoffnung findet.
»Gottes Stimme ist immer so, daß der Mensch im letzten und tiefsten weiß: So ist es gut, so ist es recht, so soll es sein. Dabei kann es durchaus sein, daß ein Anruf den Menschen zunächst beunruhigt, in Angst und Schrecken versetzt. Aber über längere Zeit müssen sich Trost und Zuversicht einstellen, ansonsten ist der Ruf Gottes nicht recht verstanden« (G. Greshake).

3) Jeder Ruf Gottes bringt einen Zuwachs an Leben in Fülle.
Gott ist nicht der Rivale des Menschen, sondern sein Vater, d. h. der, dem alles daran gelegen ist, daß das Leben sich entfaltet und zu voller Blüte gelangt. Daher

bewirkt jeder Ruf Gottes, daß der Mensch mehr er selbst wird und zu Identität und Authentizität findet.

4) Jeder Ruf Gottes bringt einen Zuwachs an Liebe. Der falsche Eifer ist gepaart mit Ungeduld, Stolz, Unwillen und Übermut.
Der gute Geist und Eifer für Gottes Weg ist voll Demut, Sanftmut und Frieden: »Eure Liebe möge mehr und mehr wachsen an Einsicht und jeglichem Feingefühl, daß ihr unterscheiden könnt, was das jeweils Bessere ist« (Phil 1,9f.). Der göttliche Ruf führt den Menschen zu mehr Liebe, denn wer Sein Wort bewahrt, in dem ist die Liebe vollkommen. Die Liebe erweist sich im Handeln und Wirken für Gott und den Nächsten: »Erweis der Liebe ist das Tun« (Augustinus).

5) Wenn einer angesichts der Forderung des Herrn und seiner Nachfolge beunruhigt ist und den Eindruck hat: »Eigentlich müßte ich, aber ich kann nicht«, dann gilt die Regel:
Tu nicht gleich das Ganze, das du zu hören glaubst, sondern tu einen Schritt in diese Richtung: »Verwirkliche das vom Evangelium, was du von ihm begriffen hast – und sei es auch noch so wenig« (Roger Schutz).

6) Die Stimme Gottes ist immer konkret!
Gott sagt nie etwas für eine irreale Situation und eine ferne Zukunft. Gottes Ruf fordert immer dazu auf, sogleich, ganz und freudig etwas zu tun.

7) Jeder Ruf Gottes zeigt sich in der Treue im »Kleinen«.
Wer nicht im Kleinen getreu ist, ist es auch nicht im Großen. Die Achtsamkeit und Aufmerksamkeit für Gott beginnt im Kleinen, z. B. in den Gedanken; keiner weiß, was schließlich einem schlechten Gedanken alles erwachsen kann.

8) Ist die Sehnsucht nach Gott echt, so wächst sie durch den Aufschub.
Nimmt sie durch den Aufschub ab, so war es keine Sehnsucht. Wenn sich ein bestimmter Wunsch nur kurze Zeit durchhält und dann bei Nichterfüllung verfliegt, war es vermutlich kein von Gott eingegebenes Vorhaben.

9) Jeder Ruf Gottes ist »radikal«.
Die Radikalität zeigt sich darin, daß der Mensch von der »Wurzel« her leben möchte und Gott über alles lieben will. Die Radikalität göttlicher Berufung beendet alles innere Debattieren und Abwägen des Menschen.

10) *»Christus im Bruder erkennt oft mehr als Christus im eigenen Herzen«* (D. Bonhoeffer).

Die Stimme Gottes, die der Mensch zu hören glaubt unter den vielen Stimmen seines Lebens, muß sich wenigstens in wichtigen Fällen dem Urteil anderer aussetzen.

c) Regeln für den priesterlichen Dienst

Wilhelm Breuning und *Klaus Hemmerle* nennen folgende Unterscheidungshilfen zur priesterlichen Lebensform:[5]
– Wichtiger ist, was ich als Priester lebe, als was ich als Priester tue.
– Wichtiger ist, was in mir Christus tut, als was ich selber tue.
– Wichtiger ist, daß ich die Einheit im Presbyterium lebe, als daß ich in meiner Aufgabe allein aufgehe.
– Wichtiger ist der Dienst des Gebetes und des Wortes als der konkrete Dienst an den Tischen.
– Wichtiger ist, die Mitarbeiter geistlich zu begleiten, als möglichst viel Arbeit alleine zu tun.
– Wichtiger ist, an wenigen Punkten ganz und ausstrahlend da zu sein als an allen Punkten eilig und halb.
– Wichtiger ist Handeln in Einheit als noch so perfektes Handeln in der Isolation. Also: Wichtiger ist Zusammenarbeit, als daß ich etwas alleine tue, wichtiger die communio als die eigene actio.
– Wichtiger, weil fruchtbarer, ist das Kreuz als die bloße Effektivität.
– Wichtiger ist die Offenheit für das Ganze (für die Gemeinde, für das Bistum, für die Weltkirche) als das noch so wichtige partikuläre Interesse.
– Wichtiger ist, daß allen der Glaube bezeugt wird, als daß alle herkömmlichen Ansprüche befriedigt werden.

d) Regeln für den pastoralen Dienst

Heinz Schürmann[6] gibt folgende Unterscheidungshilfen zur pastoralen Arbeit:
– Eine deutlich gegebene Standespflicht ist normalerweise einer anderen, an sich vielleicht sogar wertvolleren Arbeit vorzuziehen.
– Wenn von zwei Arbeiten die eine ohne Schaden aufschiebbar ist, die andere nicht, ist letztere vorzuziehen.

---

[5] G. Greshake, Priestersein. Zur Theologie und Spiritualität des priesterlichen Amtes, Freiburg 1982, 180.

[6] H. Schürmann, Die Mitte des Lebens finden. Freiburg-Basel-Wien 1979, 72ff

– Von zwei Arbeiten wird der Herr jene von mir wollen, die andere nicht tun können oder nicht tun, die also sonst liegenbleiben würde. Von an sich gleich guten Arbeiten ist jene vorzuziehen, die die Gesundheit schont und mit deren Hilfe manches andere im Dienste Gottes getan werden kann.

– Wenn zwei gleich gut scheinende Arbeiten kollidieren, ist im allgemeinen jene zu wählen, die schneller vollendbar ist, weil daraufhin Gutes gewirkt werden kann.

– Eine Arbeit, die eine größere Zahl fördert, ist wichtiger als eine ebenso nützliche, die aber nur eine kleine Anzahl erfaßt.

– Eine Arbeit, die eine Dauerwirkung zeitigt, ist wichtiger als eine Arbeit von einmaligem Nutzen.

– Wenn Gott eine bestimmte Arbeit von mir will, dann gibt er mir auch die nötige Zeit dazu.

– Das jeweils Geforderte entscheidet. Bei allen Regeln ist auch die jeweilige konkrete Situation zu berücksichtigen. Es ist zu fragen, was das An-sich-Bessere ist und was das im jeweiligen Augenblick von mir geforderte Bessere ist; dieses wird dann den konkreten Willen Gottes anzeigen.

7. Zum Umgang mit Krisen im geistlichen Leben

Im Leben gibt es nicht nur Zeiten der Hochstimmung, sondern auch Erfahrungen der Traurigkeit, Niedergeschlagenheit und Lustlosigkeit. Wie sie im geistlichen Leben zum Ausdruck kommen, hat *Walter Trobisch*[7] darzulegen versucht. Seine Ausführungen seien im folgenden aufgegriffen und weitergeführt:

a) Ursachen geistlicher Durststrecken:
Sünde
Traurigkeit, Leere und Lustlosigkeit sind zuweilen darauf zurückzuführen, daß das eigene Leben nicht in Übereinstimmung mit Gottes Willen geführt wird und die Beziehung zu Gott nicht von Aufrichtigkeit und Transparenz bestimmt ist. Vielleicht ist einer auch »auf der Flucht« vor Gott und seinem Anspruch.

Unterernährung und Untätigkeit
»Wer viel ausgibt, muß zugleich viel einnehmen. Wer viel einnimmt, muß aber auch viel ausgeben.« Denn »es gibt Reichtümer, an denen geht man zugrunde, wenn man sie nicht austeilt« (M. Ende, *Momo*). Mangelnde Selbstannahme und ein Verharren

---

[7] W. Trobisch, Kleine Therapie für geistliche Durststrecken. Wuppertal 1975.

in Minderwertigkeitsgefühlen kann gleichfalls verarmen lassen; Unterernährung ist dann keine Folge der eigenen Leere, sondern deren Ursache.

Überfütterung und Überanstrengung

Oft schließen sich geistliche Durststrecken unmittelbar an Zeiten reicher Glaubenserfahrung an. Ah geistliche Überfütterung kann ein geistliches Tief verursachen, da man sich zu viel zugemutet und sich überfordert hat.

Mißachtung des Körpers

Wer mit seinen Kräften Raubbau treibt, muß damit rechnen, auch auf geistlichem Gebiet seinen Preis dafür zahlen zu müssen. »Gehen Sie spazieren: Die Zeit, die Sie dafür aufwenden, geht dem Gebet nicht verloren!«, schreibt Teresa von Avila an Erzbischof Don Teutonio de Braganza, der während einer langen Reisezeit seine innere Lauheit beklagt.

b) Hilfen in geistlichen Durststrecken:

Vergebung

Wenn eine begangene Sünde die Ursache für die Erfahrung von Niedergeschlagenheit und Traurigkeit ist, bleiben als Heilmittel das Bekenntnis und der erneute Zuspruch der Vergebung. Offenheit und Sich-Anvertrauen geben neue Gemeinschaft und Hoffnung.

Disziplin und Verantwortung

Ist eine geistliche »Unterernährung« die Ursache, kann eine Neuordnung des geistlichen Lebens weiterhelfen. Je praktischer und konkreter diese ist, umso hilfreicher! Planung und Strukturierung des Tages und einzelner Zeiten können von Untätigkeit und Lustlosigkeit befreien und neue Initiativen wachrufen. – Oft wird eine geistliche Unterernährung auch dadurch verursacht, daß zu sehr »aus zweiter Hand« gelebt wird; vorgekaute Nahrung ist aber ohne Würze, sie ist höchstens Schonkost. Ein Leben aus dem eigenen Erfahrungsschatz und mit selbständiger Entschiedenheit führt zu den Primärquellen des eigenen Lebens; deshalb sollte sich keiner an fälligen Entscheidungen vorbeidrücken.

Ausgewogenheit

Bei Überfütterung und Überanstrengung hilft nur das Sich-Bescheiden auf das rechte Maß. Arbeit und Gebet, Alltag und Fest, Einsamkeit und Gemeinschaft müssen zueinander in einem ausgewogenen Verhältnis stehen. Meist hilft schon das

Ernstnehmen biologischer Tatbestände (ausreichend Schlaf, Sport, keine einseitige Ernährung, Muße, Freizeit etc.).

c) Hoffnung auf geistlichen Durststrecken:
Der Weg in das »Gelobte Land« kennt auch eine Zeit der »Wüste«, in die Gott führt, um »dir zu Herzen reden« zu können (Hos 2,14). So gibt es im geistlichen Leben immer auch Zeiten der Dürre.

d) Schritte zur Reifung:
Folgende Fragen können hier Wegmarken sein:
Wo fühle ich mich augenblicklich zu einem nächsten Schritt in meiner Reifungsgeschichte herausgefordert? Wie gehe ich mit dieser Herausforderung um?
»Gott wird durch nichts so sehr beleidigt wie durch das, was wir gegen unser eigenes Wohl tun.« Was sagt mir dieser Satz für die konkrete Gestaltung meines eigenen Lebensalltags?
»Infantilität« erwartet immer alles vom Leben, aber gibt dem Leben nichts: Wo spüre ich diese Versuchung am deutlichsten und wie begegne ich ihr?
»Tabuisierung heißt Kontaktvermeidung.« Was bedeutet dies für das Leben nach den evangelischen Räten oder im Zölibat?
»Wenn ich schwach bin, bin ich stark.« Was sagt mir diese Erfahrung für mein Gebetsleben und für meine Beziehung zu Jesus?
Jesus holt mich wohl kaum nur bei meinen wohlgemeinten Idealvorstellungen ab, sondern vielleicht auch dort, wo ich eher »schwach« bin; er vermag zu arbeiten und zu wirken mit all dem, wie ich wirklich verfaßt bin. Wo habe ich das in meinem bisherigen Leben erfahren, und was sagt mir diese Erfahrung für meinen weiteren Weg? Angesichts welcher Ideale fühle ich mich überfordert? Gibt es in meiner näheren Umgebung Forderungen und Idealvorstellungen, die Kommunikation und offenes Miteinanderumgehen erschweren?
»Viele wollen nicht gesund werden, sondern gesund *gemacht* werden.« Gibt es diese Forderung auch in meinem Leben? Wie kann ich ihr entgegentreten?
»Oberflächlichkeit ist der beharrlichste Widerstand, im kleinen wie im großen« (G. Bernanos): Wo leide ich am oberflächlichen Umgang mit mir und den anderen, und welchen Preis an persönlichem Einsatz und Engagement bin ich bereit zu geben?

8. Geistliche Freundschaft

Worte der Freundschaft sind Zeichen am Weg für die Gestaltung freundschaftlicher Beziehungen und zugleich Hinweis auf Jesus. Im folgenden seien einige Grundworte der geistlichen Freundschaft aus der geistlichen Tradition angeführt: [8]

Es geschah, als er die Unterredung mit Saul beendet hatte, verband sich die Seele Jonathans innig mit der Seele Davids, und Jonathan gewann ihn lieb wie sein Leben. (1 Sam 18,1)
Zutreffend hat jemand von seinem Freunde gesagt: die Hälfte meiner Seele [...].
Man liebt wahrhaftig seinen Freund, wenn man Gott in ihm liebt, entweder weil Gott schon in ihm ist oder daß Gott schon in ihm sein möge. (Augustinus)
Wir beide lernten uns, auch im [Heiligen] Geist zu lieben. Stets waren wir uns so innig zugetan, daß unsere gegenseitige Neigung keine andere Steigerung erfahren konnte als in der Liebe Christi [...]. So bist du mir wahrhaft zum Vater, Bruder und Freund geworden. Du verwirklichst an mir den Willen Gottes und die Fülle des Gesetzes, liebst mich wie dich selbst und bist mein Freund in der Liebe Christi.
(Paulinus von Nola)
Hier sind wir beide, ich und du, und ich hoffe, als dritter ist Christus bei uns. (Aelred von Rievaulx)
Wer für seinen Freund so zu Christus betet und nur seines Freundes wegen von Christus erhört werden möchte, wendet sich eigentlich in innigem Verlangen zu Christus selbst [...]. So steigen wir denn von der bereits an und für sich heiligen Liebe, mit der wir einen Freund umarmen, zu der Liebe, mit der wir Christus umarmen. (Aelred von Rievaulx)
»Allezeit hegt Liebe der Freund«. Wenn ihn der Freund tadelt, kränkt, den Flammen überliefert, ans Kreuz schlägt, »allezeit hegt Liebe der Freund«, und wie Hieronymus hinzufügt: »Freundschaft, die es fertigbringt, aufzuhören, war niemals echt.« (Aelred von Rievaulx)
Dem du ohne Furcht bekennst, was du gefehlt hast – dem du ohne Erröten dein Inneres offenlegst, wenn du meinst, daß dir Fortschritte gelungen seien – dem du alle Herzensgeheimnisse anvertraust, alle Pläne sorglos aufdecken kannst: Was gibt es Herrlicheres als Herz mit Herz zu verbinden ... (Aelred von Rievaulx).

---

[8] Vgl. M. Schneider, Das neue Leben aus dem Glauben, Bd. I: Einführung in das Geistliche Leben, Erfurt 2025, 138-153.

Wer Freundschaft als Ware einschätzt, den werde ich nie bezeichnen als einen, der wirklich liebt. (Aelred von Rievaulx)

Hat der, den du liebst, dich verletzt, liebe ihn dennoch. Mußt du ihm deine Freundschaft entziehen, entziehe ihm niemals deine Liebe! Überlege, wie ihm zu helfen ist. Sei auf seinen guten Ruf bedacht; nie verrate seine Geheimnisse, selbst wenn er deine preisgegeben hätte. (Aelred von Rievaulx)

Hier herrsche das Gesetz der wahren Freundschaft: Freunde müssen sich und was sie besitzen, einander rückhaltlos zu eigen geben. Wer gibt, gebe freudig, und wer nimmt, nehme es wie selbstverständlich hin. (Aelred von Rievaulx)

Ehrfurcht ist der Schutzengel der Freundschaft; wer ihr die Ehrfurcht nimmt, raubt ihr die Schönheit und Kraft. (Aelred von Rievaulx)

Im Himmel wird die Freundschaft, die wir hier auf Erden nur wenigen schenken können, auf alle übertragen und von allen wiederum Gott zurückgeschenkt, denn Gott ist dann alles in allem. (Aelred von Rievaulx)

9. Die Krise der Lebensmitte

Der mittelalterliche Mystiker Johannes Tauler gehört zu den wenigen geistlichen Autoren, die über das Phänomen der Krise zur Zeit der Lebensmitte nachdenken:

a) Erfahrungstatsachen
Älterwerden bedeutet auch beim gutwilligen Menschen noch kein Frömmerwerden: »Alle diese verbleiben, sind heuer genauso weit wie voriges Jahr, und es wird nichts aus ihnen.«

»Es ist keinem Menschen zu trauen vor den fünfziger Jahren«, denn zuvor gibt es meist »vierzig Jahre geistlichen Schein und geistliche Lüge«.

Im Prozeß einer zunehmenden »Bekumberung« (»Verfestigung«) des Lebensgrundes kommt es zu einem Erstarren in den geistlichen Übungen (gegen die »Ordnung Gottes von innen«), zu einem Stehenbleiben bei den sinnlichen und geistigen Seelenkräften (an der Oberflächenzone der Seele) und zu Kompromissen wegen der »bilde der vorgegangener gewonheit«.

Die Vergötzung relativer Werte läßt den Menschen »zurückbleiben« – »wie Rachel auf die Abgötter sitzen ging«. Doch »der Götze kann auf Dauer nie halten, was er anfangs verspricht«.

Gegen die Verkrampfung des Herzens soll die Jugend sich üben, der reife Mensch aber Gott erleiden.

b) Auslösende Fehlhaltungen
– Mangelnde Selbsterkenntnis: »Sie kennen so viele Dinge, doch sich selber nicht.«
– Fehlende Selbsteinschätzung: »Sie fühlen sich höher als der [Kölner] Dom!«
– Fehlendes Gottesbild: »Es regiert manchmal die Natur da, wo man wähnt, es sei Gott«: Es ist ein »gedachter und gemachter Gott«.
– Verdeckte Transparenz: »Sie richten dicke Mauern zwischen Gott und sich!«

c) Krisenverlauf
Fünf Lebensphasen: pueritia, adolescentia, juventus, virilitas, senectus.
Die *dritte Lebensphase* (32–44 Jahre) verläuft »auf den gemeinen, breiten Straßen« eines recht außengesteuerten Lebenswandels:
– neues Zeiterleben; im Mittelpunkt des Weltgefüges;
– weltlichste Zeit (B. Pascal);
– Zeit des Handelns und der Tat;
– Willenseinsatz (»todernst« und »wörtlich-realistisch«);
– ichzentriert: Sogar die Bindung an Gott kann nur die verfeinerte Form einer rein egozentrischen Haltung sein.
Die bisherige Begeisterung für bestimmte Werte schlägt aufgrund eines vital-seelischen Dranges nach Selbstausweitung eine andere Richtung ein, meist mit Determinierung in Richtung der Erfolgsmeldungen. Dabei sind zwei verschiedene Etappen zu unterscheiden:
– bis 36 Jahre: noch eine gewisse Aufgeschlossenheit und Elastizität gegenüber der eigenen Beurteilung durch andere;
– ab 37 Jahre: Verfestigung und »Starrheit der eigenen Meinungen und Gewohnheiten« (mit der Gefahr einer festsitzenden, meist endgültigen Bindung an niedere Werte oder Gewöhnung an sie): »Wer jetzt kein Haus hat, baut sich keines mehr« (R. M. Rilke).

Die *vierte Lebensphase* (44–56 Jahre) verläuft meist nur noch auf den »verborgenen Pfaden von innen«:
– Zeit der Krisen;
– Fließen der Zeit (Übergewicht der Vergangenheit; Todesahnungen);
– Depressivitäten;
– nachlassender Willenseinsatz.
In dieser Zeit kommt es meist zu einer neuen Verinnerlichung (durch Selbstbeobachtung und Selbstbesinnung); es findet oft sogar eine Rückkehr zu den idealen Zielen der Jugend statt.

d) Krisenphasen

Was man in der dritten und vierten Lebensphase durchlitten hat, wird nie grundsätzlich durchgestanden sein, sondern kann sich immer neu wiederholen:
- im erwachsenen Leben als: Extraversion
                            Peripetie
                            Introversion
- im mystischen Leben als: »jubilacio«
                           »getrenge«
                           »übervart«

e) Krisenerlebnis

»In der Anfechtung lernt die Seele sich selbst kennen, wie sie ist.« Als *die* Grunderfahrung in der Krise löst dies folgende Reaktionen aus:
- *großer Rummel*: »daß der Mensch von Grund auf gesund werden soll«;
- *unbegreifliches Selbstverurteilen*: »das muß unser Herr dämpfen« durch die Hilfe seiner Gnade und Vergebung;
- *Höllenfahrt der Selbsterkenntnis*: »auf diesen Weg will niemand gern«;
- *Flucht vor sich selbst*: »Alles ist ein Götze, das nicht Gott zum Ziele hat.«

Der Mensch kann in der Lebensmitte auf drei Weisen sich selbst entfliehen wollen:
- Kampf nach außen (Reformpläne, Kritisieren, Nörgeln etc.) enthebt der Aufgabe, mit sich selbst zu kämpfen;
- Festhalten an äußeren Übungen, ohne die verborgenen »Pfade nach innen« zu gehen: Alles bleibt auf den »gemeinen, breiten Straßen der Gewohnheit« und Bequemlichkeit (z. B. »Ich habe immer schon so gebetet!«);
- Umsetzen der inneren Unruhe nach außen und Suchen neuer Lebensformen.

f) Durchbruch

WAHRHAFTIGKEIT: Alles »hinter sich lassen, um das eine Notwendige« zu gewinnen;

UMKEHR: »Beichte Gott!«; es geht weniger darum, einzelne Sünden zu bekennen, sondern vor allem darum, eine innere Klarheit und Hinkehr zu Gott zu finden.

GELASSENHEIT: »Wo der Heilige Geist ist, da erkennt der Mensch seine Gebrechen klar und lernt Gelassenheit und Demut und alles übrige.«

AUSDAUER: »Laß dich und leid' dich!«, denn es »wird in allem gut Rat«, auch wenn der Mensch ein ganzes Leben braucht, um sich zu erkennen: Guter Wille genügt!

LIEBE: Die Gottesfreunde »wohnen im Kloster der Minne«.

10. Die Bedeutung der Träume im Leben des Glaubens

Schon in den frühen Zeiten des christlichen Glaubens wird auf die Bedeutung der Träume für das geistliche Leben hingewiesen. Zunächst sollen aber einige psychologische Hinweise und Hilfen zur Botschaft des Glaubens für den Umgang mit Träumen angeführt werden:

a) Psychologie des Traumes
– Träume schützen nicht nur den Schlaf, sondern auch den Schläfer und seine Umwelt; unausdenkbar wären die Folgen, würde der Träumer aus den Ängsten oder Aggressionen seiner Träume heraus handeln, womöglich noch bevor vollwache Hemmungen seine Taten steuern.
– Die Zeiten, in denen wir träumen, sind periodische Momente von geringer Schlaftiefe (in regelmäßigen Abständen mit zunehmender Dauer; insgesamt ca. 90 Minuten). Der Erwachsene träumt von einem etwa achtstündigen Nachtschlaf 20 bis 25 Prozent der Schlafzeit, der ältere Mensch jedoch nur 12 bis 14 Prozent. Während von der Geburt bis zum Greisenalter die Zeit des Träumens von acht Stunden auf etwa dreißig Minuten abnimmt, bleibt die Zeit des traumlosen Schlafes mit rund acht Stunden täglich nahezu unverändert.
– Träume sind eine Entgiftung des Zentralnervensystems (vgl. die ähnliche Wirkung von Tränen).
– Träume lassen sich in Zeit und Dauer chemisch beeinflussen.
– Träume spiegeln nicht nur die äußerlich wichtigen Tagesereignisse wider.
– Träume sind oft unmittelbare Bilddarstellungen.
– Träume sind hypnotisch zu beeinflussen, bleiben aber individuell verschieden.
– Träume sind wie Bühnenwerke (die ein Mensch im Schlaf als Autor verfaßt und zugleich als Regisseur aufführen läßt). Diese Schauspiele ereignen sich gerne in einer bekannten Umgebung. Die Traumkulisse besteht dabei für ein Drittel der Träume in den Räumen eines Hauses, für 15% in einem Beförderungsmittel, für 10% in Straßen, für 10% auf ländlichen Schauplätzen; das restliche Drittel verteilt sich auf verschiedene Einzelorte. Das Element der Farbe im Traum erwies sich als selten und unwichtig.
– Träume sind meist Auseinandersetzungen mit anderen Menschen (der Träumer erscheint selbst auf seiner »Traumbühne«). Träume stellen häufig Handlungen dar.
– Träume drücken zumeist Gefühle und Affekte aus. Träume mit aggressivem Inhalt treten wesentlich häufiger als sexuelle Träume auf.
– Träume sind irrationale, gefühlsmäßige, sinnhaltige, oft farbenreiche und spannungsgeladene, zugleich aber verschwommene Bilder und Symbole.

b) Umgang mit Träumen

Erinnere dich an den Traum. – Formuliere das Thema des Traumes. – Erzähle dir (oder einem anderen) den Traum. – Sprich ggf. über den Traum. – Schreibe den Traum auf. – Was fällt dir zu dem Traum ein? – Was bedeutet der Traum? – Welche Schlußfolgerung für das Handeln ergibt sich aus dem Traum?

c) Botschaft der Träume[9]

Träume können auch eine Gelegenheit sein, bei der wir Gott erfahren und deutlich erkennen können, was wir zu tun haben (vgl. die Zeugnisse des Alten Testaments): »Ist es nicht allen Menschen bekannt, daß Gott sich dem Menschen am besten durch den Traum offenbaren kann?«, fragt Tertullian. Von den Martyrern wird berichtet, daß sie im Traum ihren Weg voraussehen und welche Kraft von Gott her sie erwartet. Gregor von Nazianz behauptet, »daß er die meisten Inspirationen im Traum erhalten habe«. Der Bischof Synesios von Kyrene empfiehlt das Führen eines Traumtagebuches (doch ist es wichtig, gleich in der ersten Minute beim Aufwachen den Traum niederzuschreiben, später ist er vermutlich schnell vergessen). Im Traum schaut der Mensch auch seiner eigenen Wahrheit ungeschminkt ins Auge, er sieht, wie es um ihn steht und welche Gedanken, Vorstellungen und Phantasien ihn untergründig beschäftigen.

Um auch im Leben des Glaubens mit den Träumen in rechter Weise umzugehen, ist es zunächst nötig, jeden Traum so zu nehmen, wie er ist. Da aber kein Traum in sich schon eindeutig ist, bedarf er einer Deutung durch den einzelnen; hier gibt es, wie C. G. Jung betont, keine (objektiv) absolut richtige Traumdeutung, vielmehr muß sich jeder selbst mit seinem Traum auseinandersetzen und ihn für sich »wahrnehmen«; dies geschieht am besten dadurch, daß er mit dem Traum ein Gespräch beginnt oder den Traum zu Ende träumt. Ein Gespräch mit Gott über den Traum ist unerläßlich.

Es kann wohl sein, daß einer über längere Zeit hin meint, überhaupt nicht zu träumen. Nichterinnern kann aber auch ein Verdrängen sein; ebenso kann es heißen, daß man augenblicklich nicht viel »aufzuarbeiten« hat. Umgekehrt können zu viele Träume darauf hinweisen, daß man momentan vielleicht wichtigen Fragen des Lebens ausweichen möchte. Dies gilt ebenfalls in der Therapie, wo es heißt, daß man in der Woche höchstens zwei oder drei Träume heranziehen soll.

---

[9] Hierzu A. Grün, Träume auf dem geistlichen Weg. Münsterschwarzach 1989; K. Thomas, Träume – selbst verstehen. Stuttgart [4]1983.

II. Gebet und Liturgie

Origenes unterscheidet das »große Gebet«, welches das Leben ist, und das »kleine Gebet«, nämlich die einzelnen Gebetszeiten, die Ausdruck eines Lebens aus dem Glauben sind.

1. Leben aus dem Gebet[10]

In Form einer »kleinen Gebetsschule« lassen sich Merkmale eines christlichen Gebetes in folgenden Leitsätzen zusammenfassen:

Willst du beten, so ordne dein Leben!
Die alten Ordensregeln sind in ihrem tiefsten Wesen die Gebetsmethoden dieser Gemeinschaften. Sie enthalten mehr als die rein äußere Regelung eines Gemeinschaftslebens, sie stammen aus einer inneren Gebetserfahrung und führen tiefer in sie ein. Weil Leben und Gebet eine Einheit bilden, lernt nicht jener beten, der sich Gebetsmethoden und fromme Bücher aneignet, sondern wer bereit ist, sein ganzes Leben auf Gott hin umzustellen, also »umzukehren«.

Stelle dich im Gebet in die Gegenwart Gottes!
Ignatius von Loyola schreibt: »Vor dem Eintreten in das Gebet komme der Geist ein wenig zur Ruhe; man setze sich oder gehe umher, wie es jeweils besser erscheint, wobei man erwägt, wohin ich gehe und mit welchem Ziel.« Bevor du selbst betest, betet schon Christus in dir.

Sei im Gebet aufrichtig und lebenswahrhaftig!
Es nützt nichts, im Gebet sich und Gott etwas vorzumachen oder gar den Frommen zu spielen. Rabbi Menachem Mendel von Kozk sprach: »Wenn ein Mensch ein Gesicht macht vor einem Gesicht, das kein Gesicht ist, das ist Götzendienst!« – Vor Gott gibt es keinen »Hochleistungssport«, sondern nur das aufrichtige und ehrliche Stehen und Dienen.

Laß den ganzen Menschen beten!
Beten setzt den ganzen Menschen in Bewegung, es läßt auch alles hochkommen, was einen bewegt: Erinnern, Wollen, Denken, Fühlen, Träumen ...

---

[10] Ausführlich M. Schneider, Das neue Leben aus dem Glauben I, 94-112.

Jedes Gebet hat seinen Ort und seine Zeit!
Der Ort des Gebetes soll nach Möglichkeit nicht häufig gewechselt werden. Er hat seine Auswirkung auf das Gebet: Es ist etwas anderes, ob einer im Verborgenen des eigenen Zimmers betet oder in der Kirche, und wieder etwas anderes, ob er in der ersten Bank betet oder in der letzten. Mancher findet schon in die Regelmäßigkeit des Betens, sobald er den rechten Ort zum Gebet gefunden hat.

Für die Zeit des Gebetes gibt es drei Kriterien, die hilfreich sein können: Suche möglichst eine feste Zeit (Gewohnheit hilft), eine ruhige Zeit und eine wertvolle Zeit, die du gerne hast, aber die du auch gerne weggeben möchtest (also keine »Abfallzeit«).

Strukturiere dein Gebet, bereite es gut vor und nach!
Es kann eine große Hilfe sein, wenn die geistlichen Übungen der Beliebigkeit des Übenden entzogen und unabhängig von seiner augenblicklichen Gestimmtheit sind.

Vor dem Gebet ist es nützlich, einige Augenblicke zu verweilen und sich bewußt in die Gegenwart Gottes zu stellen; nach dem Gebet, so rät Ignatius, ist ein »Zwiegespräch« zu halten mit »den drei göttlichen Personen oder dem menschgewordenen Ewigen Wort oder Unserer Mutter und Herrin [...], dann ein Vaterunser beten«. Nach dem Gebet wäre noch zu überlegen, wie das Gebet verlaufen ist, und zu beurteilen, was gut und was schlecht an ihm gewesen ist.

Zerstreuungen müssen nicht zerstreuen!
Wer einen unruhigen und ungeordneten Alltag hat, braucht sich nicht zu wundern, wenn die Unruhe des Tages sich auch im Gebet niederschlägt. Wer im Gebet zerstreut und unkonzentriert ist, dem hilft es meist zu mehr Sammlung, wenn er zunächst in seinem täglichen Tun gesammelter lebt. – Ferner geben die Zerstreuungen wichtige Auskunft darüber, was uns wirklich beschäftigt und bewegt, so daß wir uns ihnen zuweilen ganz bewußt und ausdrücklich zuwenden sollten.

Kein Gebet ohne Umkehr!
Beten vor dem lebendigen Gott gleicht einer kopernikanischen Wende: »Nicht mehr ich lebe, sondern Christus lebt in mir« (Gal 2,20).

2. Leben mit der Heiligen Schrift

»Wer die Heilige Schrift nicht kennt, kennt Christus nicht« (Hieronymus). Es bedarf des täglichen und unablässigen Umgangs mit der Heiligen Schrift, um »im Wort Gottes das Herz Gottes zu hören« (Gregor der Große) und seinen Willen erfüllen zu können.

In früheren Zeiten kam der »Lectio divina« eine große Bedeutung im geistlichen Leben des einzelnen zu. In der heutigen Gebetspraxis ist die Einheit von Gebet und Schriftwort vielfach verlorengegangen: Die Schriftlesung bleibt mehr eine Sache des Kopfes, ohne Kraft zur Bekehrung im Glaubensalltag, und führt zu frommen Erwägungen und Anmutungen, die im Studium der Schrift nur noch einen Impuls für sein geistliches Leben suchen lassen.

Was gemeinhin als »Meditation« oder »Betrachtung« ausgegeben wird, scheint in seiner methodischen Einübung viel zu formal, als daß es ein Leben prägen könnte; es handelt sich meist nur um eine »geistliche« Übung, die sich gleichsam neben dem Alltag vollzieht und nicht wesentlich in das Leben überleitet, obwohl sich alles im Leben des Glaubens dem Studium der Heiligen Schrift und der Feier der Sakramente verdankt.

Der Begriff »Lectio divina« verweist zunächst auf die Verkündigung der Heiligen Schrift, also auf die *Liturgie*, in der das unmittelbar ausgesprochene Wort Gottes der Gemeinde vorgetragen wird. Als Begegnung mit dem Wort Gottes bleibt die Lectio divina auch außerhalb der Liturgie aufs engste mit ihr verbunden, denn im Lesen der Schrift denkt der Beter nicht nur über sich und sein Leben nach, sondern stellt sich betend vor Gott und findet durch das Verkosten des Schriftwortes den Geschmack an Gott.

Die frühe Kirche war überzeugt, daß alles, was ein Christ lebt und tut, seine Kraft aus dem Studium der Heiligen Schriften empfängt: Das Gebet suchte seinen Halt in der Heiligen Schrift, und die Arbeit erhielt ihre Vertiefung dadurch, daß im Laufe des Tages das gelesene Wort der Schrift unablässig wiederholt (»meditiert«) wurde; es handelte sich also nicht bloß um eine geistliche Übung, die den Betrachter kontemplativ beim Wort Gottes verweilen ließ, sondern um ein Wort, das unmittelbar in das Handeln führte und es zugleich korrigierte.

Was in der frühkirchlichen Praxis eins war, entwickelte sich im Laufe der Zeit immer mehr auseinander. Es kam zur sogenannten »geistlichen Lesung«, die ihren unmittelbaren Bezug zur Heiligen Schrift verlor. Das Studium der Heiligen Schrift wurde so zu einer Frömmigkeitsübung neben vielen anderen. Diese Entwicklung begann damit, daß das Studium der Heiligen Schrift auch außerhalb der Liturgie als

»Lectio divina« bezeichnet wurde; sie konzentrierte sich nicht mehr auf das Schriftwort, sondern es kamen nun viele andere Bücher hinzu, aus denen sich das geistliche
Leben nährte: zunächst die Kommentare der Väter, sodann all das, was das Verständnis der Heiligen Schrift fördert, schließlich sogar alles, was das geistliche Leben und seine Vollzüge unmittelbar betrifft. Damit galt das Studium der Heiligen
Schrift nicht mehr als eine unmittelbare Begegnung mit Gott, sondern als ein Mittel,
den Betrachter zu erbauen und in das Gebet einzuführen, ohne daß dieser Vollzug
schon selbst als Gebet verstanden wurde. Schließlich kam es zu Bestrebungen, die
Lectio divina ganz aufzugeben, um sich mehr dem liturgischen Gebet der Offizien
zuzuwenden, so daß der Vollzug der Liturgie als »opus Dei« immer mehr an die
Stelle der Lectio divina trat. Ein weiterer Wandel in der Praxis der Lectio divina
bestand darin, daß sie zu einer Abfolge von Gedanken oder vorhersehbaren Affek-
ten wurde, systematisiert in drei oder vier »Tätigkeiten«, nämlich Lektüre, Meditation, Gebet und Betrachtung.

a) Lectio divina[11]
Ursprünglich bezeichnete der Ausdruck »Lectio divina« keine Tätigkeit, sondern
eine Sache, nämlich den Text selbst; der Begriff wurde synonym mit »Heilige
Schrift« (sacra pagina) gebraucht. Das Eigenschaftswort »divina« bezog sich auf
das, »was von Gott kommt«. Bis ins Mittelalter war die Lectio divina, wie dargelegt,
noch unmittelbar in das Alltagsleben des einzelnen integriert und blieb ganz auf eine
Begegnung mit Gott und seine Erfahrung hingeordnet. Cyprian sagt hierzu: »Wenn
du liest, ist es Gott, der spricht; wenn du betest, sprichst du mit Gott«, und Isaac von
Stella betont: »Christus sei für euch das inwendig und äußerlich geschriebene Buch:
In ihm lest es; von ihm lernt daraus; was hier geschrieben ist, übertragt auf ihn als
ein Beispiel inwendig für euer Herz und äußerlich für euren Leib. In eurem Leib
stellt den anderen sein Leben zum Ablesen vor.«

Wege der geistlichen Lesung

Guigo der Kartäuser unterscheidet folgende Etappen auf dem geistlichen Weg der
Schriftbetrachtung:

LECTIO: *»Die Lesung erforscht«* – sie bietet die Grundlage und liefert den Stoff
(äußeres Tun): Ich lese den Text aufmerksam und ehrfurchtsvoll.

---

[11] Siehe M. Schneider, Das neue Leben aus dem Glauben I, 104-107.

MEDITATIO: *»Die Meditation findet«* – sie vertieft und zeigt, worum es geht, ohne es selber in den Griff zu bekommen (inneres Tun): Mit Hilfe des Verstandes suche ich nach der Erkenntnis der verborgenen Wahrheit und eigne mir den Text an.

ORATIO: *»Das Gebet erbittet«* – nämlich den Geschmack an dem Gelesenen und Verstandenen (Verlangen): Ich erbitte von Gott die wahre Erkenntnis und Freude am Text.

CONTEMPLATIO: *»Die Kontemplation schmeckt«* – die Süße des Textes und seiner Wahrheit (effectus): Gott selbst bewirkt, daß ich von dem Text angesprochen und betroffen bin und Geschmack an ihm finde.

Die vier Stufen bilden eine Einheit: »Lesung ohne Meditation ist trocken, Meditation ohne Lesung ein zielloses Schweben; Gebet ohne Meditation ist lau, während Meditation ohne das Gebet zu nichts führt und Kontemplation ohne Gebet nur als ein kleines Wunder vom Himmel fällt« (Guigo).

Grundhaltungen der geistlichen Lesung
Karl Barth beschreibt folgende Erfahrungen, die der Leser der Heiligen Schrift bei sich vorfindet:

VERWUNDERUNG
Erst wenn ich mich dem Schrifttext ehrfürchtig und staunend öffne, werde ich ihn mir auch wirklich aneignen können und mich nicht bloß über ihn informieren.

BETROFFENHEIT
Ich lege jede Distanz und Neutralität gegenüber dem Text ab und lasse mir sagen: »Du selbst bist dieser Mensch!« – »Tua res agitur!«

VERPFLICHTUNG
Was ich lese, soll von mir auch getan werden, sonst bin ich kein wirklich Betroffener, die Lesung bliebe unverbindlich und ohne Verwunderung.

VERTRAUEN
Beim Lesen werde ich mich zwar auch von seinen Inhalten angesprochen fühlen, doch wichtiger noch wird die Person sein, die da zu Wort kommt und auf die ich mich einlassen möchte.

Widerstände bei der geistlichen Lesung

Der Umgang mit der Heiligen Schrift wird nicht nur »beschaulich« sein können, sondern den Leser herausfordern. Der radikale und unmittelbare Anspruch der Heiligen Schrift kann Widerstände im Leser auslösen:

INKONGRUENZ

Fehlende Übereinstimmung zwischen dem, was ich lese, und dem, was ich tue, denke und lebe.

NICHT-BEGREIFEN

Ich erfahre den Text bloß als »zeitgebunden«, »unwichtig«, »überholt« und als »schwierig« zu deuten.

NICHT-ZULASSEN

Vor dem, was am Text unangenehm und zu provokativ ist, schütze ich mich und vermeide den Dialog mit dem Text, der mich »in Frage stellen« könnte.

Die geistlichen Dimensionen der Lectio divina

Damit das Studium der Heiligen Schrift nicht von momentan vorherrschenden Gefühlen und vorübergehenden Vorlieben bestimmt wird, ist es anzuraten, die Lectio divina nicht auf einzelne Bücher und Stellen der Bibel zu beschränken, sondern sich immer wieder dem Ganzen der Heiligen Schrift zu öffnen. Um sich von augenblicklichen Stimmungen und Vorlieben nicht treiben zu lassen, kann gerade die Lectio continua, bei der alle Bücher der Heiligen Schrift nacheinander betrachtet werden, dazu verhelfen, für das ganze Wort der Heiligen Schrift offen zu bleiben.

ESSEN

Die Lectio divina bedeutet mehr als ein bloßes Lesen, Betrachten und Meditieren, sie ist Begegnung mit dem auferstandenen und gegenwärtigen Herrn. Wer die Heiligen Schriften studiert, denkt nicht allein betrachtend über Gott nach, sondern tritt in eine lebendige Beziehung zu dem, der jeden täglich neu anspricht, da er ihm nicht ferne sein will.

Das Studium der Heiligen Schriften hat einen sakramentalen Grundzug, denn es handelt sich um einen sakramentalen Vorgang; im Lesen der Heiligen Schriften »essen« wir nämlich Christus: »Wir essen das Fleisch und trinken das Blut Christi im Geheimnis (der Eucharistie), aber auch in der Lesung der Heiligen Schrift«, und: »Für mich denke ich, daß das Evangelium der Leib Christi ist« (Hieronymus). Christus ist das einzige Wort, das alles in sich schließt (2 Kor 1,19ff.; Hebr 1,1f.).

Wer die Heilige Schrift liest, gehört zu denen, die »die Hülle vom Antlitz des Herrn entfernen« (2 Kor 3, 16ff.). Indem sie vom geschriebenen Buchstaben weitergehen zu dem Wort des Lebens, erreichen sie das Ziel, um dessentwillen die Heilige Schrift der Kirche gegeben wurde.

ERFAHREN

Origenes betont: »Niemand kann die Schrift erfassen, der nicht zutiefst eins wird mit den Wirklichkeiten, von denen sie uns spricht.« Wer sein Leben auf den Schrifttext hin abstimmt und sich für ihn engagiert, wird ihn in rechter Weise verstehen. Der Text ist eine Lebensform und kann nur als Lebensform begriffen und erschlossen werden. »Objektiv« läßt sich der Text erst dann verstehen, wenn eine Kontinuität im Lebenszusammenhang zwischen dem Verfasser und dem Leser zustande kommt: Wer sich in den gelesenen Text vertieft, dringt tiefer in sich selbst ein, und tiefer in sich eindringend, erfaßt er den Text. Dann wird das Studium der Heiligen Schrift zu einem Neu-Lesen und bleibt nicht nur die Lektüre von toten Buchstaben.

LESEN

Der Schrifttext macht dem Leser bewußt, wer er ist, und hilft ihm, sich selbst zu verstehen; so läßt der Text den Leser zu sich selbst kommen, denn er war das nicht, ehe er las. Doch das Wort der Heiligen Schrift bestätigt den Menschen nicht bloß in dem, was er ist, es wird auch ein Wort gegen ihn sein, denn Gottes Gedanken sind nicht des Menschen Gedanken: Schriftlesung ist ein Vollzug im Gehorsam gegenüber Gott. Das erklärt, warum für die frühe Kirche das Studium der Schrift (vacare lectioni) identisch ist mit der Offenheit gegenüber Gott (vacare Deo).

BETEN

Ohne die Anrufung des Heiligen Geistes (Epiklese) bleibt die Lectio divina bloß ein Werk des Menschen. Die Heilige Schrift kann nur betend gelesen werden. Im Studium der Schrift tritt der Christ in die Geschichte Gottes ein, indem er bereit ist, zu Gott hin umzukehren. Nicht das Lesen, sondern das Handeln, nicht das Buch, sondern die Liebe und der Liebeserweis im Alltag sind die Wegweiser zu einem geistlichen Umgang mit der Heiligen Schrift: Wer tut, was er betrachtet, macht sein eigenes Leben zu einem »fünften Evangelium«.

b) Schriftbetrachtung

Weil die Heilige Schrift das Grundbuch des christlichen Glaubens ist und nicht nur gelesen, sondern auch gelebt werden will, gehört das Studium der Bibel zu den Grundvollzügen des christlichen Lebens. Die tägliche Schriftbetrachtung, die zur

»inneren Kenntnis« des Herrn führt, läßt sich beispielsweise wie folgt vollziehen (dabei ist es entscheidend, wenigstens in der ersten Zeit der Einübung das eher formale Schema Schritt für Schritt einzuhalten und einzuüben):

Vorbereitung

TEXT: Nach Wahl der Schriftstelle kläre die Verständnisfragen zur Stelle.

ZEIT: Wann und wie lange willst du meditieren? Nimm möglichst eine feste, eine ruhige und eine wertvolle Zeit.

ORT: Wo willst du meditieren? Muß etwas aufgeräumt und am Ort des Gebets beseitigt werden, weil es stört oder dem Vollzug nicht angemessen ist?

Einstimmung

Verweilen: Stelle dich in die Gegenwart Gottes und halte so einen Augenblick inne an dem Ort, wo du beten und betrachten möchtest.

Haltung: Nimm die rechte Körperhaltung ein: Sitzen, Knien, Liegen, Gehen (wähle die Haltung, die hilft, wach und aufmerksam bei Gott zu sein).

Sammlung: In der Geste der Verneigung bitte Gott um die Gaben des Heiligen Geistes und um die Offenheit und Bereitschaft, sie zu empfangen.

Vorbereitungsgebet: Id quod volo:»Ich erbitte von unserem Herrn, was ich begehre und ersehne« (Ignatius v. Loyola), also was ich von ihm in der Gebetszeit erhoffe.

Betrachtung

Lies den ganzen Schrifttext laut vor und höre ihm gut zu; danach lege ihn beiseite und laß ihn auf dich»einwirken«.

Lies den Text Wort für Wort, versichere dich, daß du ihn ganz verstanden hast, und bemerke deine Fragen, Zustimmungen, Ängste, Zweifel, Wünsche ...

Einübung der »Seelenkräfte«:

- *Gedächtnis:* »compositio loci«: Stelle dich mit dem, was du betrachtest, in ein und denselben »Raum« (»Tagträumen«) und vergegenwärtige es dir im Glauben (»Einbildung«).

- *Verstand:* »ruminatio« als Erwägen, Durchforschen, Nachdenken (Fragen: Quis, quid, ubi, quibus auxiliis, cur, quomodo, quando).

- *Wille:* Verbindliche Aneignung des Geschauten und Erkannten – in Verantwortung und Liebe (»Anmutung« und »Zumutung« des Textes).

- Suche den Kernsatz, der dich am meisten bewegt und anspricht. Lerne ihn auswendig und frage dich, was er für dich und dein Leben bedeutet.

Präge den Kernsatz in ein inneres Herzenswort und verweile mit ihm beim Herrn, indem du es mit der Sehnsucht und Hingabe deines Herzens immer neu vor Gott wiederholst (nach Art des Jesusgebetes oder Herzensgebetes).

Abschluß

Nimm wieder auf, was du ersehnst und von Gott begehrst.

Kolloquium: Zwiesprache mit Gott (»oder mit Unserem Herrn oder mit Unserer Lieben Frau«), darin du dir Gnaden erbittest und von deinen Anliegen sprichst. Dies kann auch während der Betrachtung gehalten werden, darf aber nie fehlen.

Kurzes, mündliches Gebet (Vaterunser, Ave Maria, Anima Christi etc.).

Geste der Verneigung.

Nachbereitung

Rückblick auf den Verlauf der Schriftbetrachtung.

Auswertung (Aufzeichnungen; Handlungsimpulse) und Vorsatz.

c) Schriftgespräch

Damit sich eine geistliche Übung in rechter Weise vollziehen kann, sind folgende Voraussetzungen einzuhalten:

Gib acht auf das, was der andere sagen will, und laß ihn ausreden.

Versuche nicht zu »beweisen« und »diskutiere« nicht, sondern lege ruhig und einfach das dar, was du in der eigenen Betrachtung gefunden hast.

Konzentriere dich auf das Wesentliche und vermeide langdauernde Abschweifungen.

Zeige deutlich, worauf es dir ankommt und was der Text dir bedeutet.

Das Schriftgespräch soll sich in einer Atmosphäre des Gebets vollziehen, ohne Hektik!

Achte auf das, was dir Gott vielleicht in der Äußerung des anderen sagen will.

3. Eucharistie

Die Feier der Eucharistie wird zur Einübung in das alltägliche Leben im Glauben, sobald sie auf vielfältige Weise alles Tun und Hoffen durchdringt.

a) Leitlinien

Wer täglich die Eucharistie mitfeiert, kann sich für jede Woche einen Leitgedanken wählen, um ihn in der Eucharistie als »Motto« zu vertiefen:

Eucharistie kann nur feiern, wer sein Leben als »Danksagung« versteht.
Wofür habe ich heute in der Eucharistie zu danken? Was ist mein eigenes »eucharistisches Hochgebet«?

Eucharistie ist »Heilsgeschehen«. Der Christ dankt seinem Gott für die Heilsgeschichte Gottes mit den Menschen. Erfährt er doch, daß sein eigenes Leben ein Segment innerhalb der Heilsgeschichte ist.
Worin besteht heute meine »Heilsgeschichte«? Wo haben meine Augen »das Heil geschaut«?

Eucharistie vollzieht sich in der Gemeinschaft.
Für wen habe ich heute besonders zu beten und zu bitten?

Eucharistie dankt für die Stellvertretungstat Christi (pro nobis).
Für wen habe ich stellvertretend zu danken oder zu beten?

Eucharistie dankt für die Hingabe Jesu an den Vater.
Welches Wort oder welche Handlung dieser Feier fordert mich auf, mein Leben mehr für Gott und die Menschen einzusetzen und hinzugeben?

Eucharistie dankt Gott für seine bedingungslose und unbedingte Liebe, mit der er uns zuerst liebt.
Wo darf ich Gottes Liebe heute mehr in mein Leben hineinlassen? Wo zeigt er mir, daß ich mich bejahen darf als (von Gott) bejaht? Wie habe ich dieses Ja Gottes an meine Mitmenschen weiterzugeben?

Eucharistie zeigt mir, daß es nicht zuerst darauf ankommt, daß ich Gott liebe, sondern daß ich mich von Gott lieben lasse. Zuerst die Gabe, dann die Auf-Gabe.
Wo will mich Gott heute wieder beschenken? »Was hast du, das du nicht empfangen hättest?«

In der Eucharistie sucht Christus die Gemeinschaft mit mir.
Wo suche ich nur mich selbst? Welches Wort der Eucharistie ist heute Sein Wort für mich?

Eucharistie hilft mir, in allem »Vergänglichen« das »Unvergängliche« nicht aus den Augen zu verlieren.
Wo habe ich mein »Herz zu erheben« und das zu »suchen, was droben ist«?

In welcher Handlung und in welchem Wort der Eucharistiefeier kann ich mich heute am besten selber zum Ausdruck bringen?

Was würde sich an diesem Tag ändern, wenn ich heute nicht diese Eucharistie gefeiert hätte?

Was würde sich in meinem Leben ändern, wenn ich nie an der Feier der Eucharistie teilgenommen hätte?

In der Eucharistiefeier will Christus meine Sehnsucht nach ihm und seinem Kommen wachhalten.
Sehne ich mich nach ihm? Bin ich im Gebet ein auf den Herrn wartender Mensch?

Christus verlangt mit großer Sehnsucht danach, mit mir diese Feier zu begehen (Lk 22,15).
Was bedeutet dies für mich heute?

b) Verständnishilfen
Einige theologische Zugänge können die Mitfeier vertiefen helfen:
1) Die Eucharistiefeier erinnert an Gottes erstes Kommen in Israel (signum rememorativum), sie rüttelt wach für sein Kommen hier und jetzt (signum demonstrativum) und hält den Blick der Gemeinde offen für die noch ausstehende Vollendung (signum prognosticum).
2) In der Feier der Eucharistie ist der Auferstandene anwesend und gibt der versammelten Gemeinde Anteil am messianischen Mahl der Heilszeit.
3) Durch die Feier erlangt das berichtete und bezeichnete Geschehen neue Gegenwärtigkeit (Aktualpräsenz): Jesus selbst ist dieses Geschehen. Der erhöhte Herr ist der Mahlherr. Die Feier des Brotbrechens ist sein Tun und lebt von seiner Gegenwart; sein Erkennungszeichen ist die Gemeinschaft mit ihm im »Mahl«.
4) Bei Jesus ist die Trennung von Opferndem und Opfergabe aufgehoben; es geht also um keine Sachhingabe, sondern um Jesu Selbsthingabe.
5) Das Opfer Christi am Kreuz ist einmalig, endgültig und ausschließlich. Es gibt nur ein Opfer Christi, nur eine Opfergabe, nur einen Alter und einen Opferpriester: Jesus Christus. Die Eucharistie läßt das sühnende Opfer Jesu am Kreuz fruchtbar werden auf die feiernde Gemeinde hin: Das eucharistische Sakrament ist Zuwendung (applicatio) und Vergegenwärtigung (repraesentatio) des Kreuzesopfers. Als

Darbringung des »ganzen Christus« hat die Gemeinde teil an der Selbsthingabe Jesu.

6) Der Opfergedanke hat seinen Sitz nicht in der »Opferung«, sondern im »Hochgebet«. Wo die Gaben der Gemeinde zu Seiner Gabe werden, dort vollzieht sich das Opfer der Eucharistie (De tuis donis ac datis offerimus tibi). Das äußere Bereiten der Gaben schließt die innere Bereitung für die Nähe des Herrn ein.

7) Die Eucharistie ist nicht das Sakrament der Versöhnung, sondern setzt dieses Sakrament voraus; sie ist das Sakrament der schon Versöhnten.

8) Die eucharistische Wesensverwandlung ist kein physikalisch-chemisches Geschehen, Brot und Wein werden ihrer kreatürlichen Eigenschaften enthoben und und werden nun zu einem sakramentalen Zeichen der Anwesenheit Jesu Christi.

9) »In keiner Weise (nullo modo) ist Christus im Sakrament wie an einem Ort (localiter)« gegenwärtig (Thomas von Aquin). Jesus ist in der Meßfeier keineswegs gegenwärtig wie eine Sache, bloß gegenständlich wie ein Stück Brot; nicht rein lokal, sondern personal ist und bleibt er gegenwärtig.

10) Das äußere Zeichen der Gegenwart Jesu ist wichtig: An dieses Brot und an diesen Wein ist seine personale Gegenwart gebunden, aber sie erschließt sich nur einer inneren Erkenntnis im Glauben.

11) Die Gegenwart Jesu in der Eucharistiefeier meint nicht allein die somatische Realpräsenz, in der Eucharistiefeier wird das gesamte geschichtliche Heilsgeschehen in Christus gegenwärtig (Aktualpräsenz).

12) Christus ist nicht nur in der Eucharistie gegenwärtig, aber er ist hier »vor allem« und auf besondere und einzigartige Weise gegenwärtig.

13) Die Wandlung des Brotes und des Weines zum Leib und Blut des Herrn ist eine Wirkung des Heiligen Geistes. Deshalb betet die Kirche (erst recht die des Ostens) in der Epiklese, daß der Heilige Geist zuerst auf den Priester und die Gemeinde und dann auf die dargebrachten Gaben herabsteigen möge. Die Wandlung geschieht also nicht in Brot und Wein als solchen, sondern insofern sie Gaben der Gemeinde bzw. der Kirche sind.

14) Dieser Mitteilung des Geistes erfreuen sich zuerst die anwesenden Gläubigen, dann aber auch alle anderen lebenden und verstorbenen Gläubigen.

15) Kirchliche Gemeinschaft ist wesentlich bestimmt durch die Gemeinschaft in der Eucharistie, sie ist das Sakrament, »quo in hoc tempore consociatur Ecclesia« (Augustinus). In der Eucharistie wird alles in Christus verwandelt: »Nicht du wirst Mich in dich verwandeln, sondern Ich werde dich in Mich verwandeln.« Ebenso heißt es bei Augustinus: Die Eucharistie empfangend, wird jeder in den Leib Christi aufgenommen und nimmt so teil am Geheimnis der Kirche: »Euer eigenes Mysterium liegt auf dem Tisch des Herrn; ihr empfangt euer Mysterium.«

16) Die sakramentale Kommunion schließt ebenso eine geistliche Kommunion ein. Deswegen geht die Liturgie vor der Kommunion von einem liturgischen »Wir« in das liturgische »Ich« über: »Herr, ich bin nicht würdig …«

17) »Institutum est, ut sumatur« (DS 1643). Brot und Wein sind insofern »Zeichen« der Realpräsenz Christi, als sie *Speisecharakter* haben. Gegenüber der Eucharistiefeier sind Verehrung und Anbetung eher nachgeordnet, denn diese erklären sich aus der eucharistischen Feier und führen zu ihr hin.

18) Das Gebet vor den eucharistischen Gaben (»*Anbetung*«) hat als Realisierung dessen, was Eucharistie ist, teil an der eucharistischen Gegenwart: In der Anbetung erkennt und bekennt der Christ auf eindeutige und konzentrierte Weise die Nähe des Herrn.

19) In der frühen Kirche galt die Besuchung der Kirche vor allem dem Altar als Symbol Christi und den im Altar aufbewahrten Reliquien der Heiligen. Im 13. Jahrhundert kam es zur Anbetung des »Allerheiligsten« im Tabernakel und zur »Besuchung« der Marienaltäre (später »visitatio« genannt).

20) Hieronymus schreibt: »Den heiligen Kelchen und den heiligen Tüchern und den übrigen Dingen, die zum Kult der Herrenpassion gehören, kommt wegen ihrer Berührung mit Leib und Blut des Herrn die gleiche erhabene Würde zu wie dessen Leib und Blut selbst.«

4. Stundenliturgie[12]

Wie kein anderes Buch der Heiligen Schrift führte der Psalter in der frühen Kirche zur universalen Erkenntnis des Sohnes. In der Feier der liturgischen Feste wurde von Ostern her im Einklang mit dem Zeugnis der Heiligen Schrift die Abfolge der großen Stationen des Heils so gestaltet, daß die Psalmen in diesen Festrhythmus eingebunden blieben. So greifen Eucharistie und Stundenliturgie in gleicher Weise das Wort der Psalmen auf, um Gott in gebührender Weise zu loben und die Stationen des Heils von innen her zur Erfahrung zu bringen. Indem die Liturgie aber in der Feier des Herrenjahres immer wieder auf die Psalmen zurückgreift, leitet sie dazu an, den auferstandenen Herrn in den Psalmen des Herrenjahres tiefer erkennen zu lernen. An Ostern heißt es mit Psalm 118,24: »Das ist der Tag, den der Herr gemacht, laßt uns jubeln und seiner uns freuen an ihm«, und mit Psalm 139,5f. betet die Liturgie: »Auferstanden bin ich und jetzt immer bei dir. Halleluja. Du hast auf

---

[12] Siehe auch M. Schneider, Zum Beten mit den Psalmen. Köln 1999.

mich deine Hand gelegt. Halleluja. Wie wunderbar ist dein Wissen um mich. Halleluja.« Christi Himmelfahrt wird betrachtet mit Psalm 24,7–10: »Ihr Tore, hebt euch nach oben, hebt euch, ihr uralten Pforten; denn es kommt der König der Herrlichkeit«, und mit Psalm 68,18f.: »Der Herr auf dem Sinai im Heiligtum, er stieg auf in die Höhe und führte gefangen die Gefangenschaft.« An Pfingsten betet die Liturgie mit Psalm 104,30: »Sende aus deinen Geist, und alles wird neu geschaffen, und du wirst das Antlitz der Erde erneuern.« An Weihnachten heißt es mit Psalm 2,7: »Der Herr sprach zu mir: Mein Sohn bist du, heute habe ich dich gezeugt!«, mit Psalm 118, 26f.: »Gepriesen sei, der da kommt im Namen des Herrn; Gott unser Herr hat uns erleuchtet«, und mit Psalm 89,12.15 lobsingt die Kirche: »Dein sind die Himmel, dein ist die Erde, der Erdkreis und seine Fülle, du hast ihn gegründet. Auf Recht und Gerechtigkeit ruht dein Thron.« In der Quadragesima heißt es mit Psalm 45,11f. nach Auslegung der Kirchenväter: »Vergiß deine Heimat (= 'Schmutz') und deines Vaters Haus (= 'Armut'), denn der König verlangt nach deiner Schönheit.«

Balthasar Fischer stellt folgende Regeln für den Vollzug der Stundenliturgie auf, wenn sie allein vollzogen wird:

1) Sammle dich jedesmal eine geraume Weile, ehe du beginnst. Stell dir die Menschen vor, die deiner Sorge und deinem Gebet anvertraut sind.

2) Laß dir Zeit zu ruhigem, gesammeltem Vollzug. Du hast im Augenblick nichts Wichtigeres zu tun. Das Gebet der Psalmen verträgt keine Hast.

3) Werde nicht unruhig, wenn du nicht jeden Psalmvers innerlich mitvollziehen kannst. Psalmengebet ist kein lineares, sondern ein kreisförmiges, auf Wiederholung angelegtes Beten.

4) Wo es von den äußeren Umständen her angängig ist, sprich die Texte laut, wenigstens die Kerntexte: den Hymnus und ebenso die jeweiligen neutestamentlichen Cantica auf dem Höhepunkt von Laudes, Vesper und Komplet und die Schluß-Kollekten.

5) Laß dein Stundenbuch von Zeit zu Zeit einmal sinken, damit du über das gerade gelesene Psalmwort einen Augenblick nachdenken kannst.

6. Auch das privat verrichtete Stundengebet hat seine Gebärdenwelt, die man nicht vernachlässigen sollte (so das Kreuzzeichen am Anfang und zu Beginn der neutestamentlichen Cantica als Zeichen der in der Taufe begründeten Zugehörigkeit zu dem Herrn, von dem nun unverhüllt die Rede sein wird).

7. Lege einen Zettel in dein Stundenbuch, auf dem die Vornamen und Familiennamen verzeichnet sind, derer du jeweils in den Vesperfürbitten gedenken willst, vor allem, wenn du ein solches Gedenken versprochen hast.

8. Sowohl wenn man gemeinsam wie wenn man allein betet, sollte bei den Bitten bzw. Fürbitten jedesmal vor oder statt der gleichbleibenden Antwort des Volkes ein Augenblick der Stille ausgespart bleiben.

5. Gebet der liebenden Aufmerksamkeit

Gott »in allen Dingen« zu suchen und zu finden, ist Sinn der täglichen Gewissenserforschung (examen conscientiae). Im Rückblick auf den Tag sucht das »Gebet der liebenden Aufmerksamkeit« nach den Wegen und Spuren Gottes im Alltag. Bei der Tages-Auswertung können folgende Methoden eingeübt werden, mit je verschiedenem Schwerpunkt:

Tages-Examen

Dank für die Gaben der Schöpfung und Erlösung, für mein Leben.

Bitte um Sein mildes und klares Licht, damit ich »meine Wahrheit« erkennen und zulassen kann.

Liebende Aufmerksamkeit auf das, was in mir, um mich und durch mich geschieht: Wie ist es mir heute ergangen – in den einzelnen Stunden des Tages? Was hat sich ereignet? Was habe ich vielleicht übersehen, überhört?

Dialog der Reue und/oder des Dankes: »Wie ein Freund mit seinem Freund spricht [...], bald um eine Gnade bittend, bald sich wegen eines begangenen Fehlers anklagend, bald seine Anliegen mitteilend und dafür Rat erbittend« (Ignatius von Loyola).

Bereitschaft zu Hoffnung und Entschlossenheit.

Ereignis-Examen

Welches Ereignis hebt sich für mich aus dem heutigen Tag besonders heraus und betrifft mich?

Was kommt darin auf mich zu? Und wie stehe ich dazu?

Wie beleuchte ich die gemachte Erfahrung im Licht der Offenbarung Jesu und der Heiligen Schrift?

Nachfolge-Examen

Was hebt sich aus dem heutigen Tag besonders hervor und ist für meine Beziehung zu Jesus von Bedeutung gewesen?

Welches Wort der Heiligen Schrift beleuchtet die gemachte Erfahrung und deutet sie im Licht des Evangeliums?

Hoffnungs-Examen

Wofür habe ich heute besonders zu danken?

Was habe ich heute lernen dürfen – in den guten wie auch in den schlechten Erfahrungen dieses Tages?

Partikular-Examen

Wie ist es mir heute mit meinem besonderen Partikularvorsatz ergangen?

Was hat das Einhalten des Vorsatzes heute erschwert, gefördert?

Wie will ich morgen meinem Vorsatz treu bleiben?

6. Meditation und ihre Methoden

Im folgenden werden einige Weisen der Meditation genannt, die sich besonders auch für den gemeinsamen Austausch in einer Gruppe eignen:

METAPHER-MEDITATION

· Der Leiter nennt eine für das Glaubensleben wichtige Sache.

· Die Gruppe sucht für die angegebene Sache einen bildhaften Vergleich.

· Jeder schreibt seine Einfälle auf Papier, die danach vorgelesen werden.

· Die Einfälle werden eingesammelt und zur Betrachtung vorgetragen; danach Stille.

· Abschließendes Gebet.

NATURALE MEDITATION

· Zunächst wird z. B. das Element »Wasser« in seinem Symbolgehalt vorgestellt.

· Was kann man vom Wasser sehen, hören, fühlen, riechen, schmecken?

· Welche Geschichten, Erzählungen, Erlebnisse etc. erzählen vom Wasser?

· Was bedeutet dort das Wasser?

· Der Bedeutung des Wassers im eigenen Leben nachspüren.

· Warum verwendet man bei der Taufe Wasser? (Beziehung zu Gott und Heil)

· Austausch der Teilnehmer.

· Gebet.

VÄSTERAS-METHODE

· Sie kennt drei Symbole: Fragezeichen, Ausrufungszeichen, Pfeil.

· Text wird vorgelesen und anschließend mit drei Symbolen von jedem Teilnehmer versehen:

· *Fragezeichen* an den Rand setzen, wenn im Text etwas unklar ist.

· *Ausrufungszeichen*, wer im Text zu einer neuen Erkenntnis fand.

· *Pfeil*, wenn der Text an einer Stelle besonders angesprochen hat.

· Nach der Einzellektüre fragt der Leiter, wer ein Fragezeichen gesetzt hat, und läßt präzisieren, was unklar ist.

· Danach bittet der Leiter jene, die kein Symbol gesetzt haben, eine Erklärung zu geben.

· Die einen Pfeil gemacht haben, verdeutlichen ihr Betroffensein, woran sich ein Glaubensgespräch anschließen kann.

· Abschließendes Gebet.

BIBEL TEILEN

Die Teilnehmer bekommen einige Tage vorher den Text mitgeteilt und meditieren ihn für sich persönlich.

· In der Gruppensitzung wird nach einem Gebet der Schrifttext vorgelesen; danach Stille für einige Minuten.

· Reihum teilen die Teilnehmer mit, was ihnen bei der persönlichen Betrachtung zu Bewußtsein gekommen ist (wer den Text nicht zu Hause betrachtet hat, schweigt!).

· Haben alle Teilnehmer ihren Beitrag gegeben, folgt erneut eine Zeit der Stille.

· Danach gemeinsamer Austausch: Hier können auch jene ihren Beitrag geben, die den Text nicht zu Hause meditiert haben.

· Abschließendes Gebet.

WORT-MEDITATION

· Hinführung.

· Der Leiter spricht das »Vaterunser« – Wort für Wort – mit einer Pause zwischen jedem Wort. Das Ganze kann eine Zeit lang dauern. Die Teilnehmer versuchen, jedes Wort in sich hineinzunehmen und darüber nachzusinnen.

· Sodann spricht der Leiter das Vaterunser noch einmal ganz vor.

· Austausch der Erfahrungen in einem anschließenden Gespräch.

REVISION DE VIE

Diese Methode eignet sich als Rückblick auf einen bestimmten Zeitraum: Was war in der Vergangenheit gut bzw. was war schlecht? Wo stehen wir augenblicklich? Was gilt es in Zukunft zu beachten?

· Jemand aus dem Kreis erzählt ein Ereignis (»Sehen«).

· Durch Fragen (wer, was, wann, wie, wo, warum?) lernen die beteiligten Personen sich und ihre Handlungen immer besser kennen.

· Was ist gut? Was war schlecht? Welche Werte finden sich? (*»Urteilen«*)

· Was hat dies alles mit Gott zu tun?

· Gibt es dazu eine Stelle aus der Heiligen Schrift bzw. eine Aussage der Kirche und ihres Lehramtes?

· Was folgt für uns aus all dem bzw. gibt es einen Auftrag daraus? (*»Handeln«*)

7. Rosenkranz

Der Rosenkranz ist von seinem Wesen her eine Art »Jesusgebet«. Im 4. und 5. Jahrhundert lautete die ursprüngliche Formel: »Sei gegrüßt, du Begnadete, der Herr ist mit dir. Du bist gesegnet vor allen Frauen, und gesegnet ist die Frucht deines Leibes, denn du hast den Erlöser unserer Seelen geboren.« An das aus zwei Schriftstellen des Lukasevangeliums (1,28.42) gebildete Ave fügen die Kirchen des Orients seit frühester Zeit die Schlußformel vom Gedächtnis an den Erlöser an. Noch heute findet sich dieses Gebet in der byzantinischen Liturgie, z. B. am Ende der Sonntagsvesper. Das Bittgebet um eine gute Sterbestunde stammt aus dem Mittelalter.

a) Ein schweres Gebet

Meist wird der Rosenkranz für ein leichtes Gebet gehalten, das in Erholungszeiten, beim Spazierengehen, beim Busfahren oder auch in Wartezeiten gebetet werden kann. Doch zugleich erfahren wir, daß dieses Gebet von allen möglichen Zerstreuungen begleitet wird; alles, was sich täglich ansammelt, kommt hoch. Dann wird zwar mündlich gebetet, der Beter denkt dabei aber an alle möglichen Dinge.

Entgegen einer verbreiteten Ansicht ist der Rosenkranz kein leichtes Gebet, das in jedem beliebigen Augenblick vollzogen werden kann. Er ist ein Weg und ein Mittel, das Gebet zu erleichtern, führt aber nicht automatisch in die Sammlung. Vielmehr muß alles getan werden, um diese Sammlung zu ermöglichen. Dies setzt die entsprechende Gebetsatmosphäre voraus: Papst Johannes XXIII. beispielsweise konnte das Brevier durchaus im Garten rezitieren, aber den Rosenkranz betete er jeden Abend in völliger Stille auf den Knien vor dem Allerheiligsten.

b) Ein betrachtendes Gebet

Die Schwierigkeiten rühren meist daher, daß der Beter den Rosenkranz sprechen will. Doch geht es nicht darum, den Rosenkranz (mündlich) zu beten, seine Geheimnisse wollen betrachtet werden. Der Rosenkranz ist weniger ein mündliches als ein betrachtendes Gebet.

Das Instrument des Rosenkranzes wird deshalb eingesetzt, damit sich der Beter nicht mit dem mündlichen Gebet befassen muß; ohne dieses Instrument sollte der

Rosenkranz nicht gebetet werden. Das Beten der Ave ist nicht dazu da, sich Wort für Wort damit abzuquälen, dies würde nur zu einem Kopfzerbrechen führen: Der Rosenkranz ist »Routine« im besten Sinn des Wortes, um nämlich frei zu werden für das innere Gebet.

Die erste Intention im Beten des Rosenkranzes besteht in der *Betrachtung*. Man muß nicht an alle Worte des Ave denken, dies ist auch gar nicht möglich: Keiner kann mehrere Dinge zugleich denken. Wenn man sich zum Beispiel dem Geheimnis von Pfingsten zuwendet, haben die Worte des Ave keinen direkten Bezug zu diesem Geheimnis. Hier gilt, was Ignatius von Loyola meint, wenn er sagt, daß man »ein Vaterunser lang« etwas tun soll; nicht anders Thomas von Aquin: »Es ist nicht notwendig, auf die Worte zu achten.«

Solches gilt nicht vom Credo, dem Vaterunser und den drei Ave, die am Beginn des Rosenkranzes gebetet werden; hier ist auf die einzelnen Worte zu achten: Das Credo gilt als die Zusammenfassung aller Geheimnisse, die im Rosenkranz betrachtet werden, das Vaterunser als die »Zusammenfassung des Evangeliums«, und das Gloria Patri erinnert an die dreifaltige Liebe Gottes. Werden diese mündlichen Gebete am Anfang des Rosenkranzes mit ganzer Aufmerksamkeit gebetet, so geht es im betrachtenden Gebet der Gesätze eher um ein Verweilen und Auskosten. Hier ist die Anzahl der zehn Ave jeweils eine Zeiteinheit: Für die Dauer von zehn Ave wird das jeweilige Geheimnis aus dem Leben Jesu betrachtet. Der Beter betet also »per modum unius«.

Wie einer den Rosenkranz meditiert, hängt von der Art seiner Schriftmeditation ab. Wer nicht die Gewohnheit hat, die Geheimnisse zu meditieren, dem wird der Rosenkranz ein »mündliches Gebet« bleiben. Deshalb ist es ratsam, täglich eine Zeit lang auch die Heilige Schrift zu meditieren und sie in der kürzeren Meditation des Rosenkranzes wieder aufzugreifen. Nur so führt die liebende Wiederholung in die Verinnerlichung der einfachen Gebetsworte.

Solange es dem Beter schwerfällt, einen kurzen Rosenkranz zu beten, ist es ratsam, ihn für eine etwas längere Zeitdauer zu beten, indem man sich über Monate hin etwa eine Stunde Zeit nimmt, um sich in Betrachtung, Gesang, Stille, Fürbitte und im Herzensgebet das Heilsgeheimnis zu erschließen.

Im Rosenkranz betrachtet der Beter das eigene Leben: In jedem Leben gibt es freudenreiche, lichtvolle, schmerzhafte und eines Tages glorreiche Geheimnisse. Diese Erfahrungen gilt es, in die Mysterien des Herrn zu integrieren. Die Kunst, sich eines solchen Gebetes zu bedienen, bedarf des Mutes, darauf zu verzichten, wenn es ein Hindernis wird, und der Demut, es erneut aufzunehmen, wenn es von Nutzen ist.

8. Jesusgebet

Besonders in der Kirche des Ostens gilt die Verrichtung des Jesusgebets als der königliche Weg des geistlichen Lebens. Dabei handelt es sich nicht nur um eine Gebetsmethode, sondern um eine Einübung in die Grundhaltungen christlichen Lebens und Glaubens.

a) Einübung
Emmanuel Jungclaussen OSB stellt folgende Hilfen eines orthodoxen Mönches zum Jesusgebet zusammen:[13]
Die Übung des Jesus-Gebetes ist zunächst denkbar einfach. Man wiederholt im Inneren unaufhörlich das Gebet: »Herr Jesus Christus, erbarme dich meiner.« Dabei kann man die Worte mit dem Atem verbinden: beim Einatmen: »Herr Jesus Christus« und beim Ausatmen: »erbarme dich meiner«. Das Gebet kann gegebenenfalls weiter vereinfacht werden: »Jesus Christus« (beide Worte auf das Ein- und Ausatmen verteilt) oder aber ausschließlich: »JESUS«. Hierzu schreibt ein orthodoxer Mönch unserer Tage:

»Diese letzte Form ist die älteste Art der Anrufung des Namens [...]. Der Name Jesus wird entweder ausgesprochen oder still gedacht. In beiden Fällen geschieht eine wirkliche Anrufung des Namens, im ersten Fall mündlich, im zweiten innerlich. Dieses Gebet gewährt einen leichten Übergang vom mündlichen zum inneren Gebet. Bereits die langsame und bedenkende mündliche Wiederholung des Namens führt zum inneren Gebet und bereitet die Seele auf die Betrachtung vor [...]. Die Anrufung des Namens kann überall und jederzeit geschehen. Wir können den Namen Jesu auf der Straße, an unserem Arbeitsplatz, in unserem Zimmer, in der Kirche usw. aussprechen [...]. Neben diesem durch keine Regel begrenzten und bestimmten Beten des Namens ist es gut, gewisse Zeiten und Orte für eine »regelmäßige« Anrufung des Namens auszuwählen [...]. Für Anfänger sind sie durchaus notwendig. Wenn wir also täglich eine bestimmte Zeit für die Anrufung des Namens festgesetzt haben, sollte sie – soweit die Umstände dies erlauben – an einem einsamen und ruhigen Ort geübt werden [...]. Die beste Haltung ist dabei jene, die am meisten körperliche Ruhe und innere Sammlung verschafft. Hilfreich kann auch eine demütige, das Gebet versinnbildende Haltung sein.

---

[13] Im Namen Jesu ist Heil. Von einem Mönch der Ostkirche, Innsbruck 1966.

Bevor du mit dem Aussprechen des Namens Jesus beginnst, komme zur Ruhe und sammle dich und erbitte den Antrieb und die Führung des Heiligen Geistes. Der Name Jesus kommt erst in ein Herz, wenn es zuvor von dem reinigenden Hauch und der Flamme des Geistes erfüllt wurde [...].

Beginne damit, den Namen verehrend und liebend auszusprechen [...]. Halte an ihm fest. Wiederhole ihn. Denke nicht daran, daß du jetzt den Namen anrufst; denke allein an Jesus. Sprich langsam, sanft und ruhig seinen Namen aus [...]. Verbissene Anstrengung und die Suche gesteigerten Erlebens werden nutzlos sein. Wenn du den heiligen Namen wiederholst, so sammle ruhig, Schritt für Schritt, um diesen Namen herum deine Gedanken und Gefühle; lasse dabei nichts von dir selbst aus, unterwirf dein ganzes Sein und schließe es in den Namen ein. Bei der Ausübung der Anrufung des Namens sollte ein wörtliches Wiederholen nicht durchgängig sein. Der einmal ausgesprochene Name sollte in darauffolgenden Sekunden oder Minuten stiller Ruhe und Aufmerksamkeit weiterklingen. Die Wiederholung des Namens ist dem Flügelschlag des Vogels, der sich in die Lüfte erhebt, vergleichbar. Es darf nie anstrengend und gezwungen, hastig oder geräuschvoll sein. Es muß fein, leicht und – in des Wortes tiefster Bedeutung – gnadenhaft anmutig sein. Wenn der Vogel die erstrebte Höhe erreicht hat, gleitet er in seinem Flug dahin, und nur von Zeit zu Zeit schlägt er mit seinen Flügeln, um sich in der Luft zu halten. So kann auch die Seele, die den Gedanken an Jesus in sich aufgenommen hat und erfüllt ist mit dem »An-ihn-Denken«, die Wiederholung des Namens lassen und in unserem Herrn ruhen. Die Wiederholung sollte nur in dem Falle wieder aufgenommen werden, wenn andere Gedanken den Gedanken an Jesus zu verdrängen drohen. Dann beginne die Anrufung von neuem, um frischen Aufschwung zu gewinnen [...]. Denken wir nicht, nachdem wir eine gewisse Zeit für die Anrufung des Namens verwendet und dabei nichts »gefühlt« haben, daß unsere Zeit vertan und unsere Anstrengung fruchtlos sei. Im Gegenteil, dieses scheinbar taube Gebet war möglicherweise Gott wohlge-fälliger als die Augenblicke unseres Hingerissenseins, denn es war frei von jeder ichbezogenen geistigen Freude [...]. Wir sollten deshalb darin aushalten, jeden Tag regelmäßig eine bestimmte Zeit für die Anrufung des Namens zu verwenden, auch wenn es uns scheint, daß das Gebet uns kalt und trocken läßt [...]. Die Anrufung des Namens läßt uns überdies selten in einem Zustand der Trockenheit. Jene, die einige Erfahrung haben, stimmen darin überein, daß sie oft von einem Gefühl innerer Freude, von Wärme und Licht begleitet ist.

Zur Anrufung des Namens dürfen wir nicht durch irgendeine Laune oder eine eigene willkürliche Entscheidung kommen. Dazu müssen wir berufen sein. Gott muß uns hinführen [...]. Eine geistliche Übung wird [...] mit der bloßen Gründung auf einer Launenhaftigkeit elend zusammenbrechen. So sollten wir unter der Führung

des Heiligen Geistes zum Namen Jesus geführt werden. Dann wird die Anrufung
des Namens in uns eine Frucht des Geistes selbst sein.«

b) Philipp Neri

Philipp Neri sprach in der Vorbereitung seiner Gebete das eine oder andere Stoßgebet, je nach Stimmung und Bedürfnis. Das Ave Maria sprach Philipp meist in einer kurzen Zusammenfassung: »Jungfrau Maria, Muttergottes, bitte Jesus für mich.« Jedem Wort legte er eine eigene Bedeutung zu. Das Vaterunser, das Ave Maria und Gloria Patri ersetzte er durch kurze, voll Liebe wiederholte Formeln. Besonders schätzte Philipp Neri das kurze Gebet: »Jesus, sis mihi Jesus!« Dieses innere Gebet, so bekannte er, habe er von dem heiligen Ignatius gelernt.

Pater Antonio Gallonio schreibt über die unten angeführten Gebetsworte: »Diese Gebete hat Philipp Neri mich gelehrt, damit ich sie sprechen sollte, mal das eine, mal das andere, nach Art eines Rosenkranzes, das heißt, statt des Ave Maria und des Vaterunsers immer eine dieser Anrufungen, die der Heilige selber lobte.« Es sind meist sehr kurze Gebetsworte, die Philipp Neri betete, wie etwa:

Ich kenne dich noch nicht, Jesus, weil ich dich nicht suche! Was kann ich machen, wenn du mir nicht hilfst, mein Jesus? Was kann ich machen, um dir zu gefallen, Jesus?

Was kann ich machen, mein Jesus, um deinen Willen zu tun? Lehre mich, deinen Willen zu tun!

Mein Jesus, ich möchte dich doch lieben!

Ich kann nichts Gutes tun, wenn du mir nicht hilfst, mein Jesus! Ich will nichts anderes tun als deinen Heiligen Willen, mein Jesus! Ich habe dich niemals geliebt und will dich doch lieben, mein Jesus! Ich suche dich und finde dich nicht, mein Jesus, komm zu mir!

Wenn ich dich kennen würde, würde ich auch mich kennen, mein Jesus! Wenn ich auch alles Gute der Welt täte, was hätte ich dann je getan, mein Jesus?

Mein Jesus, ich kenne dich nicht! Mein Jesus, hilf mir!

Ich möchte dich lieben, mein Jesus, und finde den Weg nicht! Ich möchte deinen Willen tun, mein Jesus!

Wenn du mir nicht hilfst, gehe ich unter, mein Jesus! Mein Herr, ich möchte den Weg lernen, zu dir zu kommen! Herr, ich möchte einmal dich lieben.

Gib mir Gnade, mein Jesus, daß ich dich aus Liebe lieben kann! Gott, merk' auf meine Hilfe, eile, mir zu helfen!

Mein Gott, verbirg dich nicht vor mir! Entzünde in mir das Feuer deiner Liebe! Ich liebe dich nicht und will dich doch lieben! Vermehre in mir den Glauben, guter Jesus!
Jesus, sis mihi Jesus – Jesus, sei mir Jesus!

9. Zeiten der Einkehr

Wer »bei sich selber einkehren« möchte (»habitare secum«; Gregor der Große), wird immer neu sein Leben zu ordnen haben. Die erste Weise einer solchen Einkehr ist das Schweigen, das eine Grundhaltung im Glaubensleben ist.

Der Christ schaut nicht zurück auf das Leben Jesu als historische, also vergangene Wirklichkeit, sondern erfährt sich in dieses Leben hineingenommen: Durch die Taufe ist er mit-gekreuzigt und mit-auferstanden mit Christus. Auf dem geistlichen Weg werden somit das Leben Jesu und das Leben des Glaubenden miteinander gleichzeitig. »Heute« wird das Leben Jesu gegenwärtig auch im Schweigen des Martyrers, des Verfolgten, der verborgenen Kirche und in dem Schweigen eines verborgenen und verschwiegenen Lebens:

»Das Schweigen, das der Glaubende erfährt, eröffnet ihm der Geist als das Schweigen des verborgen gegenwärtigen Christus. Das Schweigen des Glaubenden *ist* das Schweigen Jesu [...]. Weil Glaube als Weg des Schweigens wesentlich ein Weg ist, den der schweigende Jesus mit dem Glaubenden geht, geht auch im Schweigen und Leiden der Glaubenden und der Kirche die Passion Jesu weiter [...]. Je mehr der Glaubende Gott im Schweigen, das ihm widerfährt, wahrnimmt, desto mehr offenbart sich ihm Gott, wird er also in eine neue Geschichte einbezogen [...]. Für den Weg des Schweigens im Glauben bedeutet dies, daß er sich nicht so sehr in der Horizontalen erstreckt, als vielmehr ein Weg in den eröffneten Tiefenraum des Schweigens Gottes ist. Man glaubt nicht nur an Gott, sondern vor allem auch 'in Gott hinein (in Deum)', wie es im Credo bekannt wird« (C. E. Kunz).

Es gibt im Glauben einen »Überhang« des Schweigens, der die Ewigkeitstiefe der Zeit anzeigt, sobald sich der Mensch ganz Gott öffnen möchte: Alles muß ausgeräumt werden, was nicht Christus zum Objekt und zum Subjekt hat. Dann wird das Schweigen nicht bloß eine Sache der geistlichen Einübung sein, sondern ein »Sakrament« der Gottesbegegnung.

a) Schweigen[14]

Die Brüder von Taizé nennen in ihrer Einführung in die Retraite einige Regeln für das Schweigen. Der Mensch läßt sich los, wenn er seine Neugier aufgibt und nicht meint, überall mitreden und alles wissen zu müssen. Dann nennen die Brüder aus Taizé verschiedene Bereiche im Menschen, die zum Schweigen kommen müssen:

SCHWEIGEN DER PHANTASIE
Die Gefühlsregungen, die Traurigkeiten kommen zum Schweigen; die eitle Geschäftigkeit der Gedanken kommt zum Schweigen.

SCHWEIGEN DES GEDÄCHTNISSES
Das Vergangene, die vergeblichen Klagen, die Bitterkeiten kommen zum Schweigen. Sich der Erweise von Gottes Barmherzigkeit erinnern.

SCHWEIGEN DES HERZENS
Die Wünsche kommen zum Schweigen, die Antipathien kommen zum Schweigen, die Liebe kommt zum Schweigen in allem, was an ihr übertrieben ist.

SCHWEIGEN DER EIGENLIEBE
Der Blick auf die eigene Sünde, auf die eigene Unfähigkeit kommt zum Schweigen. Das Selbstlob kommt zum Schweigen. Das ganze menschliche Ich kommt zum Schweigen.

SCHWEIGEN DES GEISTES
Die unnützen Gedanken zum Schweigen bringen. Die spitzfindigen Überlegungen, die den Willen schwächen und die Liebe eintrocknen lassen, zum Schweigen bringen. Alles eigene Suchen und Streben zum Schweigen bringen.

SCHWEIGEN DES RICHTGEISTES
Schweigen über das Gerede anderer Menschen: nicht richten.

SCHWEIGEN DES WILLENS
Die Ängste des Herzens, die Schmerzen der Seele zum Schweigen bringen. Die Verlassenheitsgefühle zum Schweigen bringen.

---

[14] Vgl. R. Bochinger (Hg.), Die Gnade des Gebets. Gütersloh 1964; M. Schneider, Stationen auf dem Weg zu Gott. Köln 1998.

Nicht auf sich selbst hören, sich nicht beklagen und nicht irgendwie trösten wollen, sondern mit sich selbst schweigen, sich vergessen, sich von sich selbst lösen.

b) Retraite

Die Brüder von Taizé geben folgende Einführung in die Zeit der Einkehr und der Besinnung, die zu einer guten Einstimmung in die Exerzitien oder eine andere Zeit des Schweigens werden können:[15]

– Gottes Ruf zur Retraite

Gott hat dich in die Retraite gerufen. Du suchst Gott, aber Gott ist dir in deinem Suchen zuvorgekommen: Er hat dich gesucht, ehe du angefangen hast, ihn zu suchen. Du hast seine Stimme gehört und bist gekommen; als Antwort auf den Ruf, der an dich gerichtet war, hast du deinen ersten Schritt getan, um verfügbar zu sein. Du bist da. Jetzt mußt du dich ausstrecken nach einer völligen Verfügbarkeit.

Von deiner Ankunft an »wirf alle deine Sorgen auf Gott, denn er sorgt für dich«. Gott weiß alle Dinge: dein leibliches und geistliches Elend, dein geheimes, uneingestandenes Leiden; er kennt deine Nöte und weiß, was dir not tut. »Er trägt unsere Krankheit und lädt auf sich unsere Schmerzen.« Er wird auf dein Gebet antworten, du wirst seine Stimme hören, wenn du in der Stille und in der Sammlung treu auf sie hinhorchst. Laß alle deine Sorgen und deine persönlichen Probleme hinter dir, laß alles hinter dir, was dich beunruhigt.

Belaste dich nicht mit vorgefaßten Vorstellungen. Versuche nicht, deine Retraite nach den Ideen zu halten, die du dir vorgestellt hast, und werde nicht ungeduldig, wenn du nicht sofort in allen Einzelheiten findest, was du zu entdecken hoffst. Sicherlich sollst du dich an eine Ordnung halten: Folge so gut wie möglich einem Tagesplan, den du dir vornimmst. Wenn diese Ordnung aber umgeworfen wird, wenn du in dem Augenblick, in dem du es gerne möchtest, nicht beten kannst, überlaß dich der »Phantasie« Gottes, und laß dich von ihm lenken.

---

[15] Vgl. R. Bochinger (Hg.), Die Gnade des Gebets, 15ff. – Im Folgenden sind die zentralen Aussagen kurz zusammengefaßt als kleiner Leitfaden zur Einstimmung und zur persönlichen Rechenschaft.

– Einsamkeit und Schweigen

Es gibt Zeiten, da die Stille Gottes in seinen Geschöpfen den höchsten Grad erreicht. In der Einsamkeit der Retraite erneuert uns die innige Begegnung und Verbindung mit Christus. Die wesentliche Anweisung für eine Retraite ist in den folgenden beiden Regeln enthalten:

- Ziehe dich in die Einsamkeit deines Zimmers zurück.
- Bewahre in allem die innere Stille, um in Christus zu bleiben.

Die wahre Retraite ist eine Einsamkeit mit Gott in der Stille. Wenn der Herr dich ruft, will er dich beiseite führen in die Einsamkeit, in der er mit dir sprechen wird. So hat er es mit vielen anderen vor dir gemacht. Er zieht dich zu sich, er führt dich in die Einsamkeit, wo er dich mit seinem Wort nährt: Deine Einsamkeit ist Gottes Geschenk; gib acht auf sie. Denn die Wüste, in die du geführt wirst, ist auch der Ort der Versuchung und des Kampfes. Laß dich in den schwierigen Stunden, in denen du in einer schlechten Verfassung bist, müde bist, gleichgültig bist, nicht entmutigen. Lebe in dem ganz konkreten Gefühl, daß Christus in deinem Zimmer bei dir ist.

Du hast ihn gerufen. Er ist gekommen, er ist da. Finde da das eine, was not tut, den guten Teil, der nicht von dir genommen wird, das einzige, was bleibt im Himmelreich: zu den Füßen des Herrn sitzen, auf sein Wort hören, ihn lieben, ihn betrachten, ihn anbeten, ihm danken, ihm gehorchen.

Es gibt nur dort wahre Einsamkeit, wo Gott allein spricht. Du kannst nicht allein sein und gleichzeitig hören wollen, was die Menschen und die Sinne dir sagen. Deshalb sind in der Retraite Einsamkeit und Schweigen untrennbar miteinander verbunden.

Du findest hier die äußere Stille: Du bist an einen Ort der Stille gekommen. Und das ist das, was Gott für dich will. Denn was zu suchen bist du hierher gekommen? Kontakt mit Menschen? Menschlichen Rat? Das könntest du ebensogut anderswo finden, in einigen Urlaubstagen oder Tagen des Ausruhens. Hierher bist du gekommen, um etwas ganz anderes zu suchen: die Hilfe, die Gott dir versprochen hat, als er dich in die Retraite rief.

Ganz gewiß hat das Schweigen auch keinen Wert in sich selbst, es kann eitel und bedeutungslos sein. Es gibt das Schweigen der Feigen (Petrus im Hof des Hohenpriesters) und das Schweigen der Verräter (Judas beim letzten Mahl). Man kann Gottes Sache mit seinem Schweigen verraten, wie man ihn mit seinen Worten verraten kann. Daher handelt es sich ganz und gar nicht darum zu fliehen (Flucht in die Retraite), sondern im Gegenteil darum, auf der Flucht umzukehren, nicht mehr wie bisher Worte und Sachen zwischen sich und den lebendigen Gott zu stellen.

Sei also dankbar für die äußere Stille, die dir hier von Gott gegeben ist, und achte sie; strebe nach der inneren Stille, dank der dir die äußere Stille keine Last mehr sein wird, sondern im Gegenteil ihren ganzen Wert gewinnen wird. »Die innere Stille erfordert zunächst, daß man sich von sich selbst losgesagt hat, um die wirren Stimmen zu beruhigen und des Druckes der Sorgen Herr zu werden – in dem steten Neuanfang eines Menschen, der niemals entmutigt ist, weil ihm immer vergeben wird.«

– Meditation und Kontemplation

»In deinem Beten und Meditieren suche nach der Weisung, die Gott dir gibt, um sie alsbald auszuführen. Lies also wenig, aber verweile.«

Meditiere Gottes Wort, sooft du kannst, denn es muß im Zentrum deiner Retraite stehen. Du bist hierhergekommen, weil du lernen willst, es mit neuer Treue zu lesen, immer wieder zu lesen, zu meditieren: um zu suchen, was es von dir will.

Wie es eine rein verstandesmäßige Art gibt, Gottes Wort zu lesen (zu zergliedern, abzuwägen, Widersprüche zu suchen), so gibt es eine kontemplative Art, die den Heiland sieht, sieht, wie er vor dem Vater ist, wie er bei den Menschen ist – und diese Art hilft dir für dein tägliches Leben, hilft dir zum innigen Umgang mit Gott: »Herzlich lieb habe ich dich, Herr, meine Stärke.«

– Lob und Fürbitte

Während deiner Retraite finden dein Lobpreis und deine Fürbitte ihren Anlaß im gemeinsamen Gebet (in den Gottesdiensten) und im persönlichen Gebet. Nimm an allen Gottesdiensten (des Stundengebetes) teil. Sie sind die festlichen Stunden im Tageslauf. Dabei handelt es sich nicht darum, eine Lösung für dieses oder jenes persönliche Problem zu suchen: Betrachte vielmehr die Größe und die Güte Gottes und seinen ewigen Ratschluß über die Menschen: Preise deinen Heiland und öffne dich seinem Wort, damit es Frucht bringen kann in deinem Leben.

Das christliche Gebet ist in erster Linie das Gebet Jesu selbst: das Gebet der Kirche, des Leibes Christi, das geleitet ist vom Heiligen Geist, das Gebet der Gemeinde: »Wo zwei oder drei versammelt sind in meinem Namen, da bin ich mitten unter ihnen.« Betrachte den Gottesdienst als das Lob- und Fürbittopfer, das du deinem Herrn in Dankbarkeit und Gehorsam schuldig bist.

»Das gemeinsame Gebet entbindet uns nicht vom persönlichen Beten. Eins trägt das andere. Nehmen wir uns jeden Tag einen Augenblick, um uns zu erneuern in unserer innigen Verbindung mit Jesus Christus.«

Das Ziel des Gebetes ist nicht nur, Gott zu sagen, was die Seele in ihrem tiefsten Grunde ersehnt, sondern zu wissen, daß Gott gegenwärtig ist. Beginne dein Gebet also immer damit, daß du dir ernsthaft klarmachst, daß Gott da ist. Danach richte die Bitte an ihn: »Herr, lehre uns beten. Wer soll uns beten lehren, wenn du es nicht tust, du Gott des Gebetes?«

Man darf seinem Geist weder Zwang antun noch ihm Fesseln anlegen. Wenn wir es fertiggebracht haben, still auf Gottes Geist zu warten, dann betet er in uns.

Vergiß nicht, daß du nicht allein kniest, sondern daß dann die ganze Christenheit an deiner Seite ist. Der Mensch wird nur mit Gott eins, wenn er mit seinen Brüdern eins wird. Der Christ, der betet, kann sich nicht länger in sich selbst verschließen. Niemand kann allein vor Gott treten. Dieses Gefühl der menschlichen Solidarität findet in der Fürbitte seinen Ausdruck: beten für alle, die uns nahe sind, die mit uns auf dem Wege sind. Wer Fürbitte tut, empfängt auch die Gnade, daß er lieben darf. Denn man kann nicht für jemanden beten, ohne daß man sich an seinen Platz stellt; wenn man für ihn betet, lebt man mit ihm sein Leben, teilt seine Ängste, zittert mit ihm in seinen Hoffnungen. Das Fürbittgebet bringt uns unseren Nächsten näher als alles andere.

Du brauchst dich nicht zu beklagen, wenn du keine langen Gebete vor Gott bringen kannst. Bete sehr oft. Die kurzen und häufigen Gebete sind im allgemeinen den längeren Gebeten vorzuziehen, die leicht in gefährlicher Art ins Verstandesmäßige abgleiten. Wenn es dir der Herr aber schenkt, lange Zeit mit ganzer Hingabe zu beten, so danke ihm freudig dafür.

– Der Kampf der Retraite

Die Retraite soll für dich die Gelegenheit sein, dir klarzuwerden, wo du mit deinem Christenleben stehst. Dazu mußt du dich einer Gewissenserforschung unterziehen, die so umfassend wie möglich sein sollte und in der du dich nicht vor einer möglichen Demütigung zu fürchten brauchst; sie soll vielmehr getragen sein von dem festen Willen, ans Ziel der Retraite zu kommen: zur Erneuerung deines geistlichen Lebens.

Wende dich dann an das Amt der Kirche. Lege deine Last ab, suche Zuflucht beim Amt der Kirche, beichte. Die Beichte gehört zur Retraite. Sie ist mehr als ein psychologischer Vorgang, in dem man sich öffnet. Denn der, der dich hört, repräsentiert die ganze Kirche, die du durch deine Sünde kompromittierst. Wenn du durch die Beichte geheilt und erneuert bist, kannst du in aller Freiheit in der Gemeinschaft der Heiligen wieder neu entdecken, was der Herr von dir will.

– Der Ruf zum Dienst des Herrn

Wenn Gott dich in die Retraite ruft, hat er damit vor, dich in einem erneuerten Gehorsam seinem Dienst zu weihen. In der Retraite hat Elija, der glaubte, er sei der einzige, der noch dem Herrn diente, und verzweifelte, gehört, wie Gott zu ihm sagte: »Gehe gen Damaskus und gehe hinein und salbe Hasael zum König über Syrien und Jehu zum Propheten an deiner Statt.« – Gott bestimmt und ordnet selbst die Arbeit derer, die ihm dienen. Eifer ohne Wissen um das, was notwendig ist, erweist sich oft als sehr unheilvoll. Die Berufung ist nicht etwas, was spontan aus dem besten Teil unseres Ichs hervorbräche, sondern etwas, was von anderswo her, von oben herab, kommt. Gott beruft, und er allein. Gott formt den Menschen, ehe er ihn zu seinem Werkzeug macht. Gott läßt denen, die er auswählt, nur ihre völlige Armut, um ihnen den Reichtum seiner Gnade schenken und sie mit der Macht seines Geistes ausrüsten zu können. Berufung ist bedingungsloser Gehorsam, nicht die Genehmigung unserer Gelüste, unserer natürlichen Begeisterung, unserer edlen Ambitionen, unseres höheren Strebens: nicht ein Ergebnis unseres vitalen Schwungs. Man erinnere sich daran, wie Jesus dem Petrus ankündigt, sein Gehorsam werde ihn führen, wohin er nicht wolle.

– Die Rückkehr
In der Retraite hat Gott zu dir gesprochen. Jetzt mußt du dich auf den Weg machen, mußt gehen in dem Licht, das dir geleuchtet hat, um zu dem zu gelangen, was du nur ahnst, und sogar zu dem, das du noch nicht ahnst. Suche, was von dem Licht in deinem Herzen geblieben ist: sich nicht an einer Idee, an einer Erinnerung festklammern, sondern lernen, sein Herz zu öffnen. Dann nimmt alles seinen Wert an. Du bist deiner Berufung bewußt geworden, sie nötigt dich, aus dem Glauben zu leben und von Gottes Macht abhängig zu sein: »Herr, zu wem sollen wir gehen? Du hast Worte des ewigen Lebens.«

c) Wüstentag[16]
Das Wort kommt aus der Sprache von Charles de Foucauld. Ich mache dir den Vorschlag: Halte alle drei Monate, also einmal im Vierteljahr, einen Wüstentag. Du mußt ihn lange vorher in deinem Terminkalender vorsehen, sonst wirst du nie Zeit dafür haben.

Ein Wüstentag bedeutet: einen ganzen Tag mit sich allein in der Stille sein. Wir nennen ihn Wüstentag, weil es ein Tag in karger Einsamkeit sein soll, auch wenn du ihn in einem angenehmen Haus und in einer schönen Landschaft verbringst. Aber du mußt mit dir allein sein; du mußt dich an diesem Tag dir selber stellen. Es ist

---

[16] Entnommen einem Brief von Johannes Bours, Münster.

also kein Tag, an dem liegengebliebene Post erledigt, Zeitschriftenaufsätze gelesen oder Predigten vorbereitet werden.

Früher habe ich gedacht, es wäre gut, einen solchen Tag jeden Monat zu halten. Aber ich habe gefunden, daß das für die meisten eine Überforderung ist. Eine Spanne von drei Monaten ist die Zeit, die noch überschaubar ist, in der Trends erkennbar sind.

Du mußt von zu Hause weggehen. Auch wenn dich zu Hause niemand stören würde – die gewohnte Umgebung würde zu viele Möglichkeiten des Ausweichens und der Ablenkung bereithalten. Suche dir ein Haus, wo man dich in Ruhe läßt. Am besten wäre es, wenn du dir diesen Tag mit beiden Übernachtungen nehmen kannst, sonst aber von morgens bis zum anderen Morgen, notfalls von morgens bis abends.

Was tut man an einem solchen Tag? Jemand sagte mir: Ich habe an meinem letzten Wüstentag so etwas wie eine »Hochrechnung« gemacht: Wenn es so weitergeht, wie es im letzten Vierteljahr war, dann kann ich »ausrechnen«, wie es nach dem nächsten Vierteljahr aussehen wird – darf es in dieser Richtung weitergehen?

Du kannst dir an einem solchen Tag die eine oder andere Frage stellen: Wie sieht mein geistliches Leben aus? Was ist mein Christusglaube? Worin lebe ich mein Christsein? – Wie steht es mit meinen menschlichen Beziehungen? Wie steht es mit der Zusammenarbeit? – Was ist an Konzeption, an Planung für meine Berufsaufgabe möglich und notwendig? – Was ist in den vergangenen Monaten besonders dankenswert und frohmachend gewesen? – Wo haben sich bei mir Schwächen bemerkbar gemacht? Wo haben sich Ansätze zu guten Möglichkeiten gezeigt? – War in dieser Zeit etwas, das als Anspruch des Kreuzes an mich gekommen ist? Wo bin ich ausgewichen? Wo muß ich mich stellen? Wie steht es mit meiner geistigen Arbeit, mit meiner Lektüre?

Nicht allen diesen Fragen kannst du nachgehen: Du wählst die eine oder andere aus oder beschränkst dich auf eine einzige. Es kann hilfreich sein (auch als Orientierung und Kontrolle für einen späteren Wüstentag), sich Notizen zu machen.

Eine andere Möglichkeit: Du verbringst den ganzen Tag im meditierenden Lesen der Heiligen Schrift und im Beten, das sich daraus nahelegt. Ein Priester sagte mir, daß er einen Wüstentag mit dem Wort Joh 10,14 verbracht habe: »Ich kenne die Meinen, und die Meinen kennen mich.«

Vielleicht ist es dir eine große Hilfe, an einem solchen Tag allein eine lange Wanderung zu machen: Auf diesem Unterwegssein, im Erfahren und Anschauen der Landschaft, findet mancher besser zu sich selbst als im Stillesitzen im Zimmer. Einer sagte, daß er am Spätnachmittag des Wüstentages eine »Emmauswanderung« mache: Er wandere zu einem Freund, der auch Priester sei, bespreche mit ihm den ganzen Tag und lasse das Gespräch in eine Beichte münden. Dann wandere er am Abend wieder zurück.

Wieder ein anderer sagte: Ich komme nur dann dazu, so etwas wie einen Wüstentag zu halten, wenn ich ihn mit meinem Freund vereinbare; so bekommt der Tag für uns beide eine dringliche Verbindlichkeit. Wir verbringen den Tag in demselben Haus, treffen uns aber nur zu den Mahlzeiten. Abends sprechen wir uns dann über das aus, was der Tag für jeden gebracht hat. Die Aussicht auf diesen Austausch bewahrt mich davor, mich den Tag hindurch ins Vage hinein zu verlieren.

Was willst du tun, wenn dein Wüstentag Stunde um Stunde dürr und unfruchtbar bleibt, wenn Langeweile oder Unmut aufkommen wollen? Wenn die Versuchung aufkommt: Heute hat es keinen Zweck, ich werde den Tag zu einer erholsamen Ausfahrt mit dem Auto »umfunktionieren«? – Vielleicht ist es dann gerade an der Zeit, dich selber zu fragen: Warum halte ich das bißchen »Wüste« (»Wüste in mir selbst«?) nicht aus? Wahrscheinlich wirst du am anderen Tage mit dir selbst mehr zufrieden sein, wenn du ausgehalten hast, als wenn du ausgewichen wärest.

Ein jüngst erschienenes Buch, das »geistliche Briefe aus der Wüste« enthält, trägt den Titel »Wo der Dornbusch brennt«. Ob wir nicht vertrauen dürfen, daß unserem armselig-bescheidenen Wüstentag etwas gewährt werden kann von der Nähe und dem Wort dessen, der sich in der Wüste im brennenden Dornbusch geoffenbart hat?

d) Rekollektio
Zu Beginn der monatlichen Einkehr kann die eine oder andere der hier angeführten Fragen bedacht werden:

1. Wie beurteile ich die Wochen seit der letzten Rekollektio? Welche wichtigen Erfahrungen, Begegnungen, Gespräche, Einsichten gab es?

2. Wie erging es mir während der letzten Zeit in meinem geistlichen Leben? Was half mir? Wie stand es dabei um mein geistliches Leben? Wie konnte ich mein geistliches Leben gestalten? Welchen neuen Zugang habe ich zur Person und Botschaft Jesu gewonnen? Was bedeuten mir die liturgischen Feste, die ich in dem vergangenen Zeitraum mitfeiern durfte? Welchen neuen Zugang habe ich zu diesen Festen gewonnen?

3. Wie erging es mir in den Beziehungen und Freundschaften? Gab es in der vergangenen Zeit eine für mich wichtige Begegnung oder ein entscheidendes Gespräch? Was wurde mir da gesagt? Welcher Mensch ist mir besonders wichtig geworden? Warum? Mit wem fällt das Zusammenleben momentan schwer? Warum? Was ist zu tun? Was erwarte ich mir? Um welche neuen Impulse geht es?

4. Welche »Mauern« fühlte ich mich gedrängt zu überspringen? Welche Mauern half Gott mir zu überspringen? Baue ich selber augenblicklich Mauern auf? Was hat mich dazu veranlaßt?

5. Wie empfinde ich augenblicklich meine Mitfeier der Eucharistie? Wie konzentriert nehme ich an der Liturgie teil? Welche Fragen und Probleme mit der Feier der Liturgie müßte ich klären? Wie?

6. Wie kann ich der kommenden Zeit entgegengehen? Welche Vorsätze fasse ich mir für meine Gesundheit, Bewegung, Freizeit etc.? Welche Dinge möchte ich angehen? Was ist zu klären? Was ist möglichst bald zu erledigen? Was möchte ich studieren oder mir an Wissen oder Fertigkeiten neu aneignen? Mit wem müßte ich ein klärendes Gespräch führen? Welche geistlichen Übungen möchte ich aktivieren?

e) Wallfahrt

Der Pilger ist ein »peregrinus«: Er geht in ein fernes Land, ohne dort bleiben zu wollen. Dabei will er sich auf einen »inneren Weg« machen und alles ablegen, was ihn hindert, er selbst zu sein, um sich so aus allem Zufälligen zu befreien und die wahre Freiheit im Glauben zu erlangen (1 Petr 2,11). Wer sich auf einen solchen Weg macht, will sich wandeln »auf dem Weg durch die Zeit«, wie es in der Liturgie heißt. Für das Volk Israel wird das Mitgehen Gottes zu einem Bild für seine Erlösung (Am 3,3), denn Jahwe vereinigt sich immer mehr mit dem Schicksal seiner Erwählten. Für die Christen wird jeder Wallfahrtsort zu einem Symbol des himmlischen Jerusalem, dem endgültigen Ankommen bei Gott. So kann der Pilger seine Wallfahrt zum Ausdruck seines Lebens und Glaubens werden lassen, indem er bereit ist, ein »Fremdling« zu werden in der Sehnsucht nach einer letzten Erfüllung und Vollendung.

– Der Pilgerbericht meines Lebens

Welchen Titel würde ich meinem Pilgerweg geben? Erfahre ich mein Pilgerdasein als einen kontinuierlichen Weg? Gibt es Brüche? Einbrüche? Umwege? Neuansätze?

Was sind die wichtigsten Stationen meines Pilgerweges? Welche Menschen und Ereignisse gehören dazu? Was sagen sie mir heute?

Ist das, was ich als meinen Pilgerbericht ansehe, anziehend für mich? Oder schäme bzw. ärgere ich mich dessen?

Was waren die wesentlichen Erfahrungen meines Pilgerweges? Bücher? Gespräche? Krankheit? Tod von Freunden und Verwandten? Schulischer bzw. beruflicher Mißerfolg? Enttäuschung in Beziehungen?

Welche Krisen gab bzw. gibt es auf meinem Pilgerweg? Wie habe ich sie gemeistert? Welche bestimmen mich bis heute?

Was würde ich als das schönste Ziel meines Pilgerweges ansehen? Warum? Was davon habe ich schon erreicht?

Welche Nähe von Menschen war mir bisher eine wichtige Hilfe, meinen Pilgerweg fortzusetzen? Welche Nähe hat mich eher von mir selber weggeführt?

– Wallfahrt als Lebenskonzept
Wo stehe ich augenblicklich auf meinem Weg? Oder ist mein Gehen zum Stocken gekommen? Was ist mir momentan wichtig auf meinem Lebensweg?

Was möchte ich mir auf meiner Wallfahrt »ergehen«? Welches Anliegen beschäftigt mich, und wie möchte ich es auf der Wallfahrt in mein Gebet nehmen? Welche Schriftstelle fällt mir dazu ein?

Erfahre ich – augenblicklich oder vielleicht sogar grundsätzlich – mein Leben eher als eine Last und Bürde oder als ein Geschenk, für das ich frohen Herzens danken kann? Wo liegen die Ursachen dafür? Wann habe ich Gott das letzte Mal für mein Leben gedankt?

Was würde ich als meinen inneren geistlichen »Weg« bezeichnen? Welche Stationen gab es auf diesem Weg? Bin ich gegenwärtig wirklich »auf dem Weg«?

Gibt es einen »roten Faden« in den entscheidenden Erfahrungen meines Lebens? Habe ich einmal den/meinen Weg verfehlt? Wodurch? Wie ist es dazu gekommen?

Welche Menschen sind mir auf meinem Lebensweg wichtig geworden? Was bewundere ich an ihrem Lebensweg?

III. Umkehr

Der Weg der Umkehr beginnt mit der Taufe, wird aber im Leben des Glaubens immer neu zu betreten sein.

1. Buße und Beichte[17]

Die Buße ist mehr als ein äußerer Vollzug, sie setzt die Grundhaltungen des Glaubens voraus.

a) Vollzüge der Umkehr
Für den konkreten Vollzug einer Umkehr können folgende Leitsätze hilfreich sein, um den Empfang des Sakramentes zu vertiefen und fruchtbar werden zu lassen:

»Kehrt um, und glaubt an das Evangelium!« (Mk 1,15).
Im Ruf der Buße ergreift zuerst Gott die Initiative: Er muß nicht erst versöhnt werden, er ist schon versöhnt. Es ist bequemer, etwas zu ändern, als sich selbst zu ändern; es ist einfacher, einzelne Gebote und Pflichten zu erfüllen, als sich ganz auf Gott und seine Liebe zu verlassen. Entscheidend an der Beichte ist nicht bloß, daß der Mensch nachher keine Schulden hat; entscheidend ist nicht allein das vollständige Bekenntnis, sondern daß sich der Paenitent dem Erbarmen Gottes ausliefert.

Begib dich möglichst schnell auf den Weg der Umkehr!
Die Erkenntnis, daß wir in der Meisterung und Verwaltung unseres Lebens unglückliche Hände haben, bleibt keinem erspart. Die geschehenen Taten sind unterschriebene Wechsel, die eingelöst werden müssen. Nicht daß wir in Schuld geraten (das wird immer so sein, wie wir sind), aber was wir mit ihr anfangen und ob wir an ihr wachsen, das ist die Frage.

Sei aufrichtig dir selbst und Gott gegenüber!
Der Aufrichtigkeit stehen Versuchungen zur Verdunkelung gegenüber:
- Verharmlosung: »Das ist ja gar nicht so schlimm!«;
- Ablenkungsmanöver: Projektion der eigenen Fehler auf andere; Stehenbleiben an der Oberfläche oder bei vordergründigen Dingen.

---

[17] Vgl. M. Schneider, Umkehr zur Zukunft. Theologische und praktische Überlegungen zum Bußsakrament, Köln 1999; ders., Das neue Leben aus dem Glauben I, 14-30.

– Mutlosigkeit: »Ich werde es nie schaffen!« (Selbstbeschuldigung, Depression).
– Vorleistungen: die Erfüllung eines Gebotes, die perfekte Beichte bzw. das vollkommene Ablegen eines Fehlers usw.: »Dann erst wird Gott mir gnädig sein ...«
– Verzweiflung und falsche Skrupulosität.
– Angst vor dem Dunkel im eigenen Leben (»Schattenseite«) oder vor einer möglichen Beschämung.

Suche die Haltung der Reue und Beschämung!
Oft wird bei der Beichte die meiste Zeit für die Gewissenserforschung verwendet, aber nur wenig für die Reue, die aber letztentscheidend ist.

Beim Bekenntnis sei offen, vertraue dich dem Beichtvater an!
Die leichteste Form der Beichte muß nicht die hilfreichste sein; die Anonymität des Beichtstuhls ist ein Angebot, aber nicht der einzige Weg (vgl. »Beichtgespräch«).

Beichte konkrete Sünden – ohne Verschleierung oder Entschuldigungen!
Mit allgemeinen Sündenbekenntnissen pflegt man sich selbst zu rechtfertigen oder bringt die eigentliche Sündenschuld nicht zur Sprache.

Alles ist Gnade!
Der Anstoß zur Umkehr entstammt weniger einer Leistung des Menschen, sondern zunächst und vor allem einer Tat Gottes am Menschen. Läßt doch die Freude des barmherzigen Vaters über die Rückkehr seines Sohnes diesen schließlich umkehren: »Wem viel vergeben ist, der liebt auch viel« (Lk 7,47). Du darfst ein Sünder sein. Danke Gott dafür, daß du ein Sünder sein darfst. Gott liebt die Sünder, aber er haßt die Sünde (D. Boenhoeffer).

b) Grundregeln für den Beichtvater
Entscheidende Grundhaltungen des Beichtvaters sind folgende:
· Die »Kompetenz« des Beichtvaters bleibt immer ein Charisma, also eine »Frucht« des Gebets und der Begegnung mit dem Herrn.
· Das Bekenntnis des Paenitenten nur dann unterbrechen, wenn es unbedingt notwendig ist.
· Zuwendung zum Paenitenten sicherstellen (andernfalls ansprechen und ihm mitteilen; z. B. bei Müdigkeit, Termindruck).
· Nachfragen, wenn etwas nicht verstanden wurde. Keine unnötigen Fragen stellen.
· Der Verantwortung für den Paenitenten und seiner Situation nicht ausweichen.

· Keine Hinweise auf Situationen, die mit der Beichtsituation nichts zu tun haben.
· Den Paenitenten nicht an einen anderen Beichtvater (oder Therapeuten) verweisen. Wohl aber dem Paenitenten die Möglichkeit geben, sich ggf. noch an einen anderen (Priester oder geistlichen Begleiter) zu wenden.
· Keine strittigen Situationen lösen wollen, in die Außenstehende verwickelt sind.
· Darauf achten, ob die Selbstwahrnehmung im Glaubenshorizont gegeben ist und zur vollen Einsicht in die eigene Sünde führt (z. B. Entwicklung und Reifung in der Erkenntnis der eigenen Sündengeschichte).
· Die Rollenzuteilung im Blick behalten, in die der Paenitent den Beichtvater verweist: Vater, Arzt, Richter und Bruder; oder: Initiator, Moderator, Koordinator …
· Nach Möglichkeit die Anordnung der Gedanken und die Wortwahl des Paenitenten aufgreifen und weiterführen.
· Dem Paenitenten helfen, seine »traumatische« Lebensgeschichte von der sündhaften Glaubensgeschichte zu trennen (mittels einer Unterscheidung von Schuld und Schuldgefühlen).
· Entwicklungsbedingte Unfertigkeit des Paenitenten respektieren (Beispiel: Dem jugendlichen Idealismus entspricht als Kehrseite eine große Enttäuschbarkeit oder Ritualisierung).
· Auf den Unterschied zwischen geistlicher Begleitung und dem Beichtinhalt achten.
· Die Lossprechung ist »rechtzeitig« zu geben: Es kann durchaus sein, daß sie ggf. erst nach einigen Beichtgesprächen gegeben wird.
· Das Beichtgeheimnis »unverletzlich« sicherstellen (Notizen sind nicht ratsam).

c) Grundregeln für den Paenitenten:
Da der Paenitent wesentlich zum Vollzug des Sakraments beiträgt, hat er ebenfalls wichtige Voraussetzungen zu beachten:

– VORAUSSETZUNGEN
Freude der Heimkehr: Nicht die verdorbene Situation läßt den verlorenen Sohn heimkehren, sondern die Barmherzigkeit des wartenden Vaters (Lk 15,11ff.). Gott vergibt nicht bloß die Schuld, er tilgt sie.
Innere Distanz: Wo das Reden über Sünde nicht *von selbst* zum Bekenntnis wird, ist ihre Entdeckung noch nicht wahrhaft vollzogen. Eine Zeit des Lebens und Erlebens muß zur Revision drängen. – Auf dem Weg einer Lebensumkehr zu Gott hilft ein gut gewählter Zeitrhythmus der Besinnung (bei dem ich meine Sünden nicht allein »vom Hörensagen her« kenne bzw. wo die Beichtpraxis mehr beinhaltet als als eine rein äußerliche »Archivarbeit«).

Äußere Distanz: Suche bei der Vorbereitung auf eine Beichte zunächst den nötigen Abstand vom Alltag (Spaziergang, Musik, Schlafen); wähle einen ruhigen Ort und nimm dir genügend Zeit zum Überlegen.

– VORBEREITUNG
Bei der persönlichen Vorbereitung auf die Beichte können folgende Hinweise hilfreich sein und zu einem Leitfaden werden:

Vorbereitendes Gebet
»Id quod volo«: »Laß mich die Dinge so sehen, wie sie sind, daß nichts mich blende und nichts mich betrüge« (Therese von Lisieux).

Standortbestimmung (Gegenwart)
– Das momentan vorherrschende Grundgefühl meines Lebens (im Alltag)?
– Welche Tendenzen von Angst, Absicherung erfahre ich in mir?
– Nimmt mein Leben zur Zeit an Wahrheit und Frieden zu?
– Wie ist die Echowirkung meines Tuns bei anderen (Kritik, Lob etc.)?

Auswertung (Vergangenheit)
Grundlinien: Welche Erfahrungen und Ereignisse sind für die vergangene Zeit bestimmend, typisch? (Momentaufnahmen, Schlaglichter)
Grundoption: Was drückt sich in den für die letzte Zeit typischen Worten und Erfahrungen wesentlich als Lebensgrundhaltung aus?
Authentizität: Wo habe ich zu sehr »aus zweiter Hand« gelebt? Wo bin ich abhängig (geworden)?
Grenzerfahrungen: Wo bin ich im Umgang mit mir und den anderen an Grenzen gestoßen, die mich mit einem Stück »Realität« konfrontierten?
Christusbeziehung: Welche Hoffnungen habe ich in meine Begegnung mit Jesus gelegt und wie ließ ich sie wachsen? Erfahre ich hierbei augenblicklich einen Zuwachs an Wahrheit, Freiheit, Frieden und Trost?

Schuldgeschichte
Mein Schatten: Was habe ich in der letzten Zeit als Schatten erfahren: als »Lebensschatten« (strukturelle Sünde), als »ungelebten Schatten« (vergrabenes Talent) und als »Schuldschatten« (meine Schuldgeschichte)?
Meine Lebenswahrhaftigkeit: Gibt es ausgeklammerte Themen und Bereiche, die ich vor mir und Gott verberge (Grund aller Sünde: »Ich will allein sein«; Sünde will unerkannt bleiben; vgl. Masken und Rollen)?

Meine Versuchbarkeit: Worin erfahre ich, daß ich der Wahrheit und Aufrichtigkeit meines Lebens ausweiche durch Verharmlosung, Ablenkungsmanöver, Mutlosigkeit, Vorleistungen, falsche Skrupulosität, Angst vor Beschämung ...?

– BEKENNTNIS
Für die *Formulierung* des Schuldbekenntnisses sind folgende Hinweise eine Richtschnur:
Umkehr: Es ist einfacher, etwas an mir zu ändern, als mich zu ändern, nämlich ganz aus Gottes Liebe und Menschenfreundlichkeit zu leben.
Umkehr in das Sakrament: Es geht in der Beichte um kein moralisches »Check-in«, sondern um eine Christusbegegnung: Gott gibt mir etwas, das ich mir selbst nicht geben kann.
Dank: Danke Gott dafür, daß du ein Sünder sein darfst. Denn Gott liebt die Sünder, aber er haßt die Sünde.
Liebe: Sünde ist Ausfall von Liebe. Wer die erste Liebe nicht hat, beginnt zu unterlassen (»... daß ich Gutes unterlassen und Böses getan habe«). Was ist die mir eigentümliche Verweigerung der Liebe im Geflecht meiner so unalltäglichen Alltagsbosheit?

d) Konstitutiva eines Bekenntnisses
Aufrichtigkeit: »Eine unterdrückte, eine verschwiegene Schuld vergiftet von innen« (D. Bonhoeffer).
Freiheit: Meide »Vorzeigesünden« (das Beichten von Sünden, in die man gleichsam verliebt ist: »fromme Lüge«) und unterbinde alle Fixierungen (die geistigen Sünden sind von größerer Schuld als die fleischlichen, wie Thomas von Aquin betont).
Wertung: Ordne die wichtigen und entscheidenden Ausfallspunkte. Die innere Hierarchie des Bekenntnisses ergibt sich aus der Sensibilität für die eigenen Gefährdungen.
Buße: Wer Schuld auf sich geladen hat, muß sie auch in ihren Konsequenzen ausleiden. Buße ist hier die bewußte Übernahme der mit der Umkehr verbundenen Läuterung.
Gnade: Ob mit dem Bekenntnis der Sünden (»Umkehr«) auch schon ihr vollkommenes Ablegen (»Wende«) verbunden ist, ist allein Gottes Gnade.
Lebenskontext: Achte auf die Vorgeschichte der Sünde, denn die innere Intention schafft sich die äußeren Umstände des eigenen wirksamen Verhaltens (Bedeutung für die geistliche Begleitung!).
Vertiefung: Die Erfahrung der Beichte sucht ihre Vertiefung in der Feier der Eucharistie, dem »Mahl der Sünder«.

Bekenntnisformen:
Jede (Lebens- und Glaubens-)Zeit hat ihre Bußform. Dabei gibt es auch eine Differenziertheit der Wege zur Vergebung der Sünden, nämlich z. B. durch Gebet, Fasten und Almosengeben.

Drei Beichtformen sind möglich:
· Die zusammenhängende Bekenntnisaussage (Beichtstuhl).
· Das Gespräch mit dem Beichtvater (Beichtgespräch).
· Das formulierte Bekenntnisgebet (Der Paenitent formuliert sein Bekenntnis als ein Gebet, auf das der Beichtvater mit einem Gebet und mit der anschließenden Absolution antwortet. Es handelt sich hier um eine alte Weise des Bekenntnisses, wie die »Confessiones« des hl. Augustinus zeigen).

e) Die Beichte

– ABSPRACHE
Termin und Ort: Wann und wo will man sich treffen?
Ritus: Wer bereitet den Ablauf vor?
Hilfen: Lektüre, Zeit des Herrenjahres bedenken.
Dauer des Gesprächs bzw. der Beichte beachten.

– VOLLZUG

Vorbereitung
Aufräumen, Beleuchtung ...
Texte bereiten.
Zuspruch überlegen (Schriftworte, Zeit des Herrenjahres).
Möglichkeiten zur äußeren Diskretion sichern (Lautstärke, Türen, Fenster etc.).
Störungen abstellen (Telephon etc.).
Sitzordnung (Knien, Stehen?)
»Ständige Bereitschaft, das Sündenbekenntnis der Gläubigen zu hören« (Ordo Paenitentiae Nr. 10).

Begrüßung
Keine teilnahmslosen Fragen.
Erkundigung des Entschlusses zur Beichte.
Versicherung des Ablaufs und des Vorgehens.
Auskunft über die Lebensverhältnisse (diskret, nicht zu weitschweifig).
Angst abbauen (Aus Angst gegebene Auskünfte sind höchst unzuverlässig).

Gebet

Gemeinsames Gebet
Schriftwort
Gebet des Priesters

Bekenntnis des Paenitenten

Beim Bekenntnis des Paenitenten auf Strukturen und »Wurzeln« seiner Sünden achten.

Den Lebenshintergrund in der Schuldgeschichte des Paenitenten bedenken: Keine Sünde fällt aus heiterem Himmel.

Die »Hierarchie der Wahrheiten« innerhalb des Bekenntnisses beachten.

Arbeit an der »Zukunft« des Paenitenten.

Der Beichtvater kann sein Verstehen ausdrücken, aber kein ungeduldiges Unterbrechen des Paenitenten.

Reue und Vorsatz soll der Paenitent durch ein Gebet zum Ausdruck bringen, das sich auf Texte der Heiligen Schrift stützt.

Zuspruch des Priesters

Den Paenitenten zur Selbständigkeit, zur Freiheit und zum Vertrauen auf Gott anleiten (mit Ehrfurcht und Respekt vor dem geistlichen Leben des Paenitenten, ohne jedes Entlarven und Nötigen).

Den Zeitraum seit der letzten Beichte bedenken.

Was war das Wichtigste im Bekenntnis des Paenitenten?

Gleich die Brücke zur Begegnung mit dem Herrn herstellen. (Jede Sünde muß dem Menschen in der Begegnung mit dem Herrn »geoffenbart« werden, erst so wird er sie ganz erkennen).

Was will der Paenitent mit seinem Bekenntnis sagen?

Was ist die »Wurzel« seiner Sünde(n)?

Auf die Einmaligkeit der Erfahrung des Paenitenten eingehen (nicht eigene Erfahrungen danebenstellen).

Schriftwort zum Bekenntnis (nicht Erkennen und Bekennen sind das Entscheidende, sondern Bekehrung und Umkehr zum Herrn).

Interpretierende Anstöße, kein Bohren und längeres Nachfragen.

Hinweis auf Engführungen (Skrupel, Wiederholungszwänge, Ängste).

Die subjektive Beurteilung des Paenitenten zu seiner Situation aufgreifen und sein Urteil über die Last seiner Verfehlung anerkennen (nur notfalls auch korrigieren).

Ausweglose Situationen ohne Angabe von Parallelfällen oder gar vorschnellen Lösungshilfen stehenlassen.

Augenblicke des Schweigens nicht überspringen (vielleicht die zuletzt gesprochenen Worte aufgreifen).

Die Verkündigungssituation im Blick behalten (keine Plaudereien, Plattitüden und theologische Disputationen: also Gott zu Wort kommen lassen).

Rückversicherung, ob der Paenitent »alles« sagen konnte oder ob Fragen offenblieben.

Beim Vorschlagen eines Vorsatzes auf ein Wort des Paenitenten zurückgreifen, denn dies motiviert ihn mehr.

Auf die Formulierung des Vorsatzes achten (nicht gutgemeint bzw. negativ formuliert). Beachtung des Herrenjahres oder des Festtages (Evangelium).

Lossprechung

Gebet; schon der Zuspruch kann in ein solches Gebet münden.

Formel und Segen

Stille

Entlassung

Kein Themenwechsel.

Eher kurz und bündig (Kein anderes Gespräch anhängen.)

Keine teilnahmslosen (»väterlichen«) Gebärden.

Dank.

2. Zum Umgang mit Vorsätzen

Die »*Nachfolge Christi*« (I,11) des Thomas von Kempen enthält folgende Grundregeln für das Fassen von Vorsätzen:

1) Die Motivation zum Fassen von Vorsätzen ergibt sich nicht schon aus äußeren Notwendigkeiten, Wünschen und Motiven, sondern aus der »inneren Gottverbundenheit«, d. h. aus der Liebe zu Jesus.

2) Im Umgang mit den eigenen Fehlern und beim Fassen von Vorsätzen gilt zu Beginn: *Fange an, wo du willst.* Entscheidend ist nicht, wo du ansetzt, sondern der ehrliche und entschlossene Wille, hier oder dort Ordnung zu schaffen. Wer das tut, dem wird sich sein ganzes Leben von diesem Punkt aus ändern.

3) Faß in aller Stille vor Gott *einen bestimmten Fehler* genau und ohne jede Beschönigung ins Auge. »Ein klar erkanntes Problem ist immer schon ein halb gelöstes Problem!«

4) Die Axt an *die Wurzel des Übels* legen, nicht an die Symptome! Es geht darum, bis auf den Wurzelgrund der eigenen Fehler und Sünden vorzustoßen und ihn aufzudecken. Wir Menschen handeln ja immer »aus« etwas: Wir haben ein Motiv.

5) Beim Fassen der Vorsätze *nie zu hoch* ansetzen, sondern eher zu niedrig: keine »großen« Vorsätze. Wer zu hoch ansetzt und »mehr« tun will, tut meist weniger und erreicht vielleicht überhaupt nichts. – Ist der Vorsatz einmal gefaßt, dann soll er schnell und entschlossen ausgeführt werden.

6) Nicht morgen, sondern *heute anfangen* – ohne Zögern und Aufschieben!

7) Auf den *Verlauf der Handlungen* achten, »damit sie dich nicht etwa unvermerkt einem größeren Übel zutreiben«, da man zu sehr auf die eigenen Kräfte vertraut und nicht auf Gottes Gnadenhilfe. Statt vorzeitig zu resignieren, lieber »jeden Tag einen Fehler bekämpfen« – mit Geduld und Güte auch sich selbst gegenüber. – Die Fehler eher gleich von Anfang an bekämpfen, nicht erst, wenn sie schon zur Gewohnheit geworden sind.

8) Den Vorsatz *positiv formulieren*: im Blick auf die Freude und den Frieden und im Blick auf die Mitmenschen. Beim Fassen des Vorsatzes sich fragen: Will ich das Vorgenommene wirklich? Ansonsten eher noch abwarten und sich die Sache nicht vornehmen.

9) Den Weg wählen, auf dem *»Gesundheit« und Wachstum* liegen, indem eine milde und mit sich selbst barmherzige Gegenposition eingenommen wird:
   – Von jetzt an ein wenig anders – und zwar für die nächsten 24 Stunden!
   – Übe, selbst wenn du es noch nicht kannst, und riskiere weitere Fehler.
Manche tun erst etwas, wenn sie alles ganz perfekt können. Stattdessen: Tu jeden Tag immer auch etwas, wovor du vielleicht jetzt noch Angst hast oder was du noch nicht perfekt kannst. Mancher meidet etwas Großes, weil es mit Unannehmlichkeiten oder Mühsal verbunden ist. Fehler sind nicht zu vermeiden, wenn etwas Neues gelernt werden soll: »Wenn du einen Schritt gehst, kommt Gott dir hundert entgegen!«

3. Zweite Bekehrung[18]

Im geistlichen Leben gibt es meistens zwei Zeiten der Berufung. Die erste besteht in der Treue zum erkannten Weg der Nachfolge und in der Wahl des entsprechenden Lebensstandes (Ehe, Orden, Priester etc.); die zweite Zeit, die sogenannte »zweite Bekehrung«, meint jenen Augenblick im geistlichen Leben, da der Mensch nicht mehr grundsätzlich über sein Leben vor Gott verfügt, wohl aber im Rahmen der einmal getroffenen Lebensentscheidung die »Treue im Kleinen« zu leisten bzw. zu erneuern hat. Hierbei gelten folgende Regeln:

– Die Liebe zum Herrn will wachsen!
Der Christ wird auf dem Weg des Glaubens frei »von den Göttern, die in Wirklichkeit keine sind« (Gal 4,8), von den »Elementarmächten dieser Welt« (Gal 4,3). Diese Freiheit findet, wer alle Fesseln ablegt, die ihn versklaven. Dazu bedarf es der geistlichen Unterscheidung, die aus der Lebensgemeinschaft mit Christus gewonnen wird; in ihr lernt der einzelne, zu prüfen und zu erkennen, »was der Wille Gottes ist« (Röm 12,2). Die Erkenntnis des Willens Gottes ist kein Zustand, in dem der einzelne zeit seines Lebens beharren kann, sondern möchte ihn in eine immer größere Liebe, Offenheit und Verfügbarkeit für Gott führen.

– In der Liebe zum Herrn wächst nur, wer die Reste der Eigenliebe ablegt.
Ignatius von Loyola schreibt in seinem Exerzitienbüchlein: »Das soll jeder bedenken, daß er in allen geistlichen Dingen nur insoweit Fortschritte machen wird, als er sich von seiner Eigenliebe, seinem Eigenwillen und seinem Eigennutz frei macht.« Die Verliebtheit in das eigene Ich tritt selten in aller Deutlichkeit auf, eher in Verkleidung, eingehüllt in (z. B. apostolische) Bemäntelungen, Begründungen und Entschuldigungen, die alles als »halb so schlimm« ausgeben und die in sich sehr feine, subtile Ansprüche verbergen.

– In der zweiten Bekehrung geht es um einen radikalen Bruch.
Auch wenn es sich in der zweiten Bekehrung meist nicht um große Taten und Aktionen handelt, sondern eher um kleine, unscheinbare Dinge, wird sie nicht ohne Entschiedenheit und Klarheit vollzogen. Im geistlichen Wachstum gibt es den Augenblick, bei dem die stete Kontinuität eines geistlichen Fortschritts unterbrochen ist, wo das geistliche Leben entweder einen gewaltigen Sprung nach vorn tut oder

---

[18] Vgl. M. Schneider, Das neue Leben aus dem Glauben I, 71-83.

hoffnungslos zurücksinkt, wie Lallemant schreibt: »Auf dem Weg zu Gott geht der zurück, der nicht voranschreitet. Wie das Kind, das nicht wächst, kein Kind bleibt, sondern ein Zwerg wird, so bleibt der Anfänger, der nicht rechtzeitig auf den Weg der Fortschreitenden gelangt, kein Anfänger, sondern wird eine zurückgebliebene Seele. Ach, es scheint fast so, daß die große Mehrzahl der Seelen sich [...] in der Gruppe der zurückgebliebenen Seelen befindet.«

– Die zweite Bekehrung ist mehr ein Bekehrtwerden als eine aktive Bekehrung, sie ist ein Geschenk und ein Geschehen von Gott her, der niemandem seine Gnade aufdrängt.
Da Gott nicht erst in Zukunft, sondern hier und jetzt wirkt, ist auch die zweite Bekehrung nicht etwas, das in ferner Zukunft zu leisten ist (»In 10 Jahren werde ich konsequenter in diesem Punkt meines Lebens sein!«). Gott ist heute »zu lieben aus ganzem Herzen und mit aller Kraft«. Neben dem Verzicht auf die selbstgeplante Zukunft kann von Gott auch der Verzicht auf die festgehaltene Vergangenheit verlangt werden: »Ich vergesse, was hinter mir liegt, und strecke mich aus nach dem, was vor mir liegt« (Phil 3,13).

– Aktiv gesehen ist die zweite Bekehrung eine Tat des Herzens.
Sie ist nicht ein Verzicht auf dieses oder jenes, sondern der Verzicht auf das eigene Ich und die restlose Hingabe. Als Hingabe des Herzens und der Liebe ist der Schritt der zweiten Bekehrung somit das »letzte Opfer«, der letzte Schritt, die »Tat aller Taten« (H. Schürmann).

IV. Geistliche Führung

Christus im Mitmenschen erkennt oft mehr als Christus im eigenen Herzen. Deshalb bedarf es im Leben des Glaubens immer auch des Rates und der Hilfe durch den Bruder und die Schwester im Glauben. In ihrem Rat kann sich auch der Wille Gottes manifestieren.

1. Die geistliche Begleitung

Die geistliche Begleitung steht heute im Umfeld von:
1) Therapiegespräch: konfliktorientiert,
2) Supervisionsgespräch: arbeitsfeldorientiert,
3) Beratungsgespräch: sachorientiert,
4) Beicht-»Gespräch«: vergebungsorientiert,
5) Begleitungsgespräch: personorientiert.
Die geistliche Begleitung nimmt im Bereich der Seelsorge einen besonderen atz ein, der sich jedoch zuweilen mit den verschiedenen Formen und Gestalten eines Glaubensgesprächs überschneiden kann.

Zum Spezifikum der geistlichen Begleitung gehören folgende Elemente:
1) Keine geistliche Begleitung ohne geistliche Einübung (Gebet, Meditation, Sakramente).
2) Der Glaube selbst bedarf einer geistlichen Begleitung, denn: »Christus im Bruder erkennt oft mehr als Christus im eigenen Herzen« (D. Bonhoeffer).
3) In der geistlichen Begleitung (wie auch in den Exerzitien) gibt es keinen »Meister« (Mt 23,8–10), wohl aber einen »Vater« bzw. eine »Mutter«.
4) In der geistlichen Begleitung geht es um einen »brüderlichen« Dienst: Der Begleiter hat »wie eine Waage in der Mitte stehend, unmittelbar den Schöpfer mit seinem Geschöpf und das Geschöpf mit seinem Schöpfer und Herrn wirken zu lassen« (Ignatius von Loyola, Exerzitienbüchlein Nr. 15).
5) Geistliche Begleitung dient der Berufung des einzelnen: Er bekommt nicht Gottes Ruf, er ist Ruf Gottes.
6) Zur Grundaufgabe der geistlichen Begleitung gehört die jeweilige »discretio spirituum« als Unterscheidung der Regungen, die unauflöslich mit dem Glaubensleben verbunden sind.

7) Geistliche Begleitung bedient sich bei der Deutung des Lebens vornehmlich der Heiligen Schrift (es handelt sich also nicht um ein Deutungskonzept aus den Mythen: Ödipus, Narziß etc.).

8) Geistliche Begleitung findet ihre Fortführung im Empfang der Sakramente.

9) Geistliche Begleitung versteht sich als »Seelsorge« im umfassenden Sinn: Sie bemüht sich um eine inkarnierte Spiritualität (Bedeutung der Humanwissenschaften und der alltäglichen Vollzüge).

10) Geistliche Begleitung richtet sich auf solche Erfahrungen, die derart genuin zum Glaubensleben gehören, daß sie sich mit den Mitteln der Humanwissenschaften allein nicht erklären lassen (z. B. Akedia, Dunkle Nacht).

11) In der geistlichen Begleitung ist nicht die Quantität, sondern die Qualität der Begegnungen bestimmend und bedeutsam. Häufigkeit der Kontakte, Anzahl der Briefe und Gespräche sind letztlich nicht maßgebend (vgl. die Praxis der russischen Starzen).

12) Geistliche Begleitung setzt noch keine unmittelbare (erst recht nicht freundschaftliche) Sympathie voraus, doch darf die geistliche Freundschaft als Endpunkt einer geistlichen Begleitung gelten. Das Verhältnis zwischen Begleiter und Begleitetem bleibt der Beziehung zu Christus untergeordnet.

13) Geistliche Begleitung folgt dem Wirken des Heiligen Geistes so, daß sie konfrontiert, aber mehr noch inspiriert.

14) In der geistlichen Begleitung ist der Weg selber das Ziel: Wer stehen bibt, geht zurück. Entscheidend ist nicht der Erfolg, sondern die Richtung des Bemühens.

15) Um in der geistlichen Begleitung die Freiheit zu wahren, bedarf es des Wechsels von Gebet und Gespräch.

16) Eine geistliche Begleitung endet nicht mit dem Gespräch, sondern führt in die Verbindlichkeit dessen, »was nottut«. Wie jede Gotteserfahrung in den Dienst führt, der ein Unterscheidungskriterium für die Echtheit des Erfahrenen ist, so drängt auch die geistliche Begleitung in das Apostolat: Was neu erkannt und erfahren wurde, ist nun auch zu verwirklichen.

17) Als eine spezifische Weise geistlicher Begleitung gelten auch Einkehrtage, Lectio divina, Vorträge, Predigt u. a. m.

2. Das Begleitungsgespräch

Folgende praktische Voraussetzungen sind für das Gelingen des Gesprächs in der geistlichen Begleitung von Bedeutung:

Ort und Raum

Zeit, Ort (Beichtstuhl, Beichtzimmer, Arbeitszimmer, Wohnzimmer, Pforte, Spaziergang etc.).

Sitzanordnung (keine Unterschiede, gleiche Höhe, leichter Winkel etc.).

Einrichtung des Zimmers (Jeden Eindruck vermeiden, daß »behandelt« werden soll: Bücher, Auslagen etc.).

Ungestörte Atmosphäre.

Erwartungsfreie Anordnung (Entfernung von Dingen, die festlegen oder Erinnerungen wecken).

Dauer und Termine

Auch kurze Gespräche sind sinnvoll.

Maximale Dauer von 60 bis 90 Minuten.

Zeitliche Begrenzung beim Gesprächsbeginn angeben.

Zwischen den Gesprächen Abstand von einer Woche. (Häufigere Kontakte bringen eo ipso noch keine schnelleren Fortschritte.)

Innerhalb von 5 bis 10 (höchstens 20) Kontakten haben die wesentlichen Änderungen in der Regel stattgefunden; es bedarf immer neu einer Zustimmung zu einer Fortsetzung der geistlichen Begleitung.

Für die geistliche Begleitung gilt grundsätzlich: Gespräche sollen nicht länger als 45 Minuten dauern, nicht häufiger als einmal in der Woche; es gilt, in einem überschaubaren Zeitabstand miteinander in Kontakt zu bleiben.

Inhaltliche Vorgaben

Je geringer die Erfahrung des Seelsorgers, desto mehr Gespräche und Kontakte wird er benötigen, um zu helfen.

Eine totale Umstrukturierung der Persönlichkeit ist nicht erstrebenswert: Kein anderer, wohl aber anders werden wollen. Es gilt, darauf zu achten, ob der andere auch »wahrnimmt«, was sich bei ihm tut.

Änderungen des Ratsuchenden hängen ab vom Begleiter, vom Ratsuchenden und von der Situation.

Der Inhalt des Gesprächs ist bestimmt von der Selbstaktualisierung des Ratsuchenden und diese wiederum von seinem Selbstkonzept.

Der Begleiter verzichtet in seinen Äußerungen auf Beifall oder Mißbilligung und sucht nach der Bedeutung oder den Werten, welche die Aussagen des Ratsuchenden implizieren.

Der Begleiter wird unehrlich, wenn er keine Stellung nimmt und nicht auch widerspricht; doch er wird den Ratsuchenden respektieren, auch wenn dessen Entscheidungen ihn befremden oder ihm weh tun.

Es genügt nicht, lediglich zu versichern, daß man den anderen verstanden hat, oder ein solches Verständnis bloß durch Kopfnicken auszudrücken; das Verstandene muß auch in Worte gefaßt werden. Hierbei nicht über den Ratsuchenden, sondern mit ihm nachdenken.

Vom Begleiter wird eine anstrengende Aktivität gefordert, die vom Ratsuchenden als solche nicht nur erkannt wird, sondern sich auch auf ihn selber überträgt. Dabei zurückhaltend sein gegenüber konkreten Deutungen und dezidiert vorgetragenen Interpretationen.

Im Gespräch mit dem Ratsuchenden fungiert der Begleiter als ein zweites Ich, indem er die Erlebnisinhalte ruhig, gelassen und zugleich präzisierend aufgreift und darin ein Modell fruchtbarer Verarbeitung belastender Erlebnisinhalte zur Verfügung stellt.

Sätze beginnen in der Regel mit »Sie« und einem Verb, das auf ein Gefühl hinweist; besser noch sind Konkretisierungen (»Sie denken, Sie sind schlecht, weil... Sie legen Wert auf ... Sie ärgern sich, weil ...«).

Einzelsituationen:

Gesprächspausen: Sie zeigen dem Ratsuchenden, daß er frei ist und das Gespräch bestimmen kann. Belasten Pausen, ist es hilfreich, vorsichtig sich zu erkundigen oder auf Äußerungen vor der Pause zurückzugreifen. Fehlen Pausen, so verläuft das Gespräch wahrscheinlich hektisch (und deshalb fruchtlos).

Informationslücken: Informationen erst dann einholen, nachdem der Ratsuchende sein Problem genau dargestellt hat. Treten inhaltliche Lücken auf, ist es besser, den Ratsuchenden dazu anzuleiten, daß er selbst dies bemerkt.

Fragen: Meist können Ratsuchende ihre Fragen am besten selber beantworten, vor allem wenn sie aus Rollenklischees kommen (Lehrer-Schüler-Verhältnis).

Schweigen: Wenn der Begleiter seine eigenen Gefühle nicht genau orten kann, soll er sie nicht verbergen, sondern ansprechen (und zwar als subjektive Gefühle und nicht als objektive Diagnosen).

Gesprächsabschluß: Dem Ratsuchenden volle Freiheit lassen, sich weiter mit der Sache auseinanderzusetzen und vielleicht noch eine andere oder eine bessere Lösung zu finden. Dabei die Richtung, in die der Ratsuchende tendiert, unterstreichen und in einem vorläufigen Ergebnis zusammenfassen.

3. Das geistliche Gespräch

a) Voraussetzungen

Die beiden niederländischen Jesuiten *Jan Bots und Piet Penning de Vries*[19] haben folgende Hilfen für den geistlichen Begleiter niedergeschrieben, die zum Gelingen eines geistlichen Gesprächs beitragen können:

Halte das Verhältnis zueinander dem Verhältnis zu Christus untergeordnet.

Dein Verhalten zum anderen sei so, daß er sich in jeder Hinsicht bei dir frei fühlt.

Bleibe gleichmütig gegenüber der dir entgegengebrachten Zuneigung. Nicht Sympathie oder Antipathie, sondern die Ausrichtung des anderen auf Gott hin ist ausschlaggebend.

Achte zumindest ebenso auf die Art und Weise, wie der andere seine Problematik vorbringt, wie auf den Inhalt dessen, was er vorbringt; d. h. auf Trost und ebenso auf Trostlosigkeit.

Achte nicht auf Gefühle und Erfahrungen im allgemeinen, sondern auch auf die Gefühle für Ihn, den Herrn.

Halte jedes Gespräch so kurz wie möglich.

Stelle zu Beginn keine »teilnahmsvollen« Fragen, sondern lasse die Initiative ganz vom andern ausgehen, damit dieser zeige, woran er dich teilnehmen lassen möchte.

Bewahre eine möglichst große Distanz, damit der andere auch so frei wie möglich bleiben kann.

Gehe nicht schneller voran, als die Erfahrung des anderen mitgeht.

Verweise den anderen ständig an das, was dieser selbst in seiner eigenen Erfahrung einmal entdeckt hat.

Gib keine Ratschläge aus dem eigenen Erfahrungsschatz für die Lebensfragen, bei denen es um die freie Entscheidung des anderen geht.

Gib nur Ratschläge über die Art und Weise, wie der andere selbst den Willen Gottes finden, nicht aber darüber, was eventuell der Wille Gottes für ihn sein könnte.

Achte darauf, in welche Rolle der andere dich – bewußt oder unbewußt – hineinmanövriert; und achte darauf, welche Gesten, Worte oder Haltungen eine schädliche Gegenübertragung bedeuten können.

Achte auf das, was der andere nicht denken will, was er verdrängt.

Schweige gewöhnlich und sprich ausnahmsweise und nach reiflicher Überlegung.

---

[19] J. Bots und P. Penning de Vries, Über die geistliche Führung, in: Geist und Leben 53 (1980) 41-48.

Benutze zur Wiedergabe der Erfahrungen und Gefühle des anderen möglichst dessen Worte, mögen sie auch ungelenk sein.

Diskutiere nicht, aber gehe auf die Gefühle ein, die hinter den geäußerten Gedanken stehen.

b) Konfrontation?

Eine Konfrontation muß im Geiste des einfühlenden Verstehens durchgeführt werden.

Bei der Konfrontation muß in angemessenen, vorsichtigen Worten gesprochen werden; die eventuelle Vorläufigkeit und Überholbarkeit des implizierten Urteils soll angedeutet werden.

Werde dir über die Motive deiner Konfrontation bewußt!

Die Tiefe des Verhältnisses zum anderen ist ein bestimmender Faktor für die mögliche Deutlichkeit und Effektivität der Konfrontation.

Der emotionale, intellektuelle und spirituelle Zustand des anderen muß vor einer möglichen Konfrontation abgewogen werden.

Das Risiko der Entwurzelung des anderen muß abgeschätzt werden.

»Die Wahrheit in Liebe sagen« (Eph 4,15): Im Hinblick auf die vorausgeahnte oder stattfindende Verunsicherung bzw. Entwurzelung muß die Konfrontation einen höchstmöglichen Grad an einfühlender Unterstützung enthalten.

Der Inhalt der Konfrontation muß spezifisch sein, er soll sich vorzugsweise auf genau angebbare Verhaltensweisen beschränken und wird in vielen Fällen in mehreren Schritten eröffnet.

Der Inhalt der Konfrontation muß sich mit dem in Übereinstimmung bringen lassen, was man an eigenen Gefühlen erfährt und was voraussichtlich der Konfrontierte spürt.

Der Inhalt der Konfrontation muß mit dem übereinstimmen, was der Konfrontierende im eigenen Leben tut.

Der Konfrontierende muß sich über seine eigenen Gefühle klar sein wie auch die Reaktion des anderen im Auge haben.

Der Konfrontierende soll über das reden, was er selbst meint, statt die Meinung und Sichtweise von anderen wiederzugeben.

Das Gesagte soll nicht demaskieren, sondern befreien: »Die Wahrheit wird euch frei machen!« Deshalb soll der andere nicht »an die Wand« gestellt werden, sondern den »umhüllenden Mantel« der Güte und des Wohlwollens sehen und in erreichbarer Nähe vor Augen haben.

Konfrontation im christlichen Sinn wird immer auch eine Konfrontation mit der eigenen Schuld und Sünde sein – und in gleicher Weise mit der Vergebung: Nur eine vergebene Schuld wird man klar ins Auge fassen!

Konfrontation unter Christen geschieht »unter vier Augen« und soll ein »brüderlicher Dienst« sein: »Christus im Bruder erkennt oft mehr als Christus im eigenen Herzen« (D. Bonhoeffer).

V. In der Schule des Lebens

Einige der folgenden Hinweise sind schon angesprochen worden, lassen sich aber noch vertiefen.

1. Begegnung

Was waren die entscheidenden Begegnungen meines Lebens? Warum waren sie für mich so entscheidend? Was habe ich in ihnen gelernt?

Was erwarte ich augenblicklich von einer »Begegnung«? Oder sind momentan eher »Vergegnungen« meine Grunderfahrung?

Welche Erfahrungen sind schon bei Begegnungen für mich entscheidend geworden? Was gefiel mir gut? Wo gab es Enttäuschungen, Unverständnis, Dinge, die mich ärgerten? Mit welchen Erfahrungen komme ich immer wieder nicht zurecht? Wo und wann fällt es mir schwer, mich auf eine Begegnung einzulassen? Wie empfinde ich augenblicklich die derzeitige Art und Weise meiner Beziehungen und Begegnungen? Bewährt sich die bisherige Vorstellung und das Bild, das ich mir von einem anderen gemacht habe?

Welche augenblicklichen Erfahrungen halte ich für so wichtig, daß ich sie einem anderen gerne mitteilen möchte? Welche Freuden und Fragen beschäftigen mich momentan und können für andere eine Hilfe sein, damit sie mich besser wahrnehmen können?

Mit wem möchte ich einmal ausführlich sprechen? Warum müßte ich mit ihm einmal sprechen? Welches Motiv veranlaßt mich dazu? Was müßte ich ihn fragen und was mit ihm klarstellen? Was ist mir an ihm verschlossen geblieben? Was wünsche ich mir von ihm? Was möchte ich ihm von mir mitteilen? Welche Ängste und Befürchtungen stellen sich dabei ein? Was finde ich am anderen sympathisch, was möchte ich bei ihm verstärken und vielleicht von ihm lernen?

Was fehlt an der bisherigen Gestaltung des Zusammenlebens mit den anderen und was vermisse ich, das für mich aber unbedingt nötig wäre? Was kann nach meiner Meinung den Stil des Umgangs und Sprechens miteinander verbessern? Was müßte bei uns mehr zu Wort kommen?

Wie ist Jesus mit »Begegnung« in seinem Leben umgegangen, und wie hat er sie gestaltet?

2. Meine »Zelle«

»Du aber geh in deine Kammer, wenn du betest, und schließ die Tür zu; dann bete zu deinem Vater, der im Verborgenen ist. Dein Vater, der auch das Verborgene sieht, wird es dir vergelten« (Mt 6,6). Hier ist nicht nur ein geistliches Grundgesetz des Betens angesprochen, sondern auch eines ganzen Lebens im Glauben: Es gibt eine innere Vertrautheit mit Gott, die sich eher im Verborgenen vollzieht. Der Prüfstein unserer Authentizität ist die eigene »Kammer«, wo wir Gott unmittelbar von Angesicht zu Angesicht begegnen. Eine solche »Zelle« ist keineswegs nur eine Einrichtung für Mönche und Klöster, jeder hat sie in und mit seinem eigenen Zimmer. Wie vollzieht sich augenblicklich die Begegnung mit dem Raum, in dem ich wohne und mich Tag für Tag aufhalte? Ich schlafe in ihm, studiere in ihm, erhole mich und vertraue den eigenen vier Wänden all das an, was mich belastet und freut. Die Frage ist, ob dieser Ort, der mein Zimmer ist, meinem Innersten entspricht.

In der Art, wie einer sein Zimmer gestaltet, wie er es einrichtet, putzt und pflegt, zeigt sich auch seine Sorgfalt für sich selbst. Wer sich in den eigenen vier Wänden nicht wohlfühlt, wird sich an anderen Orten und Gelegenheiten Geborgenheit suchen.

In der Einrichtung eines Zimmers zeigt sich die Lust und Freude am eigenen Leben. Wie verlasse ich mein Zimmer, wenn ich auf Reisen gehe? Wie beende ich den Tag in meinem Zimmer: Räume ich es auf, bevor ich zu Bett gehe? Gibt es vielleicht ein Ritual, wie ich den Tag abends beende, bevor ich mich schlafen lege? Es ist nicht gleichgültig, wie einer das Ende des Tages gestaltet und wie er abends den Schreibtisch hinterläßt bzw. morgens antrifft.

Das eigene Zimmer dient dem Ausruhen und Aufatmen in all den Beschäftigungen, die tagsüber zu meistern sind. Wer in das eigene Zimmer tritt, weiß, daß von nun an das Alleinsein sein Lebensraum ist; niemand erwartet jetzt irgendwelche Früchte und Erfolge seines Tuns, er darf er selbst sein, unbeobachtet und unaufgefordert.

Es gibt die Gefahr des Rückzugs. Zuweilen kann man sich während des Alleinseins bestimmter Gedanken und Versuchungen nicht erwehren. Gott bedient sich vielleicht sogar der Empfindlichkeit, um den einzelnen zu reinigen; aber auch der ungute Geist weiß sie für sich zu nutzen. Wer sich weigert, sein aufgewühltes Herz einem erfahrenen Seelenführer zu öffnen, läuft Gefahr, in Skrupelhaftigkeit, Unzufriedenheit oder Gleichgültigkeit zu verfallen.

Ohne Demut wird das eigene Zimmer bald seinen Glanz verlieren. Nicht dem *Menschen* steht die Initiative zu, »Aug in Aug« mit Gott zu sprechen, »wie Menschen miteinander reden« (Ex 33,11). Es ist *Gott*, der zu Mose spricht, nicht Mose zu Gott.

Wer ein Leben im Glauben führen will, ist ein Mensch des Gebets; das Gebet ist für ihn ein lebensnotwendiges Bedürfnis, das aus seinem Herzen kommt. Ohne das Gebet ist das eigene Zimmer nur ein Ort, wohin sich ein Junggeselle zurückzieht. Es wird zu einer »Wüste« im schlechten Sinn, eine wüste Last, indem die Seele verkümmert und unproduktiv wird. Auch wäre es unheilvoll, in der Einsamkeit eine »Gebetsmaschine« ablaufen oder die persönlichen Begegnungen mit Gott in Geschäftsverhandlungen entarten zu lassen.

Damit es im Zimmer zur inneren Stille kommt, bedarf es einer »Kultur« der Gedanken, mit denen wir eintreten. Man muß lernen, bestimmten Gedanken ein inneres Hausverbot zu erteilen: Bestimmte Gedanken (und Menschen) haben so viel Macht über uns, wie wir sie ihnen geben.

In unseren eigenen vier Wänden begegnen wir unserem Scheitern, dies vor allem in Stunden der Einsamkeit, wenn wir uns allein fühlen. Dann wird es uns nicht weiterhelfen, daß wir uns wieder aufrüsten oder durch irgendein Tun uns vor Gott in ein gutes Licht stellen, das kann vielmehr allein Christus selbst bewirken: »Legt als neues Gewand den Herrn Jesus Christus an« (Röm 13,14).

Wir tragen nicht nur etwas Kostbares in uns, wir selbst sind etwas Kostbares. So treten wir, wenn wir unser eigenes Zimmer betreten, nicht nur in einen Raum ein, sondern immer zugleich auch in unser Innerstes, das dort auf uns wartet: »Das Innerste des Menschen ist die Selbstmitteilung Gottes« (K. Rahner).

Dieses Innerste tragen wir in unserem Leib, ähnlich – so dürfen wir sagen – wie Maria. Es gibt nicht nur einen äußeren Raum, in den wir gläubig eintreten, wenn wir unser Zimmer betreten, sondern wir leben schon in diesem inneren »Raum« des Glaubens, der unser Leib ist. So haben wir uns zu mühen, daß unser Leib wird, was er ist. Wir haben uns um den Leib zu mühen, damit wir fähig werden, in und mit ihm unseren »inneren Gast«, nämlich Christus, aufzunehmen.

Das eigene Zimmer ist ein Raum der Kreativität. Eingebungen und Lösungen können hier gerade in den unwahrscheinlichsten Momenten auftauchen. Ob wir gerade am Schreibtisch sitzen, am Einschlafen sind oder das Zimmer putzen oder einfach nur trödeln: Plötzlich zeigt sich eine neue Idee und Klarheit.

Wir hängen Bilder in unserem Zimmer auf, nicht nur weil sie bunt und schön sind, sondern weil sie in vielem unserem Inneren entsprechen. Was sagen mir die Bilder in meiner »Kammer« über mich (und Gott)?

Wir werden im eigenen Zimmer Zeit verschwenden, um zu uns selbst zu kommen, um nicht außengesteuert zu werden und um kreativ zu bleiben; dies alles kann zu den kostbaren Augenblicken unseres Alltags werden. Hier lernen wir die Achtsamkeit, indem wir auf die Wirklichkeit hören, und lernen zugleich, daß es für alles unter der Sonne die rechte Zeit gibt (Koh 3,1). Wir üben in einer solchen Zeit der

Muße die Achtsamkeit wie auch die Geduld. Wenn wir arbeiten, lesen, essen, uns erholen oder schlafen – bei all dem will der himmlische Vater in unserer Seele seinen göttlichen Sohn in uns zeugen, so daß ein Einsiedlermönch empfiehlt: »Bemühe dich in deiner Zurückgezogenheit, dein Herz im gleichen Rhythmus schlagen zu lassen wie das Herz Gottes, indem du deine Freude auf das richtest, was das Glück einer jeden göttlichen Person ausmacht.«

Was ein geistliches Haus anziehend macht, ist nicht seine faszinierende Lage, sondern die Gegenwart eines Tabernakels. Hier »wohnt« der ganze Himmel. Nichts dürfte einem zu viel sein, um zu vergelten, was dem zuteil wird, der vor den Altar und Tabernakel tritt: »Denn ein einziger Tag in den Vorhöfen deines Heiligtums ist besser als tausend andere. Lieber an der Schwelle stehen im Haus meines Gottes, als wohnen in den Zelten der Frevler« (Ps 84,11). Für die Juden bedeutete es größtes Glück, den Tempel zu besuchen: »Ich freute mich, als man mir sagte: 'Zum Haus des Herrn wollen wir pilgern!'« (Ps 122,1). Nichts anderes dürfen wir von der Kirche sagen: Hier sind wir zu Hause. Eine Kapelle bzw. eine Kirche ist das Zentrum eines christlichen Hauses, sie ist dessen Berechtigung. Nicht wir heiligen diesen Ort, sondern die Gegenwart Jesu gibt ihm seine Weihe.

3. Freizeit

Einige Fragen lassen überlegen, ob die freie Zeit im Alltag oder in den Ferien auf rechte Weise gelebt wird:

Wie gehe ich in freien Zeiten mit meiner Freizeit um? Was fällt mir da rückblickend auf? Was finde ich dabei gut? Was bewährt sich?
Wie gestalte ich die freien Abendstunden? Habe ich eine Kultur des Feierabends? Wie gehe ich am Abend mit der Müdigkeit um? Welche Erfahrungen von Einsamkeit stellen sich bei mir abends ein? Wie gehe ich damit um?
Wie gestalte ich den Sonntagnachmittag? Was machte ich an dem letzten freien Tag? Bin ich mit seiner Gestaltung zufrieden? Hatte er gute Formen der Begegnung?
Gibt es schon eingefahrene Gewohnheiten, wie ich die Einsamkeit und Müdigkeit in der Freizeit töte (durch Essen, Trinken, Rauchen, Sexualität, maßloses Telefonieren, konsumhaftes Einkaufen zum »Verwöhnen« ...)?
Welche Menschen lade ich in meiner Freizeit am liebsten ein?
Worin sehe ich die geistliche Dimension meiner Freizeit?
Was mache ich mit den kleinen freien Zeiten während des Tages? Schalte ich da gleich das Radio oder den Fernseher, das Handy oder den PC ein?

Was wäre mein Ideal, mein Vorbild in der Gestaltung der Freizeit?
Welchen Wünschen und Sehnsüchten möchte ich in meiner Freizeit mehr nachgehen? Welche werden unterdrückt? Mit wem könnte ich mal darüber sprechen?
Wann gibt es in meinem Leben meistens Zeiten oder sogar Tage, wo ich keine freie Minute finde? Warum? Was kann ich dagegen tun?
Wie gehe ich in der Freizeit mit Musik und Kunst um?

4. Rituale

Rituale zeigen an, was mir mein Leben wert ist (z. B. am Abend oder Morgen) und welche Freude ich am und im Leben habe. Rituale geben dem Leben eine gute Form: Die Lust am Leben zeigt sich auch in der Kultivierung des eigenen Lebens:

Rituale können krank machen (z. B. hastiges Essen am Morgen; Zigaretten); es bedarf des Einübens gesunder Rituale.
Rituale regeln Zeit (Kaffeekränzchen, Mensa; Gespräche über »Wetter«, »Sport«, »Politik« ...).
Rituale schenken Zuwendung, sie ersparen seelische Energie und regeln erste Kontakte. Sie regeln und verhindern Zuwendung und Intimität (»Guten Tag!«, »Herzliches Beileid!«; dies alles hat auch seine Bedeutung für die Rituale im Ritus einer Heiligen Messe).
Wenn Rituale einem mehr Leben schenken bzw. am Leben hindern, ergeben sich daraus Pflichten für die Zukunft.
Der reife Umgang mit der eigenen Sexualität bedarf auch einer Kultivierung im Essen, Sprechen, Genießen etc. So bedarf es grundsätzlich einer solchen Entfaltung von hilfreichen oder sogar angenehmen Ritualen im Alltag beim Essen, beim Hören von Musik, in kulturellen Aktivitäten und in der Freundschaft etc.
In Ritualen drückt sich eine innere Haltung aus, vor allem die persönliche Achtsamkeit gegenüber den Dingen des Lebens.
Was einem kostbar ist, dafür ist ein Ritual der Ehrfurcht zu entwickeln. Gleiches gilt für die Rituale und Grundvollzüge eines geistlichen Lebens.

5. Hingabe

Jesus verheißt denen, die ihm nachfolgen: »Wer das Leben gewinnen will, wird es verlieren; wer aber das Leben um meinetwillen verliert, wird es gewinnen« (Mt 10, 39; vgl. Lk 17,33):

Gibt es augenblicklich in mir einen Widerstand bzw. Protest gegen dieses Wort des Herrn? Was ist vielleicht berechtigt an meinem Protest? Wie möchte ich mit ihm umgehen, was bietet sich für die nächste Zeit an? Was sagt mir augenblicklich das Angebot des Herrn: »um meinetwillen«?
Selbstand und Hingabe sind die beiden Grundpfeiler gelungenen Lebens. Welche Erfahrungen habe ich hiermit gemacht?
Wo suche ich augenblicklich mehr Selbstand? Was bewundere ich an einem Menschen, von dem ich glaube, daß er einen solchen Selbstand gefunden hat? Wer fällt mir dabei ein?
Wo erfahre ich momentan meine Grenzen und die mangelnde Bereitschaft, mich zu »entgrenzen«, als ein Hindernis und Leiden? Wie gehe ich mit meinen Grenzen und Sehnsüchten nach Entgrenzung um?
Der Mensch ist in der Zweiheit von Mann und Frau geschaffen. Was sagt mir dies für meine eigene Identität?
Wie habe ich die Herausforderung zur »Entgrenzung« auf meinem Lebensweg erfahren (z B. in der Pubertät)? Wo fiel es mir schwer, mich loszulassen und mich in diesen Prozeß zu begeben?
Wo möchte ich genau so sein, wie ich bin, wo aber möchte ich auf keinen Fall so bleiben?
Wann habe ich durch eine voreilige »Hingabe« meinen Selbstand aufgegeben oder vielleicht sogar verloren?
»Seid vollkommen, wie euer Vater im Himmel vollkommen ist!« Wo erfahre ich dies als eine Herausforderung, mehr aus mir und meinem Leben zu »machen«?

6. Segnen

Die Lesung im Gottesdienst zu Jahresbeginn ist aus dem Buch Numeri (6,22–27) entnommen und beschränkt sich auf den Segen, den »Aaron und seine Söhne« über die Israeliten sprechen sollen:

Der Herr segne dich und behüte dich.
Der Herr lasse sein Angesicht über dir leuchten

und sei dir gnädig.
Der Herr wende dir sein Angesicht zu
und gewähre dir Heil.

Am Anfang des Jahres steht der Segen Gottes. In Eph 1,3 heißt es von einem christlichen Leben:»Gepriesen sei der Gott und Vater unseres Herrn Jesus Christus: Er hat uns mit allem Segen seines Geistes gesegnet durch unsere Gemeinschaft mit Christus im Himmel.« Segen schenkt Leben. Vom Anfang bis zum Ende der Zeiten ist das ganze Werk Gottes ein einziger Segen. Vom liturgischen Gedicht der ersten Schöpfung bis zu den Lobgesängen im himmlischen Jerusalem offenbart sich der Heilsplan als eine unermeßliche göttliche Segnung. Von Abraham an durchdringt der göttliche Segen die auf den Tod zulaufende Geschichte der Menschen, um sie wieder zum Leben aufsteigen zu lassen. Mit dem Glauben Abrahams, der den Segen entgegennimmt, wird die Heilsgeschichte eingeleitet, die uns in Christus den ganzen Segen Gottes offenbar werden läßt. Gottes Segen dürfen die Glaubenden einander weitergeben. Was Mose am Ende seines Lebens vollzieht, bleibt auch uns von Gott her Tag für Tag möglich.

a) Johannes Bours
Er erinnert an ein Gebet am Morgen und Abend eines jeden Tages, das zu den kürzesten gehört, doch darin nichts an Bedeutung verliert. Es besteht aus einem einzigen Wort. Der Beter spricht zu Gott:»Segne«, und dann folgen Namen von Menschen, mit denen er zusammenlebt und die ihm in den Sinn kommen. Menschen, die er liebt – oder nicht liebt. Es ist ein Beten, das von sich selber wegschaut auf jene, die unsere Nächsten sind. Es ist ein Gebet voller Glauben im Vertrauen darauf, daß Gott der Ursprung allen Heils ist und für jeden Menschen ein Antlitz hat.

Vielleicht hat es mancher schon längst aufgegeben, am Morgen und Abend ein Gebet zu sprechen. Die früher einmal gelernten Gebete mag man nicht mehr sprechen, man ist ihnen entwachsen. Nach neuen Gebetsworten und Gebetsformen zu suchen, erscheint vielen zu mühsam. Man hat ja so wenig Zeit am Morgen oder ist so müde und erschöpft am Abend.

Ob das Segensgebet nicht eine neue Möglichkeit ist? Man braucht fast keine Zeit dazu, nur ein wenig Herz; zum Lieben braucht man keine Zeit. So können wir Morgen für Morgen die Namen derer nennen, die uns lieb sind, für die wir Sorge tragen und die uns anvertraut sind, denen wir vielleicht unser Gebet versprochen haben. Ob es auch gelingt, den Namen derer zu nennen, mit denen wir uns zerstritten haben, die uns lästig und unsympathisch sind:»Herr, segne ...«? Schließlich können wir die Namen jener Menschen nennen, denen wir etwas schulden, denen wir zur Last geworden sind, die wir auf die Seite geschoben haben. Zuletzt darf ich in die kleine Litanei auch mich selber setzen:»Herr, segne mich heute!« In der byzantinischen Liturgie heißt es in einem Schlußgebet:»Herr, du segnest, die Dich segnen, und heiligst, die auf Dich vertrauen: Rette Dein Volk und segne Dein Erbe.«

b) Starez Siluan

1938 starb auf dem Berg Athos ein Mann namens Siluan. Er war ein einfacher russischer Bauer, der ungefähr zwanzigjährig auf den Berg Athos gekommen war und fünfzig Jahre dort gelebt hat. Er war äußerst schlicht und nur deshalb auf den Athos gegangen, weil er in einer Broschüre über den heiligen Berg gelesen hatte, die Mutter Gottes habe versprochen, sie werde für alle, die in den Athos-Klöstern leben, vor Gott einstehen und beten. Darum verließ er sein Dorf und sagte:»Wenn die Mutter Gottes für mich einsteht, gehe ich hin; ihre Aufgabe ist es, mich zu Gott zu bringen.« Siluan war ein ungewöhnlicher Mann und hatte lange Zeit die Werkstätten der Klöster zu beaufsichtigen. In diesen Werkstätten arbeiteten junge russische Bauern, die meist ein bis zwei Jahre dablieben, um sich Geld zu verdienen. Sie sparten sich Pfennig um Pfennig, um etwas nach Hause mitzubringen. Sie wollten gern eine Familie gründen, sich ein Haus bauen und Felder anlegen.

Auch andere Mönche hatten Werkstätten zu beaufsichtigen. Diese fragten Siluan:»Vater Siluan, wie bringen Sie es nur fertig, daß die Leute in Ihren Arbeitsstätten so gut arbeiten, obgleich Sie sie nie kontrollieren? Wir überwachen unsere Leute ständig, und trotzdem betrügen sie uns!« Vater Siluan erwiderte:»Ich weiß es auch nicht, warum. Ich kann nur sagen, was ich mache. Nie komme ich morgens zu meinen Leuten, ohne vorher für sie gebetet zu haben, und mein Herz schlägt für sie voll Mitgefühl und Liebe. Gehe ich zu ihnen in die Arbeitsräume, dann kommen mir meist Tränen des Mitleids. Ich weise ihnen die Arbeit für den Tag zu, und solange sie arbeiten, bete ich für sie. Ich gehe auf meine Zelle und bete für jeden ganz persönlich. Ich stelle mich vor Gott hin und sage zu ihm: Ach, Herr, denk doch an Nikolaus. Er ist noch jung, erst zwanzig. Er hat sein Dorf und seine Frau, die noch jünger ist als er, verlassen, und sie haben ein Kind. Stell dir vor, wie traurig sie sind, daß er fortgehen mußte. Aber sie hätten zu Hause von seiner Arbeit nicht leben können. Schütze seine Familie, solange er fort ist, bewahre sie vor allem Bösen. Gib dem jungen Mann Mut, dieses Jahr durchzustehen, und schenke ihm eine fröhliche Heimkehr, genug Geld und viel Mut, den Schwierigkeiten zu begegnen.« Siluan fuhr fort:»Anfangs betete ich mit Tränen des Mitleids für Nikolaus, seine Frau und sein Kind. Während ich betete, begann ich die Nähe Gottes zu spüren. Allmählich wurde dieses Gefühl so stark, daß ich nicht mehr an Nikolaus, seine Frau, sein Kind und ihr Dorf denken konnte. Ich konnte nur noch an Gott denken. Seine göttliche

Gegenwart zog mich immer tiefer und tiefer zu ihm hin, bis ich plötzlich im Herzen Gottes entdeckte, daß seine Liebe Nikolaus, dessen Frau und Kind voll Zärtlichkeit umfaßte. Jetzt begann ich mit Gottes eigener Liebe für sie zu beten, aber wiederum wurde ich in die Tiefe hineingezogen, wo ich wieder die göttliche Liebe fand. So verbringe ich meine Tage«, sagte Siluan. »Ich bete für jeden meiner Leute persönlich. Ist der Tag vorüber, dann spreche ich etwas mit ihnen, bete mit ihnen; danach gehen sie zur Ruhe, und ich wende mich wieder meinen Gebetsübungen zu.«

Daraus können wir ersehen, daß kontemplatives, mitfühlendes Beten sowie aktives Beten Anstrengung und Kampf erfordern. Nicht allein die Gebetsworte waren schon entscheidend (»Herr, denke an den und den und den!«), sondern Siluan verbrachte Stunden in fürbittendem, liebendem Gebet, indem er beide – Kontemplation und Aktion, Liebe und Tun, Gebet und Alltag – miteinander vereinte.[20]

7. Leben nach den evangelischen Räten

Indem das II. Vatikanum die evangelischen Räte als eine Grundform jedes christlichen Lebens einordnete, ergibt sich die Notwendigkeit, sie neu auszudeuten und in ihrer Bedeutung für ein geistliches Leben aus dem Glauben auszubuchstabieren. Dies sei in einigen Aspekten angedeutet, soll aber im vierten Band unserer Studien weitergeführt werden.

a) Gast auf Erden

Eine Möglichkeit, das Leben nach den Räten in einer einfachen Weise zu beschreiben, besteht in dem Hinweis der Heiligen Schrift, daß wir nur Gast auf Erden sind. Hierzu führt K. Schäfer[21] aus:

Jesus folgt immer wieder und häufig einer Einladung zum Essen und wird so Gast im Haus eines Fremden. Er ißt und trinkt bei allen möglichen Leuten, wohnt bei Freunden und lebt vom Geld einiger Frauen, die zu seinem Kreis gehören. Unterwegs zu sein, seine Füße unter gastlicher Leute Tisch zu setzen, das gehört zu seinem Stil. Jesus hat Plätze, an denen er gern ist, aber keine Heimat; Leute, bei denen er gern ist, aber kein Zuhause; Freunde, zu denen er gehen kann, aber keine Familie. Seinen Beruf, falls er einen hatte, übt er nicht aus, sondern lebt von der Hand in den Mund am Tisch von Freunden und Fremden. Gast sein ist seine Lebensform.

---

[20] Zitiert nach Metropolit Anthonij Bloom, Schule des Gebets. München 1981, 92f.
[21] K. Schäfer, Zu Gast bei Simon. Düsseldorf 1973, 66f.; Vortrag W. Lambert über »Zölibat als Gastsein« (= Ms.).

Jesus lebt mitten unter den Leuten, ohne sich bei ihnen häuslich niederzulassen. Er hat Zeit, mit ihnen zusammenzusein und zu reden, ohne irgendwo seßhaft zu werden. Er kann dem, der etwas von ihm will, jeweils zur Verfügung stehen, ohne an ihm hängenzubleiben. Er kann jeweils für den dasein, der die Gelegenheit nützt und ihn fragt, bittet oder einlädt, wenn er zufällig in der Gegend ist, im Dorf oder vielleicht am Haus vorbeikommt. Jesus lebt anders als viele seiner Gesprächspartner, aber nicht anderswo, nicht in einer Sonderwelt. Er kann, ja will (oder muß?) offenbar ohne das leben, was dem Leben normalerweise Halt und Inhalt gibt: Heimat, gewohnte Umgebung, Beruf, geregelte Arbeit, gesellschaftliche Pflichten und Rollen, Familie, Kinder, Frau ... Aber er geht nicht ins Kloster oder in die Wüste; wer zu ihm will, braucht weder zu einer heiligen Stätte zu wallfahren noch in die Einöde hinauszugehen, sondern findet ihn in einem der umliegenden Dörfer, im Gespräch mit den Leuten, deren Gast er für eine Nacht oder ein paar Tage ist. Jesus führt kein »normales« Dasein, aber er lebt nicht am Leben vorbei; er lebt es mit. Um an vielem teilnehmen zu können, nimmt er sich heraus, eine Ausnahme zu sein.

Man erfährt nicht, wie und warum Jesus zu dieser Lebensweise gekommen ist, was und wen er auf dem Weg zu ihr hinter sich gelassen hat. Wenn ein Mensch sich aus dem löst, worin er bisher zu Hause war, und sich auf eine Sache einläßt, die er als sein Los erkennt, dann kann dies für ihn und für andere schmerzlich sein. Manches, was aus dem Leben Jesu überliefert ist, läßt erraten, daß auch er und viele andere, z. B. seine Mutter und seine Jünger, alles einsetzen mußten, um den Auftrag des himmlischen Vaters in Treue und Gehorsam gegenüber seinem Willen zu erfüllen. Doch wird ebenso berichtet, welche Fruchtbarkeit aus einem solchen Leben als Gast freigesetzt wird.

Damit wird uns zugleich eine Grundhaltung angezeigt, die ein christliches Leben ausmacht, auch wenn nicht alle in einem Orden oder die Radikalität eines solchen Lebens konkret umsetzen können. Auch wird eine Entscheidungshilfe gegeben, mit der bemessen werden kann, ob man zu einer ehelosen Lebensform berufen ist.

b) Sprachregelung
Was gemeinhin mit »Sexualität« bezeichnet wird, läßt sich auf unterschiedlichen Ebenen betrachten; bei ihr handelt es sich nämlich um eine sehr komplexe Erfahrung menschlichen Daseins:

– *Geschlechtlichkeit* betrifft den ganzen Menschen in seiner Konstitution als »Frau« oder »Mann«.

– *Sexualität* besagt den Bereich der Triebe und Begierden im Menschen, die ihn von seinem Wesen her grundlegend bestimmen, neben dem zweiten Grundtrieb, nämlich der Aggression.

– *Genitalität* richtet sich auf die genitalen Geschlechtsorgane und den Umgang mit ihnen.

– *Keuschheit* (Lehnwort von »castitas«) gilt für jeden Menschen als eine Tugend (auch für Eheleute), aber je verschieden nach der Situation (persönlich wie auch gesellschaftlich). Im Leben der Nachfolge ist die Keuschheit ein Teilaspekt der Hingabe an Jesus, und zwar als ein »spezifisches Gnadengeschenk« (vor allem in den Formen der »Brautmystik« oder einer Vorzugswahl wie Apostolat etc.).

– *Jungfräulichkeit* ist eine theologische Kategorie, sie besagt also nicht nur genitale Unberührtheit bzw. künftige sexuelle Enthaltsamkeit). In der Heiligen Schrift ist Jungfräulichkeit keine geschlechtliche oder dynastische Kategorie, sondern eine theologische, sie besagt die Unmittelbarkeit des Glaubenden von und zu Gott, wie sie in den Sakramenten vollzogen wird (Kind Gottes sein; gemäß Joh 1,13). Gelübde sind eine Verleiblichung dieser Gottunmittelbarkeit (als ein Gott gemachtes Versprechen).

– *Reinheit* ist nicht mit der Keuschheit zu verwechseln, wie Teilhard de Chardin betont: »Reinheit im großen Sinne des Wortes ist nicht bloß Freisein von Sünden. Das ist nur ihr negatives Gesicht. Reinheit bedeutet auch nicht Keuschheit. Diese ist bloß ein bemerkenswerter Einzelfall von Reinheit. Reinheit ist jene Geradlinigkeit und jener Schwung, die die Liebe Gottes, wenn man Ihn in allem und über alles sucht, in unser Leben bringt.«

– *Ehelosigkeit* ist eine Aussage darüber, daß der einzelne frei auf sein Recht auf Ehe verzichtet.

– *Zölibat* besagt das rechtliche Institut der Ehelosigkeit im Priester- und Ordensleben.

c) Leben des Weltpriesters

Nach *Georg Jelich* lassen sich folgende Grundaussagen über die Theologie einer Lebensweise nach den evangelischen Räten zusammenfassen:

1) Das erste Bezugsfeld für die evangelischen Räte ist nicht der künftige Priesterberuf, sondern der augenblickliche Lebensabschnitt, der jetzt gültige Ruf zur Nachfolge.

2) Die verantwortliche Berufsentscheidung setzt voraus, daß man sich bereits in gewisser Weise auf die Räte eingelassen hat. Die evangelischen Räte sind gleichsam der »Geist«, in dem diese Entscheidung zu fällen ist, und nicht nur ihr Gegenstand.

3) Die Auseinandersetzung mit dem Zölibat muß die Gesinnung der evangelischen Armut und des Gehorsams einbeziehen. Wo das nicht geschieht, sind Sinn, Lebbarkeit und Zeugniskraft der Ehelosigkeit stark beeinträchtigt.

4) Tragfähige Begründung für die evangelischen Räte und den Zölibat sind nicht Einzelerfordernisse eines priesterlichen Dienstes oder ein bestimmtes Priesterbild, sondern die Übereignung der Person an Gott und seinen Dienst.

5) Für das Weltpriestertum (im Unterschied zum Mönchtum) ist der besondere Akzent der evangelischen Räte die bedingungslose apostolische Verfügbarkeit.

6) Werden die Räte im Leben des Priesters als Hilfe zu gelungener Menschlichkeit erlebt, werden sie in unserer Zeit auch einer Aufgeschlossenheit begegnen und vielleicht fragendes Interesse für die Botschaft des Evangeliums wecken können.

7) Der Verkündigung hilfreich werden die Räte im Leben des Priesters vor allem dann sein, wenn sich ihre Befolgung gerade in der Bewältigung alltäglicher Situationen und weltlicher Angelegenheiten niederschlägt.

8) Wo das besondere Zeugnis des Rätestandes faktisch ausfällt, wird die Forderung an den Priester nach sichtbarer und zeichenhafter Befolgung der evangelischen Räte dringlicher.

d) Zölibatäre Lebensweise

Nach den Aussagen des II. Vatikanum handelt es sich beim Zölibat des Weltpriesters um kein göttliches Gebot, er »ist nicht vom Wesen des Priestertums selbst gefordert« (PO 16), aber dennoch, so heißt es im Konzilstext, in mehrfacher Hinsicht angemessen.

Wandel im Vorverständnis

1) Die mit dem Weihesakrament und Zölibat verbundene Trennung von der »Welt« ist nach Aussage des II. Vatikanum keineswegs *das* spezifische Wesensmerkmal, das den Priester von der christlichen Gemeinde unterscheidet.

2) Das zölibatäre Leben des Weltpriesters kann sich nicht allein nur an seinen geistlichen Verpflichtungen orientieren.

3) Die Krise des Zölibats ist heute nicht monokausal, sondern multidimensional zu beantworten.

Im Umfeld der Räte

1) Die Auseinandersetzung mit der Ehelosigkeit muß – wie beim Zölibat – auch die anderen Räte der evangelischen Armut und des Gehorsams mit einbeziehen, sonst verliert die Ehelosigkeit ihre Zeugniskraft und Lebbarkeit. Das II. Vatikanum grenzt die Räte jedoch nicht auf diese drei ein, sondern spricht von »vielfachen Räten«.

2) Die Räte sind nicht nur ein Weg zur persönlichen Vervollkommnung, sondern zunächst und vor allem ein Charisma, also eine Berufung zu einem *Dienst*.

3) Ferner fällt die Tatsache ins Gewicht, daß die evangelischen Räte im V. Kapitel von »Lumen Gentium« behandelt werden (»Die allgemeine Berufung zur Heiligkeit in der Kirche«) und nicht erst im VI. Kapitel, in dem sich das Konzil der Theologie des Ordenslebens zuwendet.

4) Deshalb wird die Pastoral künftig alle rein in der Innerlichkeit versinkenden Dimensionen aufgeben und ihre sakramentalen Dimensionen zurückgewinnen müssen, denn was in den Sakramenten vollzogen wird, erhält seinen konkreten Ausdruck in einem Leben nach den evangelischen Räten.

5) Wenn gefragt wird, warum Gott will, daß die Liebe durch »Entsagung« zum Ausdruck kommt, ist dies vor allem unter Hinweis auf den eschatologischen Aspekt jeder christlichen Entsagung zu beantworten.

6) Die Allgemeingültigkeit der Räte als Ausdrucksform christlicher Entsagung gilt auch für den Stand der Jungfräulichkeit, die ein Existential christlicher Glaubenserfahrung darstellt.

7) Die evangelischen Räte sind der »Geist«, in dem sich der einzelne zum Priestertum entscheidet.

8) Bei der Priesterweihe werden heute zwei Charismen von der Kirche geprüft, nämlich das der Berufung und das der Ehelosigkeit.

Apostolische Akzentverschiebung

Auf das Lebenszeugnis, wie es sich in den Räten ausdrückt, kann der priesterliche Dienst nicht verzichten. Denn die Seelsorge besteht nicht aus einer Überredungskunst, sondern ist zuallererst eine Lebensform, die anderen Menschen so einsichtig und verständlich sein muß, daß sie erkennen: Es gibt eine Erlösung und Befreiung des Menschen.

Standortbestimmung

Der Zölibat wird heute im Kontext zahlreicher Neudefinitionen gelebt. Das Junktim von Priesteramt und Ehelosigkeit findet in der heutigen Gesellschaft, in den Gemeinden und im Freundeskreis der Seminaristen keine letztlich motivierende Plausibilität.

– Situationsanalyse

In der Ausbildung der Weltpriester, die bis heute teils noch immer monastisch überfremdet bleibt, bilden die Räte meist nur ein Anhangskapitel der geistlichen Unterweisung, das dem Berufsziel bloß zugeordnet wird.

Die verzögerte psychische Entwicklung der jungen Erwachsenen von heute läßt den reifen Umgang mit dem Zölibat meist erst nach der Ausbildungszeit angehen. Psychische Probleme oder gar Defekte im Umgang mit der eigenen Sexualität werden immer häufiger. Trotz des freien Umgangs unserer Gesellschaft mit der Sexualität ist der einzelne selten bereit, in der Begleitung oder in der Beichte über die persönliche Sexualität zu sprechen. Weiterhin ist eine Reduzierung der vielfältigen Sinngehalte von Sexualität (Lust, Entspannung, Fortpflanzung, Regulation etc.) auf eine verkürzte Sicht der Sexualität (bzw. Genitalität) und auf einfache Mechanismen zu beobachten. Infolge des Stresses im priesterlichen Dienst fehlt zuweilen die Muße, die eigenen Defizite in der Erfahrung des Zölibats anzugehen. Man lenkt in Pseudo-Intimitäten (Alkohol, Beichtstuhl) ab.

– Akzente in der Ausbildung
Zölibatäres Leben erfordert die innere Einheit von personaler und geschlechtlicher Identität.

Für die Wachstumsgeschichte des einzelnen gilt das therapeutische Prinzip: Abwehrmechanismen können (und dürfen) erst angesprochen und gedeutet werden, wenn die Zeit dafür reif ist, womit auch die Frage nach dem richtigen Weihealter gestellt ist.

Neben der Integration von »animus« und »anima«, die eine wichtige Stellung in der Reifungsgeschichte zölibatären Lebens einnimmt, bedarf es bei der Reifung der Persönlichkeit auch des Zusammenklangs von Identität (bis 25 Jahre) und Intimität (nach 30 Jahren). Das Verlangen nach fester und enger Partnerschaft meldet sich bei einigen erst um die Mittdreißiger.

Generativität bewahrt vor dem Abgleiten in eine ungesunde Selbstabsorption. Abraham Maslow bezeichnet es als psychopathologische Reaktion aufgrund des Zölibats, daß der Verzicht auf sexuelle Vollzüge Minderwertigkeitsgefühle auslösen kann oder das Gefühl steigert, isoliert zu sein.

Zur Identitätsfindung gehört zuweilen auch das Durchleben einer normativen Krise, bei der vielleicht alles auf dem Spiele steht.

– Dynamik des Zölibats
Die Reifungsgeschichte des zölibatären Lebens in der Zeit nach der Weihe hat meist folgende Stationen:

I. Anfängliche Erkenntnis und Depressionen (oft werden Depressionen nicht in Zusammenhang mit der Sexualität gesehen).

II. Nach dem Priesterseminar fühlt man sich gut vorbereitet. In den ersten fünf Jahren nach der Weihe kommt es zuweilen aufgrund von Seelsorgserfahrungen zu sexuellen Sondierungen.

III. Ähnlich wie in der Adoleszenz zeigen sich 13 bis 16 Jahre nach der Weihe neue Krisen in Verbindung mit der Amtskirche. Das »Eltern-Kind-Verhältnis« muß nun aufgegeben werden: Man kann nicht alles erwarten, was man von den Oberen, Verantwortlichen bzw. vom Bischof erhofft hat. Einsamkeitsgefühle werden sich einstellen, aber auch Enttäuschung und Ernüchterung. Nun bedarf es einer inneren Entwicklung über die äußeren Autoritäten hinaus, um zu einer neuen Verinnerlichung und tieferen Beziehung zu Gott zu kommen.

IV. Nach 20 bis 25 Jahren stellt sich vielleicht die Frage: Ist der Beruf es wert, daß ich mein ganzes Leben für ihn dansetze? Die Folgen sind zuweilen Alkohol, Isolierung, »zölibatäre Ehe«: Wer Christus jetzt nicht im Nächsten findet, findet ihn nirgends. Es bedarf eines neuen Aufbruchs, um Gott in allen Dingen neu zu suchen und zu finden.

e) Schlußfolgerungen

Angesichts des Ideals, Priester zu werden, kann es leicht dazu kommen, der Auseinandersetzung mit der eigenen Sexualität auszuweichen. Hier kommt den Ausbildern eine besondere Verantwortung zu. Geeignete Formen eines ehelosen Lebens lassen sich jedoch nicht »einpauken« und wohl kaum rein äußerlich vermitteln.

Die Lebensform in einem Priesterseminar verlangt ihre eigenen Weisen zölibatären Lebens. Es stellt sich die Frage, ob der einzelne auf dem Weg durch das Priesterseminar genügend Entscheidungshilfen bekommt, um seine Erfahrung mit der Sexualität zu integrieren.

Aus der Verschiebung des Prozesses im Erwachsenwerden um zwei bis drei Jahre folgt, daß gegenüber vorherigen Zeiten heute immer früher geweiht wird.

Besondere Bedeutung für das Gelingen der Integration von Identität und Intimität kommt der Erfahrung und Verarbeitung des Verrats durch Mitmenschen zu, die oft härteste Probe im Leben des Glaubens. Diese Erfahrung führt manche Priester dazu, polygam in einer Art Schmetterlingsdasein zu leben.

Die oft fehlgeschlagenen Versuche der Vertrautheit und/oder »Selbstenthüllung« müssen zur Entdeckung einer dauerhaften Gegenseitigkeit führen und Orte bzw. Personen erkennen lassen, denen man sich anvertrauen kann. Die Versetzung in eine neue Gemeinde kann den Priester erneut isolieren und ein sexuelles Verhältnis nahelegen.

Da die Seminaristen heutzutage teils nur mangelnde Familienerfahrungen mitbringen, kommt allen Formen der »vita communis« eine große Bedeutung zu, denn hier lassen sich familiäre Defizite ausgleichen bzw. entsprechende Desiderate der Nachreifung einüben bzw. nachholen. Je höher der Lebensverzicht ist, desto höher sollte auch die Lebenskultur sein.

8. Geistliche Lebensordnung

Willst du im Alltag beten, dann ordne dein Leben! So lautet die Grundweisung des geistlichen Lebens. Dies bezeugen die alten Ordensregeln. Indem sie beschreiben, wie der Alltag des Klosters verläuft, wie beispielsweise die Gäste zu empfangen und die Mahlzeiten einzuhalten sind, erklären sie nicht bloß die äußere Regelung und Strukturierung des Lebens, sondern geben darin die ihnen eigene Gebetserfahrung wieder; sie zeigen: Geistliches Leben ist gläubiger Umgang mit der alltäglichen Wirklichkeit.

Einige Grundvoraussetzungen für einen solchen gläubigen Umgang mit der eigenen Lebenswirklichkeit seien im folgenden genannt:

1) Die *erste Grundvoraussetzung* geistlichen Lebens ist die *Regelmäßigkeit*:
– Für die *tägliche Betrachtungszeit* (am Morgen?) bedarf es der nötigen Zeit und des rechten Ortes, an den sich der einzelne immer wieder gerne zurückzieht, um bei sich und vor Gott zu sein. Es kann z. B. eine eigens hergerichtete Gebetsecke sein. In Rußland wird dieser Ort die »schöne Ecke« genannt, geschmückt mit einer Ikone und einem Licht. Dies dient der inneren Erneuerung, sie läßt sagen: »Hier ist gut sein.«

– Die *regelmäßige Beichte* macht einen Rhythmus von drei bis vier Wochen notwendig, bei dem der einzelne die vergangene Lebenszeit noch lebendig vor Augen hat, so daß die Fehler und Sünden, derer er sich anklagt, ihm unmittelbar vor Augen stehen und nicht bloß vom »Hörensagen« her gekannt werden. Wohl kann es ratsam sein, einen festen Beichtvater zu wählen, um eine kontinuierliche Begleitung zu gewährleisten.

– Um von einer *geistlichen Begleitung* auszugehen, sind während der Ausbildungszeit regelmäßige Gespräche erforderlich; nur so wird der einzelne dafür Sorge tragen, daß »seine Glaubensentscheidung reift und seine persönliche Beziehung zu Jesus Christus sich vertieft« (RO 33). Das Gespräch mit dem geistlichen Begleiter ist vom einzelnen eigens vorzubereiten, und zwar mit der Auswertung über die vergangene Zeit, einer Standortbestimmung und einem Ausblick auf die kommenden

Wochen. Zu bestimmten Zeitabschnitten kann ein Rückblick auf die vergangenen Monate erfolgen.

– Die Regelmäßigkeit betrifft in gleicher Weise die *Einkehrzeiten* (Wüstentag, Rekollektio), die auch während der Ferien einzuplanen sind. Es geht dabei um eine Revision de vie, eine Standortbestimmung und eine erneute Ausschau in die kommende Zeit. Zu Beginn einer solchen Einkehr sollen die erforderlichen Dinge für die Zeit der Besinnung bereitgelegt werden. Da die Einkehr immer eine Zeit der Besinnung und Umkehr ist, legt es sich nahe, dies im Bußsakrament zu konkretisieren.

– Es bedarf im Leben des einzelnen lebensnotwendiger *Rituale* (z. B. am Morgen und am Abend:»Feierabend«) als Ausdruck der Freude am Leben. In Ritualen zeigt sich, was einem wichtig ist und woraus man leben möchte; sie helfen, daß man nicht nur gelebt wird, vielmehr aus dem leben möchte, was einen trägt, um die Erfahrungen des Alltags zu vertiefen. Zu den festen Ritualen des Lebens gehört auch die Pflege von Kontakten und Freundschaften (dazu ist beispielsweise auch das Schreiben von Briefen zu zählen). Um nicht die ganze Woche abends mit auswärtigen Aktivitäten zu verbringen, wäre es ratsam, zuweilen einen »stillen Abend« zu verbringen.

– Eine Grundsäule eines gemeinsamen geistlichen Weges während der Seminarzeit sind die jährlichen *Exerzitien*. Ihnen kann ein Vorbereitungsgespräch mit dem Exerzitienmeister vorausgehen. – Nach den Exerzitien kann der einzelne deren Impulse und Themen wieder aufgreifen und bei Rekollektionen weiter vertiefen; deshalb ist es ratsam, sich bei den Exerzitien offene Fragen etc. zu notieren.

2) Die *zweite Grundvoraussetzung* geistlichen Lebens ist die *Vielgestaltigkeit:*
– Die tägliche *Betrachtungszeit* kann mit der Meditation des Tagesevangeliums oder mit der Lectio divina verbracht werden. Auch andere Formen sind denkbar: Herzens- (bzw. Jesus-)Gebet, Malen, Schreiben, Lesen, Musik und Bild. Dabei ist es ratsam, die vielen Formen geistlicher Betätigung einzuüben und über längere Zeit beizubehalten, also nicht Tag für Tag zu ändern. Die »geprägten Zeiten« des Advents oder auch einer Fastenzeit legen es nahe, sich eine geistliche Lektüre auszusuchen, die zur Vertiefung des geistlichen Lebens beiträgt.

– Zur Vielgestaltigkeit geistlichen Lebens gehört auch das *»monologische Beten«*. Es handelt sich um ein Beten mit kurzen Worten in der Gegenwart Gottes. Dank besonders geschätzter und gepflegter Gebetsweisen, die der einzelne während des Tages immer neu aufgreift und vollzieht, vertieft er sich in die Grundhaltungen vor Gott. Es handelt sich dabei um ein »ruminare« als ein wiederholendes Betrachten einzelner Gebetsworte (Rosenkranzgebet, Jesusgebet, Stoßgebet ggf. nach Art des Philipp Neri). In kurzen Gebetsworten kann der Beter all das, was ihn bewegt, in Ruhe vor Gott zur Sprache bringen. Die frühen Mönchsväter haben vor allem Worte der Heiligen Schrift vor sich »hingebrummt«, um in ihnen das, was ihr Herz bewegt, auszudrücken und von innen her auszukosten: »Meine Seele, warum bist du so betrübt. Harre auf Gott.« »Erhöre, Gott, mein Gebet, mein Rufen komme zu dir.« »O Gott, bleibe nicht stumm. Schweige nicht!« »Herr, ich suche Zuflucht bei dir. Laß mich doch niemals scheitern.« »Der Herr ist mein Licht und mein Heil; vor wem sollte ich mich fürchten?« »Der Herr ist mein Hirte, nichts wird mir fehlen.« »Lobe den Herrn, meine Seele! Ich will den Herrn loben, solange ich lebe, meinem Gott singen und spielen, solange ich da bin.« Es bedeutet eine große Hilfe, Worte der Psalmen (und Perikopen des Neuen Testaments) auswendig zu können und auf die genannte Weise aufzusagen.

– Die Vielgestaltigkeit geistlichen Lebens findet einen weiteren Ausdruck in der *geistlichen Lektüre.* Neben der (theologischen) Fachliteratur ist es ebenso ratsam, auch Grundwerke der Spiritualitätsgeschichte zu studieren.

– Die Vielgestaltigkeit geistlichen Lebens findet ihren vitalen Ausdruck im *Leibbewußtsein:* Es bedarf einer inkarnierten Spiritualität, die der Vielfalt menschlichen Lebens im Alltag gerecht wird. Dazu gehört auch eine gesunde Wert-Schätzung des Leibes: »Der Leib ist der Handschuh der Seele, seine Sprache das Wort des Herzens« (Molcho). Statt mit Tee, Kaffee, Parfüm und anderem die Signale des Leibes zu übertünchen, ist ihre Sprache ernst zu nehmen und in rechter Weise zu beantworten. Zur Pflege des Leibbewußtseins gehört auch die regelmäßige Bewegung.

9. Geistlicher Umgang mit der Zeit

Die Zeit Jesu ist die »Fülle der Zeit« (Gal 4,4), die »Zeit des Heiles«. Mitten in der Zeit ist er die Fülle der Zeit, in der endgültig offenbar wird: Der ewige Gott hat Zeit für uns. Mit dem Kommen des Menschensohnes, den Jahren seines verborgenen und öffentlichen Lebens und in seinem Kreuzestod ist Gott für immer in die Geschichte des Menschen eingegangen, und mit seiner Auferstehung ist unsere Alltäglichkeit in die ewige Geschichte des dreifaltigen Lebens aufgenommen. Darin zeigt sich, daß seit der Menschwerdung des Gottessohnes alles im Leben des Menschen »ewigkeitsfähig, weil immer schon ewigkeitshaltig« (H. U. von Balthasar) ist. In Jesus hat Gott »Zeit für uns«. Gottes Zeit verläuft nicht neben unserem Alltag, sondern wird zum Inhalt unseres Lebens. Ein Dasein im Glauben an Christus heißt: Ewigkeit in der Zeit und als Zeit, absolute (göttliche) Ewigkeit in relativer (menschlicher) Zeit. Mit der Auferstehung wird der jeweilige Augenblick (»kairós«) zum Zeitmaß eines neuen, ewigen Lebens, das stärker ist als die Zeit und der Tod.

Die verrinnende Zeit erscheint fortan nicht mehr als etwas, das uns verbraucht und zerstört, sondern als etwas, das uns vollendet. So schreitet der Christ von Fest zu Fest, von Jahrestag zu Jahrestag, von Auferstehung zu Auferstehung. Mit der neuen Zeit in Christus gilt: »Der Mensch ist nach seiner ursprünglichen Natur nicht ein von der Zeit bedrängtes, sondern ein von ihr beschenktes Wesen« (H. Wagenführ).

Wir selbst sind die Zeit. Sie ist aber auch das, was wir daraus machen. Wir können sie »totschlagen« oder auch mit Inhalt füllen. Wer die Zeit verliert und vergeudet, verliert eines Tages sich selbst. Die Zeit ist Ausdruck unseres inneren Selbst: Wenn uns jemand die Zeit stiehlt, erfahren wir dies wie einen Eingriff in unser Inneres, der uns von Wichtigem und für unser Leben Notwendigem abhält. Wer keine Zeit hat, entfremdet sich von sich selbst, er ist gejagt und gehetzt, er läuft hinter sich her, ohne sich zu erreichen, weil er auf der Flucht vor sich selber ist. Wer aber keine Zeit für sich oder die anderen hat, verweigert sich mit dem Kostbarsten, was er hat, ohne es recht zu nutzen und mitzuteilen. Die Verweigerung der Begegnung, die dadurch geschieht, daß wir keine Zeit haben, ist durch nichts wiedergutzumachen, auch nicht durch viel Geld oder durch große Geschenke. Wer keine Zeit hat, bringt sich um die Erfahrungen, die das Leben schön und reich machen: Liebe, Freundschaft, Zuneigung.

a) Innere Vollendung

Der Mensch gelangt im Fortschreiten seines Lebens zu einer inneren Vollendung, indem er die vorhergehenden Stadien des Lebenswegs integriert und in sich aufnimmt. Dies läßt sich gerade an den Heiligen verdeutlichen, die in ihrem Leben immer jung geblieben sind. Was sie denken und leben, kommt aus einem jugendlichen Herzen. Es ist traurig, zu sehen, wie junge Menschen am Anfang ihres Weges in einem Priesterseminar oder einem Noviziat mit Eifer und Begeisterung beginnen, dann aber nach einigen Jahren sich von ihren früheren Idealen und Vorsätzen verabschieden. Man etabliert sich und nimmt die Dinge, die man sich einmal vorgenommen hat, nicht mehr so genau. Und wie schwer kann es werden, vor Mitbrüdern oder geistlichen Insidern eine Predigt oder einen geistlichen Vortrag zu halten! Fridolin Stier schreibt hierüber in seinem Text vom »Besuch des Wortes Gottes bei einem namhaften Bibelgelehrten, dessen Buch vom Wesen und Wirken des Wortes Gottes demnächst erscheinen sollte«. Der Text endet mit den Worten:

Und da war wieder der Blick.

Das Wort Gottes erhob sich und schritt zur Tür.

»Was wollen Sie von mir?«, schrie der Professor ihm nach.

»Sie will ich«, sagte das Wort Gottes, »Sie!«

Es gilt also, und darin besteht die Kunst eines ganzheitlichen Lebensstils und eines geistlichen Umgangs mit den einzelnen Lebenszeiten, immer neu zum Ursprung und zur Quelle des eigenen Daseins zurückzukehren, um in geistlicher Hinsicht »jung« zu bleiben.

b) Trägheit in der Zeit

Es kann sein, daß es für den einzelnen im Ablauf seines Lebens immer schwieriger wird, sich dem konkreten Anruf Gottes in seinem Leben zu stellen, besonders wenn das geistliche Leben trockener wird. Steht am Anfang des Glaubensweges meist die Erfahrung der Nähe und Gegenwart Gottes, so kann sich die Erfahrung seiner Anwesenheit später verdunkeln.

Die Mönchsväter sprechen hier von der Krisenerfahrung der *Akedia*, die nach ihrer Meinung jeder geistlich lebende Mensch auf seinem Weg des Glaubens durchmacht. Bei ihr geht es um keine vorübergehende Schwierigkeit im geistlichen Leben, sondern um eine Erfahrung von Trostlosigkeit und Verzweiflung, die lange anhalten kann und vielleicht zu einer Lebensentscheidung drängt, die alles in Frage stellt. Die Bedeutung der Akedia ist darin zu sehen, daß sie eine grundsätzliche Abwendung von Gott selbst nach sich ziehen kann. Der Mensch wird hart oder nachlässig in seiner Begegnung mit Gott, bzw. sein geistliches Leben erstarrt in oberflächlicher Routine und Gleichgültigkeit. Auch übertriebene Minderwertigkeitsgefühle können ein akediöses Phänomen sein, denn sie sind mit einer Werdeangst und Werdescheu verbunden, die den Menschen daran hindern, wirklich so groß und gut sein zu wollen, wie er ist; stattdessen gibt er – aus Angst vor dem Leben oder wegen einer Enttäuschung – die »Eintrittskarte« vorzeitig ab. Damit verbunden ist meist die Lebenshaltung der Langeweile, die der Akedia, also einer allgemein stagnierenden Lustlosigkeit, entspringt, wie auch Adam und Eva im Paradies erst aus Langeweile gesündigt haben sollen (Thomas von Aquin).

c) Alles zu seiner Zeit

Wer so die Zeit nutzt, um bei sich selber zu sein, findet immer mehr zur eigenen Identität und Authentizität vor Gott. Aber er wird auch offen für den Anruf des Augenblicks in der Begegnung mit den anderen. Auf eine solche Wachheit für das Gebot der Stunde kommt es im Umgang mit den Menschen an. Auch hier gibt es Zeiten, die sich nicht wiederholen und zurückholen lassen. Bei Ferdinand Ebner heißt es: »Das rechte Wort ist immer eines, das die Liebe spricht, und es wohnt ihm die Kraft inne, chinesische Mauern zu durchbrechen. Alles menschliche Unglück in der Welt rührt daher, daß die Menschen so selten das rechte Wort zu sprechen wissen.«

Die Schule der Aufmerksamkeit im eigenen Leben wird einen lehren, daß »alles seine Zeit hat« (Koh 3,1). Deshalb wird man auch nicht die Zeit, die andere von einem erbitten, aufrechnen und mit ihr kalkulieren, sondern gerne weiterschenken. Eine mit großzügigem Herzen verschenkte Zeit kann keiner zurückholen noch bezahlen noch finanziell ausgleichen, sie ist und bleibt »umsonst« geschenkt. Geschenkte und verschenkte Zeit ist ein Leben »im Stand der Gnade« und aus der »Fülle der Zeit«.

Das großzügige Verschenken der Zeit – »gratis« – kommt für den Glaubenden aus dem Wissen, daß er das Wichtigste selber geschenkt bekommen hat: Gott hütet die Zeit jedes Menschen wie seinen eigenen Augapfel. Bei der Rückkehr aus der Babylonischen Gefangenschaft in die Heimat heißt es: »Zieht nicht weg in Hast, geht nicht fort in Eile; denn der Herr geht vor euch her, Israels Gott, und er beschließt auch euren Zug« (Jes 52,12). Eine Verheißung, die jedem Leben gilt.

d) Geistliches Zeitmanagement

Das Zeitmanagement boomt augenblicklich, es wird von einem Drittel der Befragten als der größte Bildungsbedarf angesehen. Lothar Seiwert, einem der profiliertesten Zeitmanagement-Experten Deutschlands, resümiert: »Höchstens fünf Prozent aller Leute gehen noch zeitgemäß mit ihrer Zeit um.« Werden die Grundthesen seines Zeitmanagements zusammengenommen, lassen sich drei Grundsätze formulieren:

1. Jeder Mensch braucht seine ihm eigene, maßgeschneiderte Zeitstrategie.
2. Im Zeitmanagement bedarf es eines geschickten Wechsels von Schnelligkeit und Langsamkeit.
3. Es gilt, das eigene Zeitverhalten zu erkennen und es mit der persönlichen Lebenseinstellung auszugleichen. Dies wird nur gelingen, wenn der einzelne immer wieder mit sich selbst ins reine zu kommen sucht und auf das eigene Innere hört und achtet.

Bei der Durchführung dieses Bewertungsschemas für die einzelnen Termine, die anstehen und erledigt werden sollen, lautet der Rat der Experten im Zeitmanagement wie folgt:

* Genügend Zeit für Pausen zwischen den einzelnen Tätigkeiten lassen.
Es gehört zu einem gesunden Lebensstil und einem geistlichen Umgang mit der Zeit, daß die einzelnen Termine, Begegnungen und Ereignisse nicht nur abgehakt werden, um dann gleich zu den nächsten übergehen zu können, sondern daß es Augenblicke des Verweilens und Nachkostens gibt. Nach einem Telephonat wird man nicht gleich den Hörer auflegen und der nächsten Arbeit nachgehen, sondern noch ein kurzes Gebet sprechen für den, der einen gerade angerufen hat. Kehrt man aus einer Vorlesung zurück auf sein Zimmer, kann man sich kurz fragen, was sie für einen selbst, für das eigene Leben im Glauben bedeutet. Auch die »*Visitatio*«, also die regelmäßige »Besuchung« des Allerheiligsten kommt aus einem ähnlichen Anliegen, nämlich während des Tages öfters einmal vor Gott innezuhalten und ihm das Erlebte entgegenzubringen, denn er ist ja die Quelle unseres Lebens, der wir uns Stunde für Stunde verdanken. Ein weiterer Grund für die Notwendigkeit solcher Zeiten des Innehaltens ergibt sich aus den »Gegenständen« des geistlichen Lebens. Die Eucharistiefeier ist der Höhepunkt und die Quelle christlichen Lebens, deshalb bedarf es vor und nach der Feier der Heiligen Messe einer Zeit der Bereitung auf die Erfahrungen, die man bei der Mitfeier machen wird bzw. gemacht hat.

* Möglichst täglich zu einem festen Termin eine stille Zeit zum Nachdenken und Innehalten vorsehen.
Neben den üblichen Zeiten, die man sich für die geistlichen Übungen wie Gebet und Meditation vornimmt, kann es noch andere feste Zeiten und Gewohnheiten geben, die zu einem geistlichen Umgang mit der Zeit gehören. Morgens kann man den Tag damit beginnen, daß man sich den Terminkalender vornimmt und betend den Situationen und Menschen entgegengeht, die heute auf einen zukommen. Dann ist man im Gebet schon bei ihnen, bevor sie eingetroffen sind. Nicht anders verhält es sich mit einer festen Zeit am Samstag, wenn man auf die vergangene bzw. kommende Woche schaut. Zeit will nicht bloß ständig gemessen, sondern auch erfahren und durchlebt werden (statt häufigem Blick auf die Uhr).

* Einen neuen Tag in Ruhe am Vorabend durchdenken.
Gemäß den Ratschlägen der Zeitmanager geht es in der abendlichen Besinnung darum, sich nochmals zu fragen, ob der Tag mit den eigenen Lebenszielen übereingestimmt hat und was am nächsten Tag vielleicht zu korrigieren ist. Außerdem kann

man nochmals all der Menschen gedenken, denen man ein solches Gedenken (im Gebet) versprochen hat; dabei kann ein Zettel mit der Liste der entsprechenden Namen hilfreich sein.

Finde das Leben, das tiefer ist als deine Lebenssituation.
Statt ständig mit der Zeit beschäftigt sein, sei lieber völlig dort, wo du bist. Sich beklagen ist nicht selten eine fehlende Annahme dessen, was nun einmal de facto ist; stattdessen macht man lieber sich selbst zu einem Opfer der gegebenen Situation. Wer aber Stellung bezieht, gewinnt Kraft. Verändere also die Situation, indem du handelst und die Dinge beim Namen nennst; wenn nötig oder möglich, laß die Situation hinter dir oder akzeptiere sie. Jene, die sich selbst immer schlecht fühlen und sich nicht annehmen wollen, können negative Konstellationen schaffen, die eigentlich nur Ausdruck dessen sind, wie sie sich selbst fühlen.

Wo du bist, sei gegenwärtig und ganz da.
Statt in einer Situation nebenher noch das Telephon zu bedienen oder dabei einer anderen Beschäftigung nachzugehen, ist es besser, *eine* Sache ganz zu machen: Lebe im Jetzt!

Behalte das innere Ziel deiner Lebensreise im Auge.
Wer eine Reise macht, soll wissen, wohin er zu gehen und welche Richtung er einzuschlagen hat. Was unterwegs gilt, ist nur der nächste Schritt, der in dem jeweiligen Augenblick zu tun ist. Die äußere Lebensreise kann eine Million Schritte lang sein, doch die innere Reise braucht nur einen: den Schritt, der jetzt gerade zu tun ist. Wer diesen einen Schritt bewußt tut, erkennt, daß er bereits alle anderen in sich trägt. Also die einmalige Gelegenheit des jeweiligen Augenblicks nutzen!

Wer bei sich die Seele zurückhält, ist kein Seelsorger mehr.
Christlicher Umgang mit der Zeit steht nicht nur unter der Frage: Wie können wir effektiver arbeiten, immer mehr und besser, schneller und funktionaler? Eine authentische und zeitgerechte Lebenseinstellung kommt eher von innen als von außen. Wer den Weg zu den Tiefen der eigenen Seele nicht findet, wird ihn wohl kaum in der Seele anderer entdecken: Wer die Seele zurückhält, kann wohl kaum selbst ein Seelsorger sein.

Die Zeitplanung ist kein Problem allein der Zeitökonomie oder des Zeitmangements, sondern der inneren Einstellung und der Prioriäten.

Ein Christ lebt nicht allein aus Anstrengung und Effektivität, sondern unter dem Gesetz der Gnade und des Empfangens. Deshalb sollte auch die Feier der Eucharistie und die Zeit des Gebetes nicht hektisch und aktivistisch verlaufen, sondern Ausdruck einer Feier des Lebens und der Gnade sein. Was ein Priester verkündet und wirkt, ist ein Dienst, keine Service(-leistung).

* Die Kunst des Lebens besteht darin, die richtige Balance in der eigenen Lebensgestaltung zu halten.
»Balance« selbst ist Bewegung und meint: mobil und flexibel sein können.

e) Einübung
Anbei einige praktische Hilfen zur Auswertung des Umgangs mit der eigenen Zeit:
1) Ich konfrontiere meine Sehnsüchte mit der Realität des Alltags. Kann ich mir für meine Wünsche Zeit nehmen? Was hindert mich daran?
2) Ich gehe den gestrigen Tag durch. Was löst er in mir aus: Ärger, Freude, Zufriedenheit, Schmerz ...? War es ein »typischer Tag« – ganz anders als sonst?
3) Welche Augenblicke erfüllter Zeit fallen mir in der Rückschau auf die letzten Wochen ein? Was hilft mir, meine Aufmerksamkeit wachzuhalten?
4) Wie gestalte ich die freien Abendstunden? Habe ich eine Kultur des Feierabends? Wie gehe ich am Abend mit der Müdigkeit um? Welche Erfahrungen von Einsamkeit stellen sich bei mir abends ein, und wie gehe ich damit um?
5) Wie gestalte ich den Sonntagnachmittag? Was mache ich mit meinem freien Tag? Bin ich mit seiner Gestaltung zufrieden? Hat er gute Formen der Begegnung und der Erholung? Ist er auch ein geistlicher, »sonntäglicher« Tag?
6) Gibt es schon eingefahrene Gewohnheiten, wie ich die Einsamkeit und Müdigkeit in der Freizeit töte (durch Essen, Trinken, Rauchen, maßloses Telephonieren, konsumhaftes Einkaufen zum »Verwöhnen« etc.)?
7) Welche Menschen lade ich in meiner Freizeit ein?
8) Worin sehe ich die geistliche Dimension meiner Freizeit?
9) Was mache ich mit den kleinen Zeiten der Freizeit während des Tages? Wie gehe ich in ihnen mit Musik, Kunst oder den Medien um?
10) Was wäre mein Ideal, mein Vorbild in der Gestaltung der Freizeit?
11) Wie empfand ich die Zeitplanung in den Ferien und was folgt daraus für die nächste Ferienzeit? Wo ist mir die Zeitorganisation besonders gut gelungen? Was hat sie durcheinandergebracht?
12) Würde ich zur jeweiligen Woche noch einen Tag zur freien Verfügung erhalten, was würde ich damit anfangen? Würde ich ihn genauso leben wie die anderen Tage?

13) Welchen Wünschen und Sehnsüchten möchte ich in meiner Freizeit mehr nachgehen? Welche werden unterdrückt? Mit wem könnte ich einmal darüber sprechen?

f) Im Zeugnis der Heiligen Schrift
Über die Freizeit finden wir nur wenig in der Heiligen Schrift, nicht weil sie daran kein Interesse hat, sondern weil sie die Muße als selbstverständlich voraussetzt; und am Ende steht das himmlische Hochzeitsmahl und die ewige Ruhe.

Mk 1,12: Die Versuchungsgeschichte meiner eigenen »Wüste«.

Mk 1,16–20: Jesus ruft von der Arbeit weg, damit man seine eigenen Erfahrungen mit ihm teilt.

Mk 1,35–39: Jesus zieht sich von den Anforderungen des Alltags zurück und verhält sich souverän gegenüber den Anforderungen der Zeit (nach einem intensiven Tag heißt es: »er ging an einen einsamen Ort, um zu beten«) und gegenüber der Verkündigung (wenn er seine Jünger dazu auffordert: »Laßt uns anderswohin gehen, damit ich auch dort predige!«).

Mk 1,15–17: Jesus »vertrödelt« Zeit bei Mahlzeiten.

Mk 2,23–28: Wer ist der Herr über den Sabbat?

Mk 3,7–12: Der Andrang der Leute.

Mk 4,13–20.26–29: Das gelassene Ausruhen beim Wachsen der Ernte: der lange Atem der Zeit!

Mk 4,35–41: Jesus gebietet stürmischen Zeiten Einhalt.

Mk 8,34–38: Was nützt es dem Menschen? Es gibt die Gunst eines einmaligen Augenblicks, die ich nicht wiederbekomme, wie ich auch im Leben alles »gewinnen« und mir »aneignen« kann, doch mich selbst darüber verliere.

Mk 11,20–25: Einübung in die Gelassenheit des Glaubens.

Mk 13,33–37: Das Gebot der Wachsamkeit, auch in der Freizeit.

10. Geistliche Gebetsordnung

Der frühere *Erzbischof Paul* der Orthodoxen Kirche Finnlands rät in seinem Buch »Unser Glaube«[22], vor allem langsam auf dem geistlichen Weg voranzuschreiten. Wenn man nicht innerlich bereit ist, sich und sein Leben zu ändern, kann es zu unguten Veränderungen kommen. Die Ausführungen dieses Erzbischofs, der selbst lange Mönch war und noch als Erzbischof wie ein Mönch lebte, faßt Abt Emmanuel Jungclaussen OSB wie folgt zusammen:[23]

---

[22] Erzbischof Paul, Unser Glaube. Neuss-Köln 1983.
[23] E. Jungclaussen, Unterweisung im Herzensgebet. St. Ottilien 2008, 70-75.

– Wenn du betest, vollzieht sich eine persönliche Begegnung mit dem Heiligen Gott.
Die Haltung der Ehrfurcht ist für den inneren Weg und das geistliche Leben notwendig. Ohne die Haltung der Ehrfurcht gibt es keine geistliche Erfahrung und keine religiöse Erkenntnis.

– Um in deinem Gebetsleben voranzukommen, versuche aufrichtig, dein Gewissen in Beziehung zu Gott, zu deinem Nächsten und zu deinem irdischen Besitz ins reine zu bringen.
Das Herzensgebet soll uns auf die Dauer mehr und mehr für Gott sensibilisieren, aber auch füreinander und für uns selbst. Die Sprache der Kreatur verstehen heißt: bis ins Letzte sensibel werden für alles, was uns umgibt. Die frühen Mönchsväter haben in mühsamer Arbeit versucht, all die Schwierigkeiten aufzuzeigen, die einer solchen Sensibilisierung entgegenstehen: vor allem die Laster und Sünden, mit denen man lernen muß umzugehen.

Wer sich mit seinen Sünden und in seinen Schwierigkeiten erkennt, dem rät Erzbischof Paul sogleich:
– Zögere nicht, dich Gott im Gebet zu nähern, wie schlecht du auch zu sein glaubst.

– Alle unsere Sünden sind nur wie ein Tropfen im Meer der Liebe Gottes.
Was dies für das Gebet bedeutet, zeigt sich im folgenden Leitsatz:

– Beginne dein Gebet jeden Tag so, als ob du es zum ersten Mal tust.
Also keine Routine! Immer wieder neu das Staunen einüben: Ich darf mit diesem Gebet »Herr Jesus Christus, erbarme Dich meiner!« zum lebendigen Gott sprechen!

– Stimme deinen Geist auf das Gefühl der Gegenwart ein und sprich dein Gebet ohne Eile, indem du jedem Wort Aufmerksamkeit schenkst. Sonst sprichst du dein Gebet in den Wind. Wenn du merkst, daß deine Gedanken eigene Wege gehen, hole sie einfach zu den Worten des Gebetes zurück, ohne aus der Fassung zu geraten.
Ein tröstliches Wort! Denn manchmal ist man am Anfang wirklich ganz entsetzt, was sich da alles im Kopf bewegt und was einem einfällt! Loslassen und versuchen, sich in Ruhe und ohne jede Hektik wieder den Worten des Gebetes zuzuwenden.

– Mache dir beim Gebet in deiner Vorstellung kein Bild von Gott, vom Himmel oder von sonst etwas!
Wir sollen beten einzig im Bewußtsein: »Der Herr ist da, ganz nahe, mehr, als ich mir selber nahe bin!« und so gläubig und vertrauensvoll das Gebet sprechen.

– Versuche nicht, durch besondere Methoden den Ort des Herzens zu finden. Das wird nur jenen Menschen möglich sein, die in der Stille und in völliger Aufmerksamkeit leben. Konzentriere deine Aufmerksamkeit auf die Worte, und dein Herz wird ihnen folgen!

Es läßt sich nichts erzwingen! In den »Erzählungen eines russischen Pilgers« lesen wir, wie er auf seiner Wanderschaft beim Beten (des Jesusgebetes) dem eigenen Atem folgt. Sobald man aber seinen Herzschlag kontrolliert, könnte dies u. U. auch gefährlich werden und zu Herzrhythmusstörungen führen. Wer zu krampfhaft seinen Atem beobachtet, kann schließlich kurzatmig werden. Das Einfachste ist, den Worten zu folgen; sobald wir sie still in unserem Herzen beten, werden sie sich wie von selbst auf das Ein- und Ausatmen verteilen.

– Das einzige Gefühl, dem man bewußt im Gebet nachgehen darf, ist das Gefühl der Zerknirschung und der eigenen Unwürdigkeit. Andere Gefühle sind Gnadengaben Gottes, die Er uns nach dem Maß unserer Demut gewährt.

Die Gefahr ist groß, daß wir auf der Jagd sind, um etwas im Gebet zu »erleben«. Es gibt immer wieder Menschen, die scheinbar ein sehr intensives geistliches Leben führen und lange Zeit in der Meditation oder auch im Gebete verbringen, aber noch ganz schrecklich an sich selbst und an Äußerlichkeiten hängen. Der entscheidende Ansatz liegt in der Demut, verstanden als Bereitschaft zu dienen. Der Name Gottes wird erst dann zum Schutz über uns und verwandelt uns, wenn wir bereit sind, dem Herrn von ganzem Herzen zu dienen.

– Hüte dich, dir die Früchte des Gebetes wie Konzentration, innere Bewegung und Tränen als Verdienst anzurechnen! Oft erlaubt uns Gott in seiner Güte, am Anfang die Süße des Gebetes zu empfinden. Aber dann läßt er uns schließlich allein – scheinbar allein –, um unseren Glauben zu prüfen und uns zu zeigen, daß wir ohne die Hilfe seiner Gnade nichts sind.

Das ist eine Erfahrung, die man immer wieder macht: Am Anfang sind die Menschen ganz begeistert vom Weg der Verinnerlichung, doch dann kommen Durststrecken, so daß es schließlich heißt: »Das Jesusgebet – das bringt mir nichts mehr! Ich fühle mich schlecht, langweilig und leer!« In diesem Augenblick geben viele auf. Aber die »Wüste« gehört zum inneren Leben dazu und stellt sich meist schon bald ein. Deshalb sagen die Starzen, vor allem Seraphim von Sarow: Was braucht der Mönch? (Was braucht eigentlich jeder Christ?) Die Antwort wird lauten: Geduld – Geduld – Geduld!

– Lies täglich ein Kapitel aus der Heiligen Schrift und aus den Schriften der Väter über das Gebet. Das ist wichtig gerade in einer Zeit, in der es an Vorbildern und geistlichen Führern fehlt! Schaffe dir eine passende Gebetsordnung und halte dich an sie wie an einen engen Freund.

Die Heilige Schrift ist der Führer, und in den Schriften der Heiligen finden wir immer wieder neue Kraft und Anregung. In der Ordnung, die wir uns setzen für unser Leben, finden wir Halt. Deshalb gilt:

– Halte die Ordnung, und die Ordnung wird dich halten!

Man darf sich nicht von Beliebigkeiten oder den eigenen Launen verleiten lassen, denn sonst endet der Weg zu Gott in einer Sackgasse. Freilich sollte man sich nicht krampfhaft einer Ordnung unterwerfen; es gibt Ausnahmen! Aber es gilt, immer wieder zur Ordnung zurückzukehren und sie dankbar als Hilfe und Halt anzunehmen.

– Halte dein Herz rein von Haß, Neid und verurteilenden Gedanken, damit Gott deine Gebete hören kann! Vergib jedem, damit Gott dir vergeben kann. Sei gütig und barmherzig, damit Gott dir gnädig sein kann.

An das Ende seiner Ausführungen setzt Erzbischof Paul einen Text eines großen geistlichen Meisters, nämlich des Gregor vom Sinai aus dem 14. Jahrhundert:

Werde, was du schon bist.
Suche Ihn, Der bereits dein ist.
Höre auf Ihn, Der nimmer aufhört, zu dir zu sprechen.
Gehöre Ihm, Der dich bereits Sein Eigen nennt!

VI. Wegmarken

Die nachfolgende Sammlung von »Worten zum Nachdenken« ist über viele Jahre hin entstanden. Die Auswahl der Texte erklärt sich aus dem Anliegen, die angesprochenen Themen des geistlichen Lebens exemplarisch an Glaubenszeugen zu verdeutlichen und zu konkretisieren.

Augustinus

Sag mir um Deiner Erbarmungen willen, Herr, mein Gott, was Du mir bist. Sprich zu meiner Seele: Ich bin dein Heil! Sprich so, daß ich's höre. Siehe, die Ohren meines Herzens sind vor Dir, öffne sie und sprich zu meiner Seele: Ich bin Dein Heil! Nachlaufen will ich hinter dieser Stimme und Dich ergreifen. Verbirg nicht vor mir Dein Antlitz.

Ein abgrundtiefes Geheimnis ist der Mensch.

Wo war ich, als ich Dich, Herr, mein Gott, suchte? Du standest vor mir, ich aber war auch vor mir selbst entlaufen und fand mich nicht: Wie hätte ich Dich finden können!

Du zogst mich hinter meinem Rücken hervor, wohin ich mich verkroch ... Aber von weitem zog Dein treues Erbarmen seine Kreise über mich.

O Du meine späte Freude! Spät habe ich Dich geliebt, o Schönheit, spät habe ich Dich geliebt! Siehe, Du warst drinnen, und ich war draußen. Du warst mit mir, und ich war nicht bei Dir. Du hast gerufen und laut gerufen und meine Taubheit mir zerrissen. Du hast geblitzt und gestrahlt und meine Blindheit verscheucht. Du hast geduftet, und ich sog den Hauch ein und verlange jetzt nach Dir. Ich habe gekostet und hungere und dürste. Du hast mich berührt, und ich entbrannte nach Deinem Frieden.

Niemand kann für das kommende Leben geeignet sein, der sich jetzt nicht dafür übt.

Du bist es, Du mein Gott, Dir atme ich Tag und Nacht.

Ich preise Dich für meinen Lebensursprung.

Ich will in meine Kammer gehen und Dir Liebeslieder singen.

Benedikt von Nursia

Sooft du etwas Gutes zu tun beginnst, bitte zuerst inständig darum, daß Er es vollende.

Dem Gottesdienst nichts vorziehen!

Niemals an der Barmherzigkeit Gottes verzweifeln!

Nicht heilig genannt werden wollen, bevor man es ist; sondern es zuerst sein, um mit mehr Recht so genannt zu werden.

Das Gebet soll kurz und rein sein, es sei denn, es werde durch den Antrieb und die Eingebung der göttlichen Gnade verlängert. Doch in der Gemeinschaft soll das Gebet ganz kurz sein.

Der Liebe zu Christus nichts vorziehen!

Alle Gäste, die zum Kloster kommen, sollen wie Christus aufgenommen werden; denn er wird einmal sagen: Ich war Gast, und ihr habt mich aufgenommen.

Die Tugend des Gehorsams soll nicht nur dem Abt gegenüber von allen geübt werden, sondern die Brüder sollen sich auch gegenseitig gehorchen in der Überzeugung, daß sie auf diesem Weg des Gehorsams zu Gott gelangen.

Wie es einen bitteren Eifer gibt, der von Gott trennt und zur Hölle führt, so gibt es auch einen guten Eifer, der von der Sünde trennt und zum ewigen Leben führt.

Die Mönche sollen einander in gegenseitiger Achtung übertreffen, die Schwächen des Körpers und des Verhaltens sollen sie in großer Geduld aneinander ertragen.

Aufeinander sollen sie hören, darin sollen sie sich zuvorkommen. Keiner soll den eigenen Vorteil suchen, sondern mehr den des anderen. Als Brüder sollen sie sich selbstlos lieben, in Liebe sollen sie Gott fürchten. Ihrem Abt seien sie in aufrichtiger und demütiger Liebe zugetan.

Christus sollen sie gar nichts vorziehen, der uns alle zum ewigen Leben führe.

Denn immer müssen wir Ihm mit den Gaben, die Er uns geschenkt hat, gehorchen.

Wir wollen uns also »mit dem Glauben umgürten« (Eph 6,14–15), in Treue das Gute tun und unter der Führung des Evangeliums die Wege gehen, die der Herr uns zeigt, damit wir Ihn schauen dürfen, »der uns in Sein Reich gerufen hat«.

Wer den Herrn fürchtet und sich wegen seines treuen Dienstes nicht überhebt, ist überzeugt, daß das Gute, das er hat, nicht sein eigenes Werk ist, sondern das Werk des Herrn.

Wir wollen vorwärts eilen und tun, was uns für die Ewigkeit nützt.

Wir wollen eine Schule für den Dienst des Herrn gründen. Bei dieser Gründung ist es unsere Absicht, nichts Hartes, nichts Schweres anzuordnen.

Verlaß nicht gleich voll Angst und Schrecken den Weg des Heils, der am Anfang nun einmal eng sein muß.

»Denn der heilige Mann Benedikt konnte unmöglich anders lehren, als er lebte« (so Papst Gregor der Große über Benedikt).

Georges Bernanos[3]

Was ist mein Leben! Ich wünsche nur, daß es bis zum Ende dem Kind, das ich war, treu bleibe.

Wenn man einmal die Kindheit verlassen hat, muß man lange leiden, um wieder dorthin zurückzukehren, so wie man ganz am Ende der Nacht ein neues Morgenrot wiederfindet.

Ich glaube nur an das, wozu ich mich überwinden muß. Ich habe nichts Brauchbares in dieser Welt getan, was mir nicht zunächst nutzlos erschienen wäre, nutzlos bis zur Lächerlichkeit, nutzlos bis zum Ekel. Der Dämon meines Herzens heißt – wozu?

Man verliert nicht den Glauben, er hört auf, dem Leben Form zu geben, das ist alles. Und darum haben alte erfahrene Lenker der Herzen nicht unrecht, wenn sie gegenüber geistigen Krisen ihre Zweifel hegen; denn sie sind gewiß viel seltener, als man behauptet.

Wir haben uns immer etwas ausgedacht, unsere Leiden haben wir uns ausgedacht und unsere Freuden, und das Leben haben wir uns ausgedacht, anstatt es zu leben.

Denken wir daran, daß Satan aus einem zu langen Gebet oder einer zu harten Kasteiung seinen Vorteil zu ziehen versteht.

Bei einem wirklich liebenden Wesen wiegt das Stammeln eines ungeschickten Geständnisses schwerer als das schönste Gedicht. Und wenn man es richtig überlegt, ist dieser Vergleich keineswegs unangebracht, denn das Sterben des Menschen ist vor allem eine Handlung der Liebe.

Das christliche Europa hat sich seines Christentums entledigt, wie ein Mensch sich der Vitamine entledigt.

Nach zwanzig Jahrhunderten Christentum, da dürfte es doch keine Schande mehr bedeuten, arm zu sein! Nein, ihr habt euren Christus geradezu verraten.

---

[3] (1888-1948). Er lebte in Paris. Seit 1926 widmet er sich ausschließlich der Schriftstellerei. Widerholter Wohnungswechsel. Sein literarisches Werk beschreibt den großen Kampf zwischen Gott und dem Satan, zwischen dem Bösen und der Gnade.

Die Sünde dringt selten mit Gewalt in uns ein, sondern mit List. Sie kommt herein wie die Luft. Sie hat keine Form, keine Farbe, noch Geschmack, die ihr eigentümlich wären, sie nimmt sie aber alle an. Sie unterhöhlt uns von innen.

Die Kirche verfügt über die Freude, über den ganzen Anteil von Freude, der dieser traurigen Welt beschieden ist. Was man wider die Kirche tut, hat man wider die Freude getan.

Die Heiligkeit ist auf keine Formel zu bringen, oder vielmehr: auf alle. Sie umschließt und überhöht sämtliche Kräfte, sie verwirklicht die in eine einzige Ebene hinabgezwungene Verdichtung der allerhöchsten Fähigkeiten des Menschen. Um die Heiligkeit auch nur zu erkennen, bedarf es einer Anstrengung, einer Teilnahme gewissermaßen an ihrer Lebensform, an ihrem unsäglichen Aufschwung.

Ich bilde mir nicht ein, mein Leben zu führen. Niemand, außer den Heiligen, hat je sein Leben geführt.

Es ist leichter, als man glaubt, sich zu hassen. Die Gnade besteht darin, daß man sich vergibt. Wenn aber aller Stolz in uns gestorben wäre, dann wäre die Gnade der Gnaden, sich selbst demütig zu lieben als irgendeinen, wenn auch noch so unwesentlichen Teil der leidenden Glieder Christi.

Es ist sehr schwer, sich zu verachten, ohne Gott in uns zu verletzen.

Das Gebet ist überhaupt die einzige Form der Revolte, die den Kopf aufrecht trägt.

Wenn du im Vorübergehen eine Wahrheit antriffst, sieh sie dir genau an, so daß du sie wiedererkennen kannst, erwarte aber nicht, daß sie dir zublinzelt. Die Wahrheiten des Evangeliums blinzeln nie.

Bernhard von Clairvaux

Glühen ist mehr als Wissen.

Nichts ist mir angenehm, das nicht erklingt von Jesu Namen. Erbarme dich deiner Seele und gefalle Gott.

Gehe abseits. Aber tu es mit dem Herzen.

Der Weg, der dir gezeigt wird, ist nicht weit. Du mußt deinem Gott nur bis zu dir selbst entgegengehen.

Fange damit an, daß du über dich selbst nachdenkst, damit du dich nicht selbstvergessen nach anderem ausstreckst [...]. Wärest du auch weise, so würde dir doch Wesentliches zur Weisheit fehlen.

Du bist für dich allein, wenn du nicht denkst, wie alle denken; wenn du dich nicht von dem in Beschlag nehmen läßt, was dir unter die Augen kommt; wenn du das verschmähst, worauf die Menge großen Wert legt; wenn dich anwidert, woran alle ihr Herz hängen; wenn du allem Zank aus dem Wege gehst; wenn es dir nichts ausmacht, etwas zu verlieren, und wenn du Beleidigungen schnell vergißt. Hast du nicht diese Grundhaltungen, so bist du nicht einsam, selbst wenn du dem Leibe nach ganz allein sein solltest.

Keiner soll sich eher an das Reden machen, als er [Gott] geschaut hat.

Darum, wenn du klug bist, mache dich zum Behälter und nicht zum Kanal. Denn ein Kanal nimmt auf und gibt fast zur gleichen Zeit wieder ab; ein Behälter aber wartet, bis er voll ist und teilt dann ohne eigenen Verlust von der Überfülle mit. Kanäle haben wir heute leider Gottes in der Kirche viele, Behälter aber wenige.

Ja, wer mit sich selbst schlecht umgeht, wem kann der gut sein? Denke also daran: Gönne dich dir selbst. Ich sage nicht: »Tu das immer!«, ich sage nicht: »Tu das oft!«, aber ich sage: »Tu es immer wieder einmal!« Sei wie für alle anderen auch für dich selbst da, oder jedenfalls sei es nach allen anderen.

Es ist viel klüger, du entziehst dich von Zeit zu Zeit deinen Beschäftigungen, als daß sie dich ziehen und dich nach und nach an einen Punkt führen, an dem du nicht landen willst. Du fragst, an welchen Punkt? An den Punkt, wo das Herz hart wird.

Wie kannst du für andere voll und echt Mensch sein, wenn du dich selbst verloren hast? Wenn also alle Menschen ein Recht auf dich haben, dann sei auch du selbst ein Mensch, der ein Recht auf sich selbst hat.

Sei du für dich der erste und der letzte Gegenstand des Nachdenkens. Wer nicht einmal den Anfang gemacht hat, darf sich nicht wundern, daß die Vollendung auf sich warten läßt.

Er liebte es, bei sich selber zu wohnen.

Es ist etwas, das eigene Herz zu erfreuen, aber es ist etwas anderes, viele zu erbauen. Rachel ist schön, aber Lea ist fruchtbar.

Es ist eine tagtägliche Erfahrung, daß der, welcher sich vornimmt, sich zu bekehren, um so schärfer von der Begierlichkeit des Fleisches angefochten wird.

Die Apostel haben mich gelehrt zu leben. Du meinst, das sei wenig, wenn man zu leben versteht? Großes, ja das Größte ist es.

Anthony Bloom[23]

Ich verstehe unter Glauben nicht irgendeine Ungewißheit, die aus Verwirrung und Unklarheit kommt, sondern ein Infragestellen, das die Wirklichkeit des Lebens zu entdecken sucht.

Es ist viel leichter, kein Geld zu haben, als innerlich arm zu sein und frei von Bindungen. Dies lernt man nur schwer und allmählich, von Jahr zu Jahr. Man lernt, den Wert der Dinge einzuschätzen, und sieht die Schönheit der Menschen, ohne Verlangen, sie besitzen zu wollen. Das Gelübde der Armut läßt mich die Dinge richtig sehen.

In gewissen Augenblicken muß man sich körperlich zurückziehen, um zu begreifen, daß eine Person oder eine Sache ihr eigenes Lebensrecht hat und nicht der Spiegel meiner Emotionen ist.

Wenn wir uns Gott zuwenden und Auge in Auge ihm gegenüberstehen, müssen wir auch den Preis dafür zahlen. Dann entdecken wir, wie tief und weit das Leben ist, unendlich wert, gelebt zu werden.

Gott begegnen heißt: die »Höhle eines Löwen« betreten. Man trifft dort keine Schmeichelkätzchen. Das Reich Gottes ist gefährlich.

Ich wünsche mir eine Haltung, die mich ganz in Anspruch nimmt, ohne daß ich meine Freiheit verliere. Entscheidend ist, daß ich niemals frage: »Was wird dabei herauskommen?«

Wir jammern, daß sich uns Gott in den wenigen Minuten, die wir für ihn übrig haben, nicht zeigt. Wie steht es aber mit den dreiundzwanzigeinhalb Stunden, in denen Gott bei uns anklopft und wir ihm antworten: »Es tut mir leid, ich habe so viel zu tun«?

Man muß etwas mit Gott gemeinsam haben, um ihm begegnen zu können.

Gott ist bereit, von uns mißachtet zu werden, unser Leben als Kreuz auf sich zu nehmen. Aber er geht nicht darauf ein, nur etwas in unserem Leben zu sein.

Man soll sich beim Beten zuerst nach innen wenden, nicht zu einem Gott im Himmel oder in weiter Ferne. Gott ist uns näher, als wir es wissen. Sodann sollte man

---

[23] (1914-2003). Russischer Herkunft, lebte und wirkte er zunächst in Frankreich als Arzt (Chirurg), danach als Mönch, Erzbischof und Metropolit der russisch-orthodoxen Diözese Sourozh in Großbritannien und Irland. Geistlicher Autor vieler Schriften, steht heute im Ruf der Heiligkeit.

solche Worte zum Gebet wählen, die zu einem passen, deren man sich nicht zu schämen braucht, die das ausdrücken, was wir sind.

Es genügt jedoch nicht, Gebete auswendig zu lernen, man muß sie leben. Immer wieder und unermüdlich ein Wort im Lauf des Tages anwenden.

Solange wir nicht den richtigen Namen für Gott gefunden haben, haben wir noch keinen freien, konkreten, frohmachenden, offenen Zugang zu ihm.

Es ist sinnlos, ein Glied des Leibes Christi zu sein und sich zu weigern, den Willen Christi zu tun.

Wenn Sie die ganze Zeit sprechen, hat Gott gar keine Möglichkeit, auch ein Wort zu sagen [...]. Gehen Sie nach dem Frühstück auf Ihr Zimmer, bringen Sie es in Ordnung und stellen Sie Ihren Sessel so, daß Sie all die dunklen Ecken, in denen man Dinge versteckt, die man nicht sehen soll, gar nicht bemerken. Zünden Sie Ihre kleine Lampe vor der Ikone an und beobachten Sie einmal, was in Ihrem Zimmer ist. Setzen Sie sich einfach hin, blicken Sie umher und versuchen Sie, aufmerksam Ihre Wohnung zu betrachten. Denn ich glaube, die vierzehn Jahre hindurch, in denen Sie so viel gebetet haben, haben Sie Ihr Zimmer vergessen. Dann nehmen Sie Ihr Strickzeug und stricken Sie eine Viertelstunde lang vor dem lieben Gott. Ich verbiete Ihnen aber, auch nur ein einziges Gebet zu sprechen. Stricken Sie einfach und erfreuen Sie sich am Frieden Ihres Zimmers.

Geistliches Leben heute heißt nicht: Wie wird unser Leben wieder geistlich?, sondern: Gottes Leben will in der Gegenwart einer jeden Zeit durch Menschen zum Ausdruck gelangen. Es gibt keine Spiritualität der Gegenwart, wenn wir nicht Gottes Gegenwart sind.

Gott will uns brauchen, um sein Leben durch uns offenbar zu machen. Er zeigt dadurch, daß wir uns schon in seiner Ewigkeit befinden und schon im Besitz von etwas sind, das aber noch nicht das Ganze ist. Das Ganze ist es erst später.

Unser geistliches Leben als das offenbar werdende Leben Gottes in uns ist also schon in der Ewigkeit und zugleich noch in der tragischen Erde. Wir selbst gehören der Erde schon nicht mehr an, sondern jener Realität, die weiter und breiter als die Erde ist. Die Frage, die an uns gerichtet ist und die bleibt, lautet immer: Geben wir uns dazu her, daß Gott sein Leben an uns offenbaren will?

Léon Bloy[24]

Was ist ein Einsamer im Absoluten? Er ist ein in Gott Verliebter.

Das ist Götzendienst, die sichtbaren Dinge den unsichtbaren vorzuziehen.

Erheben Sie Ihre Seele durch die Betrachtung jener Dinge, die wir nicht sehen. Seien Sie ein Mensch des Gebetes, und Sie werden ein Mensch des Friedens sein, einer, der im Frieden wohnt. Sagen Sie sich immer wieder vor, ich beschwöre Sie, daß alles nur Schein ist, alles nur Symbol, selbst das Weh, das am tiefsten zerreißt.

Die Offenbarung lehrt uns, daß Gott allein arm ist, und daß sein einziger Sohn der einzige Bettler ist.

Dieses Wasser, mein Erlöser, dieses lebendige Wasser, das du der ehebrecherischen Samariterin versprochen hast, gib du es mir.

Meine Vernunft hat sich selber abgeschafft, erledigt im Glauben, hat sich vollgesogen am Glauben und ist dadurch unverwundbar geworden.

Wenn einer nicht zu Gott oder für Gott spricht, dann spricht er für den Teufel, und der hört ihm zu in einem furchtbaren Schweigen.

Eine Regel, die ohne Ausnahme gilt: Niemals ist ein Heiliger ein praktischer Mensch.

Du und ich, wir sind beide Abgründe, nichts als Abgründe!

Herr Jesus, du betest für die, die dich kreuzigen, und du kreuzigst die, die dich lieben.

Johannes Bours[25]

Die Beschwerden des Alters machen sich mehr und mehr bemerkbar. Aber diese letzte Zeit, die uns noch bleibt, trägt in sich eine große Chance: eine vielleicht bisher nicht gekannte demütige Lebenswahrhaftigkeit vor Gott in uns aufkommen zu lassen. Ich denke an das Wort im zweiten Korintherbrief: Wenn auch unser äußerer Mensch aufgerieben wird, der innere wird Tag für Tag erneuert. Eine Erneuerung, die nicht mehr unsere Leistung ist, sondern ein Geschenk in unsere leeren Hände hinein.

---

[24] (1846-1917). Schriftsteller, suchte nach Erneuerung des Geisteslebens in Frankreich.
[25] (1913-1988). Priester, Seelsorger und über 30 Jahre Spiritual am Priesterseminar in Münster, Westfalen.

Werde nicht müde, dich von Gott in Verwunderung setzen zu lassen. Bring deine Frucht in Beharrlichkeit! Gib Zeugnis für die Macht der Treue.

Erwartet vom Tage nicht, was nur Jahre geben können. Vergeßt aber auch nicht, daß Jahre aus Tagen bestehen.

»Es ist gut, dir täglich eine Viertelstunde zu widmen, auf den Knien, und wäre es nur, um sie für dich zu verlieren, man verliert noch andere. Und doch scheint uns nur die Zeit zu reuen, die wir dir schenken – als könnten wir nützliche Arbeit verrichten, ehe wir Jegliches von dir empfangen« (Maurice Blondel).

Gott will durch mich leben ... Wenn ich das zulasse, werde ich immer mehr lernen, von innen nach außen zu schauen.

Gott träumt einen Traum: daß da ein Volk auf der Welt wäre, das ganz mit ihm lebte! Ein Volk, das ihm ganz vertraute, das in seiner Liebe und Gerechtigkeit lebte. Aber, das zeigt die Erfahrung: Nur Gott allein kann zuletzt diesen Traum Wirklichkeit werden lassen.

Ich kann mir nicht vorstellen, was mein Leben wäre, wenn ich dies nicht sagen könnte: Ich freue mich, daß Gott an mich gedacht hat!

Wir müssen das Ohr nahe am Wort des Evangeliums haben, um immer neue Wegweisung zu erfahren.

In jedem von uns ist dieser tiefe Wunsch: die Verläßlichkeit des Wohlwollens!

Wenn wir die Fenster einer Kathedrale von außen sehen, dann sehen wir nur graue Scheiben und sonderbare Bleilinien. Wenn wir aber in das Innere der Kathedrale gegangen sind, dann geht uns auf, welch wunderbarer, kostbarer »Schrein« dieses Gehäuse ist.

Man erfährt nur etwas von Gott – aus Gnade –, wenn man sich existentiell auf ihn einläßt. Wir werden am ehesten etwas von Gott erfahren, wenn wir uns auf einen »Zug« im Wesen Gottes einlassen, der – so meine ich – heute deutlicher als zu anderen Zeiten hervortritt: die Wehrlosigkeit seiner Liebe.

»Der goldene Schlüssel«: nämlich die Kunst, sich in Gott zu verlieben.

Bevor die Sonne sinkt, will ich Dir herzlich danken. Die Zeit, die Du mir läßt, will ich Dir Lieder singen.

Madeleine Delbrêl[26]

Es stimmt: man kann nicht mehr beten »wie« ehedem, es sei denn, man wäre in einem Kloster oder in einer bestimmten außergewöhnlichen Lebenslage. – Doch folgt daraus keineswegs, daß man nicht mehr beten soll, nur anders wird man beten müssen, und dies anders gilt es zu entdecken.

Daß ein allmächtiger Gott, der doch geliebt sein will, seinen Kindern eine Lebensart gäbe, in der sie ihn nicht lieben könnten, ist unausdenkbar. Der Fehler liegt bestimmt auf unserer Seite.

Es läßt sich unschwer ersehen, daß ein Christ, dessen Beruf nicht gestattet, eine Zeit für Gott allein »auszusparen«, sich zwangsläufig als unfähig zum Gebet betrachten müßte. – Aber: Gott hätte sich nicht die Mühe genommen, uns zu erschaffen, wenn er zulassen wollte, daß wir ihm gegenüber keine Luft zum Atmen hätten. – Unsere Zeit gewährt uns bestimmte von Gott gegebene Atemzüge, wir brauchen sie bloß zu entdecken und zu tun.

In unserem Leben sollten wir nicht nach den Räumen suchen, die einst ein christliches Leben für sich forderte. Was das Gebet angeht, so ist unser Raum rationiert: das Fehlende müssen Bohrungen ersetzen. Wo immer wir uns auch aufhalten mögen, Gott ist dort. Der nötige Raum, um ihn zu finden, ist der unserer Liebe, die von Gott nicht getrennt sein will, die ihm begegnen will.

Christus selbst hat in der Einsamkeit gebetet und unter der Menge. – Wenn ein Christ weiß, daß er an bestimmten Orten beten soll – Jesus betete im Tempel –, so soll er auch wissen, daß er überall beten kann.

Die Sehnsucht macht das Gebet aus, und zwar gleichgültig wo. Jede Liebe trägt ihre Sehnsucht überall mit sich herum.

Ohne Zeitaufwand gibt es kein lebendiges Gebet. Aber nicht die Zeitdauer verbürgt das Gebet, sondern der Wert der Zeit: was wir anderes damit anfangen könnten, und dieser Wert variiert.

Gott schenkt uns jederzeit unsere Möglichkeit zu beten, aber diese entspricht nicht immer unseren Vorstellungen vom Gebet. Wir haben sicher die Zeit so zu beten, wie Gott will, daß wir beten; vielleicht fehlt sie uns bloß, um nach unserer Vorstellung zu beten.

---

[26] (1904-1964). Nach ihrer Konversion wirkte sie über 30 Jahre lang im Sozialdienst in der kommunistischen Arbeiterstadt Ivry nahe Paris. Ihr Buch »Gebet in einem weltlichen Leben« ist zukunftsweisend für ein christliches Leben in atheistischer Umwelt.

In das beschäftigste, umhergeworfenste Leben dringen doch, wie feiner Staub, leere Zeitteilchen ein. Sieht man sie – man sieht sie nicht immer –, so müßte man auf den Gedanken kommen, sie zusammenzulegen und dadurch ein Stück verwendbare Zeit zu gewinnen. Wenn wir behaupten, beten sei unmöglich, so müssen wir uns auf die Suche nach diesem Zeitstaub machen und ihn, so wie er ist, verwerten.

Ohne Gebet werden wir Gott nie mit wirklicher Liebe lieben. Vielleicht werden wir seine Diener sein, seine Kämpfer, sogar seine Jünger, aber nicht liebende Kinder unseres Vaters, weder Freunde noch Geliebte Christi.

Heute ist Beten die größte Wohltat, die man der Welt erweisen kann.

Meister Eckhart

Gott wirkt alle seine Werke darum, daß wir der eingeborene Sohn seien.

Das ist die größte Gabe, daß wir Gottes Kinder seien und daß er seinen Sohn in uns gebäre.

Gott gebiert seinen eingeborenen Sohn in dir, es sei dir lieb oder leid, ob du schläfst oder wachst; er tut das Seine.

Der Mensch wähnt, Gott zu entfliehen, und er kann ihm doch nicht entfliehen; alle Winkel offenbaren ihn. Er wähnt, Gott zu entfliehen und läuft in den Gott.

Wer diese Rede nicht versteht, der bekümmere sein Herz nicht damit. Denn solange der Mensch dieser Wahrheit nicht gleicht, so lange wird er diese Rede nicht verstehen.

Gottes Bild, Gottes Sohn ist in der Seele Grund wie ein lebendiger Brunnen.

Leersein aller Kreatur ist Gottes voll sein, und voll sein aller Kreatur ist Gottes leer sein.

Das Schönste, was der Mensch über Gott auszusagen vermag, besteht darin, daß er aus der Weisheit des inneren Reichtums schweigen kann. Schweig daher und kläffe nicht über Gott, denn damit, daß du über ihn kläffst, lügst du.

Wäre der Mensch so in Verzückung, wie's Sankt Paulus war, und wüßte einen kranken Menschen, der eines Süppleins von ihm bedürfte, ich erachtete es für weit besser, du ließest aus Liebe von der Verzückung ab und dientest dem Bedürftigen in größerer Liebe.

Ephräm der Syrer[27]

Weil ich dich bekannt habe, o Herr, bekenne du mich.

Das Gefäß füllte sich, floß über – und es bekannte seine Ohnmacht. Hemme, o mein Herr, in deiner Güte die Flut deiner Gabe.

Der Weg des Ohres ebne sich, der Blick des Auges reinige sich, das Denken des Herzens heilige sich, das Reden des Mundes läutere sich!

Groß ist dein Tag, mein Herr; er möge nicht klein werden durch uns!

Unser Gebet werde zu einem Spiegel vor deinem Antlitz!

Nur aus deinem Schatz, mein Herr, kann ich – dir opfern.

Die Kette der Seele ist die Sorge.

HYMNUS AUF DIE GEBURT CHRISTI (I)

Moses wünschte die Herrlichkeit Gottes zu sehen, vermochte ihn aber nicht so zu sehen, wie er wünschte. Er mag heute kommen und ihn sehen, denn er liegt in einer Krippe in Windeln. Damals wagte es kein Mensch zu hoffen, er könne Gott sehen und am Leben bleiben; heute sind alle, die ihn gesehen haben, vom zweiten Tod zum Leben erstanden [...]. Gott rief im Dornstrauch mit lauter Stimme Moses zu, seine Schuhe von den Füßen zu lösen; der Stern lud die Magier schweigend ein, zu dem heiligen Ort zu kommen. Moses konnte Gott nicht sehen, wie er ist; die Magier jedoch traten ein und sahen den menschgewordenen Gott ... Wer sollte nicht gern dem Wunder lauschen, daß Gott sich herabließ, geboren zu werden?

HYMNUS AUF DIE GEBURT CHRISTI (V)

Weil der Gütige sah, + daß arm und niedrig / das Menschengeschlecht sei, + schuf er die Feste / als Schatzhäuser, + und öffnete sie / für die Trägen, + damit das Fest antreibe / den Trägen, + aufzustehen und sich zu bereichern. Siehe, sein Fest + hat wie ein Schatzhaus / der Erstgeborene uns aufgetan. + (Dieser) eine Tag, / der volle im Jahr, + nur (er) öffnet / dieses Schatzhaus. + Kommt, regen wir uns, / bereichern wir uns daraus, + bevor man es schließt.

---

[27] (gest. 373). Einer der größten Dichter der morgenländischen Christenheit. Als Dichter zahlreicher Hymnen auch »Zither des Heiligen Geistes« genannt.

Selig die Wachenden, + denn sie raubten daraus / Lebensbeute. + Große Schmach ist es: / jemand sieht + seinen Genossen, wie er schleppt / und Schätze herausträgt, + und er selber, inmitten der Schätze / sitzt er schlafend, + um leer auszugehen.

An diesem Fest + bekränze jeder / die Tür seines Herzens! + Es möge nach seiner Tür sich sehnen – der Heilige Geist! + Er möge eintreten und wohnen / und darin Heiligkeit spenden! + Denn siehe, er geht umher / an allen Türen, + (schauend) wo er wohnen könne.

Eremiten heute[28]

Mönch sein heißt: Alles hinter sich lassen und einzig der Liebe vertrauen, die Gott zu uns hat.

Mönch, wenn du Gott begegnen willst, mußt du ihm all deine Türen öffnen und ihn hereinlassen, wie immer er auch kommen mag. Nur so wirst du ihn finden, wie er wirklich ist, mit dem ganzen Geschenk seiner Liebe.

Mönch, was du zu Gott hinträgst, und wäre es auch die schwerste Last, sie trägt auch dich zu Gott hin. Was du Gott darbringst, und wäre es auch dein kostbarstes Gut, es bringt auch dich Gott dar.

Gott will nicht, daß du in seiner Hand zerbrichst, sondern daß du biegsam bist in deinem Vertrauen zu seiner Liebe, in deiner Liebe zu seinem Willen. Gott will, daß du stillhälst und daß du dich einflechten läßt in das Geheimnis, das er wirkt an dir, in das Werk, das er tut durch dich.

Fürchte dich nicht! Deine schwersten Tage sind deine reichsten Tage, nämlich die, auf denen die ganze Last Gottes liegt. Zwischen Gott und dir gibt es kein Niemandsland. Verbirg dich nicht in der Dämmerung! Schweife nicht zwischen Dunkel und Hell! Fliehe den Nebel, in den du zu flüchten versucht bist! Gott ruft dich ins Licht. So geh aus der Nacht in den Tag.

Jeder Trost, mit dem wir uns trösten, ist nur so viel wert, wie wir uns trösten lassen von Gott.

---

[28] In der Mitte des letzten Jahrhunderts kam es, zunächst in den romanischen Ländern, zu einer neuen Bewegung von Eremiten. Sie leben in der Abgeschiedenheit einsamer Gegenden, aber auch in den Betonwüsten der Städte. Die zitierten Worte stammen aus dem Buch der Autoren S. Bonnet und B. Gouley, Gelebte Einsamkeit. Eremiten heute, Freiburg-Basel-Wien 1982.

Alles mußt du verlassen und einzig Gott suchen, ihn, der dich liebt und von dir einzig geliebt werden will. Aber jeden, den du verläßt, mußt du mitnehmen in deine Einsamkeit und ihn bei dir haben, um mit allen geborgen zu sein in Gott.

Was du nicht liebst, ist auch nicht wert, daß du es Gott zum Opfer bringst.

Der erste Auftrag, den Gott dir gibt, ist der, so zu sein, wie er selbst dich gemacht hat. Alles übrige macht er gemeinsam mit dir, wenn auch du es gemeinsam machst mit ihm.

Schweife nicht, sonst wird dir die Zelle eng! Geh in dich, dann wird dir die Zelle weit.

Wenn du wartest auf Trost von draußen, ist bei dir drinnen alles trostlos.

Wenn kein Mönch mehr aus Liebe zu Gott in die Wüste ginge, würde die ganze Welt eine Wüste werden.

Mönche leben umso besser miteinander, je besser sie miteinander beten.

Gottes Wort ist die beste Schule für deine Antwort auf Gottes Wort.

Gott gibt dir nichts als sich selbst. Du sollst nichts haben wollen als ihn. Wenn du Gott hast, fehlt dir nichts.

Dein Leben ist gut gewesen, wenn dein Tod gut gewesen ist. Eines sterbenden Mönches letztes Wort: »Jetzt fange ich an, ein Mönch zu sein«.

Paul Evdokimov[29]

»Wehe der Neugierde, die verstohlen die Mysterien Gottes betrachtet« (Gregor von Nazianz).

Kierkegaard sagte schon, daß man zwar leicht ein Gedankensystem errichten könne, aber niemals eines der Existenz. Denn im Leben bleibt immer ein irrationaler Rückstand. Einzig die kirchliche Integration vereinigt Leben und Gedanken in einer lebendigen Gotteserkenntnis, denn sie ist nicht allein Werk des Verstandes [...]. Das Handeln »über« wird ein Handeln »in«. »Wir besitzen den Gedanken Christi« (1 Kor 2,16), »der Geistige erfaßt alle Dinge« (1 Kor 2,15).

Das Christentum ist eine Nachahmung der Natur Gottes.

---

[29] (1901-1970). Einer der bekanntesten westlichen russisch-orthodoxen Theologen, der auch am II. Vatikanum teilnahm; er hinterließ ein umfangreiches Schrifttum.

Ein arabischer Dichter erzählt: Ein Mensch klopfte an die Pforte des Geliebten. Der Geliebte fragte ihn: Wer bist du? Und der Mensch antwortete: Ich bin es. Der Geliebte sprach: Gehe, es ist noch nicht Zeit, einzutreten. Nach einer langen Reise kam der Arme wie vom Feuer verbrannt zurück und näherte sich dem Haus des Geliebten. Er klopft an, der Geliebte fragt: Wer ist an der Tür? Der Mensch antwortet: Du bist es. Sagt der Geliebte: Da du nun ich bist, tritt ein.

Gott vereinigt sich nur mit Göttern, sagt Simeon.

Dem: »Der Mensch gleicht Gott«, antwortet seine Ergänzung: »Gott gleicht dem Menschen.« Gott inkarniert sich in seiner lebendigen Ikone. Aber Gott ist nicht im ihm Wesensfremden: der Mensch ist das menschliche Antlitz Gottes.

Selbst die Ekstase ist Sache der Novizen, nicht der Meister.

Mache Du, Jesus, ein Sakrament aus meinem Gebet.

Man spricht gern vom Königtum und vom Priestertum der Gläubigen, denn diese Feststellungen verpflichten zu nichts, so sehr ist ihre Bedeutung vage und zur reinen Rhetorik geworden. Aber man spricht recht wenig vom Prophetentum. In die Geschichte einbezogen, beunruhigt es. Es richtet unumstößlich durch seine bloße Gegenwart und stört jede Verschanzung im Irdischen. Und trotz dessen atmen die biblischen Schriften seinen Geist. Das Prophetentum ist das Herz des allgemeinen Priestertums.

Die geschlossene Hand ist der Tod (Léon Bloy).

Wenn etwas in dieser Welt gerettet werden muß, so ist es nicht in erster Linie der Mensch als »Sünder«, sondern die Heiligkeit Gottes, seine Heiligkeit im Menschen, das, was diesen aus dem rein Menschlichen heraushebt. Der Mensch geht nicht auf die Versöhnung, sondern auf die Befreiung aus, auf die Heilung der Wunden, die seine Gottähnlichkeit davongetragen hat.

Die Demut ist die Kunst, genau am zugewiesenen Ort zu stehen.

Dem Fleisch nach gibt es eine Mutter des Christus, dem Geiste nach aber ist er unser aller Frucht, sagt Ambrosius.

Der Mensch ist aufgerufen, zu wählen zwischen der »Beerdigung der Toten durch die Toten« und den schöpferischen Kräften der Auferstehung. Das Leben wählen heißt, zuerst in die persönliche Erfahrung des Kyrios und des Pneumas, des Herrn und des Geistes, eintreten und somit teilhaben an den schauererregenden, lebenspendenden Mysterien des Lebens. Und das heißt dann: aus dem Dogma die Liturgie erstehen lassen.

Ein Prophet sagt nicht die Zukunft voraus, aber er sieht die Ereignisse eschatologisch.

Alles christliche Leben ist ausgerichtet auf die letzten Dinge. In dieser Spannung handelt es sich nicht um die sittliche Vervollkommnung menschlicher Anstrengungen, sondern um Teilhabe am jenseitigen Handeln Gottes.

Charles de Foucauld

Lassen wir uns nie durch Mißerfolg entmutigen! Im Dienste Gottes niemals berechnend sein. Sich ohne Zögern ganz hingeben und opfern!

Mißtrauisch gegen sich selbst sein, wenn man über andere urteilt.

Je mehr Gnade man empfängt, desto mehr muß man über sich selbst wachen und auch die geringste Unvollkommenheit vermeiden.

Wirf hinter dich, was klein ist, und versuche, in großer Höhe zu leben, nicht aus Hochmut, sondern aus Liebe.

Jesus genügt: Wo er ist, fehlt nichts.

Der Anblick meines Nichts hilft mir, anstatt mich zu betrüben, mich zu vergessen und einzig an den zu denken, der alles ist.

Begnügen wir uns nicht damit, die Worte des Herrn zu lesen, sie zu betrachten, gut zu finden, zu bewundern, zu predigen; wenden wir sie an, leben wir daraus, nehmen wir sie in unser Leben hinein.

Zeige mir, was Du willst, mein Gott, und gib, daß ich es auch tue!

Lieber alles erleiden, als Jesu Willen nicht zu tun.

Wenn Gott es uns überläßt, so wollen wir lieber wählen, was klein und unbedeutend erscheint, um Christus nachzuahmen. Verlangen wir weder nach langem Leben noch nach großen Taten für Christus, verlangen wir einzig danach, daß sein Wille in uns geschehe.

Welche Verantwortung für uns! Wenn wir nicht genügend beten, sind wir verantwortlich für alles Gute, das wir durch das Gebet hätten tun können und versäumt haben. Welch furchtbare Verantwortung! Wie groß aber ist die Güte des Herrn, der uns gewissermaßen an seiner Macht teilhaben läßt, indem er unsern Gebeten einen solchen Wert gibt.

Demütig sein in Gedanken, Worten und Werken. Das Ansehen bei den Menschen weder suchen noch lieben.

Das beste Gebet ist jenes, das am meisten Liebe enthält.

Ich glaube nicht, daß wir viel reden noch viel schreiben sollten, sondern wir müssen uns selber neugestalten.

Wenn wir nicht aus dem Evangelium leben, lebt Jesus nicht in uns.

Mein Herr Jesus, wie schnell wird arm, wer Dich aus ganzem Herzen liebt; denn er erträgt es nicht, reicher zu sein als sein Geliebter.

Wenn man die Menschen liebt, lernt man Gott lieben. Das Mittel, die Liebe zu Gott zu erlangen, ist: die Liebe zu den Menschen üben.

Zwei Dinge sind nötig, damit unser Leben ein Leben des Gebetes sei: erstens müssen wir jedenTag eine hinlängliche Zeit ausschließlich dem Gebet einräumen, und zweitens müssen wir während der Stunden, in denen wir anderen Beschäftigungen nachgehen, eins bleiben mit Gott, uns seiner Gegenwart bewußt bleiben.

Je mehr wir leiden, um so mehr müssen wir beten!

Nicht durch immer neue Vorsätze werde ich besser, vielmehr dadurch, daß ich die einmal gefaßten Vorsätze, von denen ich weiß, sie sind Gott angenehm, treu halte.

Wenn wir heftig gegen eine Tugend versucht werden, so bedeutet das: Gott will, daß wir diese Tugend mit besonderer Vollkommenheit üben sollen.

Sobald ich wußte, daß Gott existiert, konnte ich nur noch für ihn leben.

GEBET

Mein Vater, ich überlasse mich dir; mach mit mir, was dir gefällt. Was immer du tun magst mit mir, ich danke dir. Ich bin bereit zu allem, ich nehme alles an, wenn nur dein Wille an mir und an allen deinen Geschöpfen geschieht. Ich habe kein anderes Verlangen, mein Gott. In deine Hände lege ich meine Seele. Ich gebe sie dir, mein Gott, mit der ganzen Liebe meines Herzens, weil ich dich liebe und weil diese Liebe mich drängt, mich dir hinzugeben, mich in deine Hände zu legen, ohne Maß, mit einem grenzenlosen Vertrauen. Denn du bist mein Vater.

Franz von Assisi

Alles, was dich daran hindert, den Herrn zu lieben, alles, was dir schwer wird, – selbst wenn Brüder oder andere dich schlügen – sieh alles als Gnade an.

Als Franz das Evangelium von der Aussendung Jesu hörte (Mt 10,7 ff.), rief er: »Das ist's, was ich suche, das will ich tun!«

Du bist so viel wert, wie du vor Gott wert bist – nicht mehr, aber auch nicht weniger.

Eine Nacht lang verbrachte er im Gebet: »Wer bist du, mein Schöpfer und Herr, und wer bin ich, dein Geschöpf?!«

Eines nur laß uns ersehnen: Außer dir, du unser Schöpfer, Erlöser, Heilbringer möge uns nichts gefallen.

»Warum trägst du deine Betrübnis zur Schau?«, fragte Franz einen Bruder. »Vor mir und vor den anderen zeige dich immer fröhlich. Denn es schickt sich nicht für den Knecht Gottes, sich traurig zu zeigen und ein betrübtes Gesicht zu machen.«

In einer Lebensbeschreibung heißt es von Franz: »Hatte er doch, dieser glückliche Wanderer, seine Freude an den Dingen in dieser Welt – und nicht einmal wenig.«

Gut ist es, die Zeugnisse der Schrift zu lesen; gut ist es, den Herrn, unseren Gott, in ihnen zu suchen. Doch glaube ich, so viel von der Schrift in mir zu haben, daß ich Stoff genug zum Meditieren habe. Mehr brauche ich nicht, mein Sohn: ich kenne Christus, den Armen, Gekreuzigten.

Wenn ein hochgelehrter Mann in den Orden komme, sagte der Heilige einmal, müsse er gewissermaßen sogar auf seine Wissenschaft verzichten, um sich – auch von diesem Besitz entblößt – nackt in die Arme des Gekreuzigten zu werfen.

Die Brüder sollen überall die Minderen sein und allen untergeben.

Franz liebte die Armut, nicht die »Not«. Armut war für Franz niemals bloßes Mittel der Askese, eine schmerzliche Entbehrung, die er aus Liebe zu Gott auf sich genommen hätte; sie war der Schatz, den er gefunden, die kostbare Perle, für die er alles andere dranzugeben bereit war.

Wißt, daß in den Augen Gottes gewisse Dinge überaus hoch und erhaben sind, die sonst bei den Menschen für wertlos und verächtlich gehalten werden. Und andere sind bei den Menschen wertvoll und hochgeschätzt, die in den Augen Gottes sehr wertlos und verächtlich sind.

Verlobte sind wir, wenn wir durch den Heiligen Geist mit unserem Herrn Jesus Christus verbunden sind. Brüder sind wir ihm, wenn wir den Willen des Vaters tun, der im Himmel ist (Mt 12,50). Mütter, wenn wir ihn in unserem Herzen und unserem Körper tragen durch göttliche Liebe und mit reinem und aufrichtigem Gewissen; wenn wir ihn gebären in heiligem Tun, das anderen als Beispiel leuchten soll (Mt 5,16).

Ich muß Modell (»forma«) und Beispiel aller Brüder sein. Nichts habt ihr, weder in dieser Welt noch in einer zukünftigen. Ihr glaubt, lange die Nichtigkeiten dieser Welt zu besitzen. Aber ihr täuscht euch. Es kommt der Tag und die Stunde, an die ihr nicht denkt, von der ihr nichts wißt und die ihr nicht kennt.

Er nannte alle Geschöpfe seine »Brüder«.

SONNENGESANG

Gelobt seist Du, mein Herr, durch jene, die aus Liebe zu Dir vergeben und Schwäche tragen und Trübsal. Selig, die harren in Frieden. Du, Höchster, wirst sie einst krönen.

Franz von Sales

Zwei Grundsätze: »Alles aus Liebe, nichts aus Zwang« und: »Hätte eine Handlung hundert Gesichter, so sollst du das schönste ansehen.«

Ich beschwöre dich, niemals weder offen noch heimlich von irgend jemandem lieblos zu reden.

Wenn man auch vorsichtig sein muß, um nichts Böses vom Nächsten zu sagen, so muß man sich ebenso vor der anderen Übertreibung hüten, das Schlechte zu loben.

Klage so wenig wie möglich über erlittenes Unrecht. Wer sich beklagt, kommt gewöhnlich nicht ohne Sünde davon. Denn die Eigenliebe läßt uns die Beleidigung meist größer erscheinen, als sie ist.

Sag und tu alles, was zu sagen und zu tun ist, in freundlicher Stimmung.

Wir sollen jedem Menschen mit herzlicher Teilnahme begegnen, aber wir sollen Freundschaft nur mit solchen schließen, die uns im Guten fördern.

Die kleinen Versuchungen sind so unermeßlich an Zahl, daß der Sieg über sie dem Sieg über große Versuchungen gleichkommt. Es mag leicht sein, einen Mord zu unterlassen, aber es ist schwer, kleine Zornausbrüche zu unterdrücken.

Die christliche Vollkommenheit besteht darin, das zu wollen, was Gott will.

Hüte dich vor Eile, vor Traurigkeit und Ängstlichkeit.

Sei einfach!

Alles, was nicht Gott ist, ist nichts. Nichts aber kann dem genügen, dem Gott nicht genug ist.

Gewiß, du sollst immer nach dem Höchsten streben, aber mit Maß, mit Ruhe und mit Geduld.

Wir verlangen manchmal so sehr, Engel zu sein, daß wir darüber vergessen, gute Menschen zu sein.

Liebe die unauffällige Tugend!

Deine Frömmigkeit sei liebenswürdig! – Deine Frömmigkeit darf niemand lästig fallen.

Laß die Welt sagen, was sie will; du liebe deinen Gott von Herzen! – Sage oft für dich: Mir genügt es, daß Gott Gott ist und daß seine Güte unendlich, seine Vollkommenheit unermeßlich ist. Ob ich lebe oder sterbe, meine Liebe lebt in ewiger Herrlichkeit.

Wenn meine Liebe wirklich dem Heiland gilt, warum sollte ich ihn da auf Kalvaria nicht ebenso innig lieben wie auf Tabor? Er ist ja hier wie dort zugegen. So kann ich an beiden Orten sprechen: »Hier ist gut sein« (Mt 17,4).

Wer beim Beten auf sein Gebet achtet, der ist nicht ganz gesammelt. Denn er wendet seine Aufmerksamkeit von Gott ab und seinem Gebet zu. Sogar das Bemühen, jede Zerstreuung zu meiden, führt oft zu großer Zerstreuung. Einfalt ist das beste im geistlichen Leben.

Ein hervorragender Lautenspieler wurde plötzlich taub. Da er jedoch große Fertigkeit in seiner Kunst erworben hatte, beeinträchtigte sein Gebrechen nicht die Schönheit seines Gesanges und seines Spieles. Nur hatte er selbst keine Freude mehr an seinem Musizieren, da er es nicht hörte. So sang und spielte er einzig zur Freude seines Fürsten ... Dem Sänger war nur eines wichtig; den Willen seines Herrn zu tun. Darum gab er sich beim Singen und Spielen so große Mühe, als ob der Fürst anwesend wäre, obwohl es ihm selbst nun keinerlei Freude gewährte.

Wo man liebt, kennt man keine Mühe.

Lieben heißt lieben wollen; beten heißt beten wollen.

Romano Guardini

Soviel ich den Willen des Vaters erkenne, soviel erkenne ich darin, wer ich bin. Denn wer ich bin, das ist in diesem Willen enthalten. Mein Name ist sein Wille über mich.

Nur der gesammelte Mensch ist wirklich ein Jemand. Nur er kann wirklich angeredet werden und vermag zu antworte.

Handeln bedeutet, daß ich etwas vollbringe, was nicht ohne weiteres in mir angelegt ist.

Das ist aller Gastfreundschaft tiefster Sinn: Daß ein Mensch dem anderen Rast gebe auf der großen Wanderschaft zum ewigen Zuhaus.

Es gibt Bereiche in mir, die werden überhaupt nur im Gottesverhältnis wirklich. Mein Letztes lebt nur im Liebesblick Gottes.

Was von Gott kommt, kommt meist in der Form des Beginnens, nicht der fertigen Wirkung. Gott wirkt nach der Weise des Lebens: Er rührt an und löst Bewegung aus; er legt einen Samen, der keimt, wenn es Zeit ist; er senkt eine Gestalt ein, die langsam durchdringt.

Wenn ich zu Gott komme, so komme ich als der, der ich bin; wissend, daß ich keinen Doppelgänger habe, und mein Wort, das ich zu Gott spreche, von niemand sonst gesprochen wird, weil das, was er mir gibt, nur mir gegeben ist.

Das Leben gerät besser, wenn man nicht so viele Absichten hat! Dem Menschen, der immer etwas bezweckt, sperren sich die Dinge. Und erst recht die Menschen!

Wenn das Gebet zu kurz ist, bekommt es den Charakter des Unwichtigen. Es wird unehrerbietig.

Wir müssen uns selbst in Ehren halten. Der Mensch muß sehr demütig sein; in Furcht wegen seiner Schwäche, in Reue über seine Sünden – aber er muß auch wissen, daß er das innigste Geheimnis Gottes ist. Er muß sich sehr in Ehren halten.

Am Ende wird der Mensch ein unsägliches Geheimnis sein: Ganz gottähnlich, und ganz menschlich. Unaussprechlich schön und groß. Der Mensch ist Gottes Freude.

Dag Hammarskjöld[30]

Sorge nicht, wohin dich der einzelne Schritt führt: nur wer weit blickt, findet sich zurecht. – Miß nie die Höhe des Berges, ehe du den Gipfel erreicht hast. Dort wirst du sehen, wie niedrig er ist.

---

[30] (1905-1961). Er wurde 1953 Generalsekretär der UN. Nahe der Grenze von Katanga fand er bei einem Flugzeugunglück den Tod. Die Zitate sind seinem geistigen Tagebuch »Zeichen am Weg« entnommen.

»Besser als andere.« Manchmal: ja, selbstverständlich. Öfters: warum sollte ich das sein. – Du bist, was du sein kannst, oder du bist es nicht – wie die anderen.

Wie willst du die Fähigkeit zuzuhören bewahren, wenn du niemals zuhörst: Daß Gott für dich Zeit haben soll, hältst du sicher für ebenso selbstverständlich wie dies, daß du keine Zeit für Gott haben kannst.

Die Zeit vergeht, das Ansehen wächst, und die Tauglichkeit sinkt.

Arbeit als Betäubungsmittel gegen Einsamkeit, Bücher als Ersatz für Menschen – Du sagst, du wartest, daß die Tür sich öffnet. Aber gilt das für Menschen?

Ich bin das Gefäß. Gottes ist das Getränk. Und Gott der Dürstende.

Nicht ich, sondern Gott in mir.

Frei sein, aufzustehen und alles zu lassen – ohne einen Blick zurück. Ja zu sagen –.

Ja sagen zum Leben heißt auch Ja sagen zu sich selbst. Ja – auch zu der Eigenschaft, die sich am widerwilligsten umwandeln läßt von Versuchung zu Kraft.

Vor dir in Demut, mit dir in Treue, in dir in Stille.

Du wagst dein Ja – und erlebst einen Sinn. Du wiederholst dein Ja – und alles bekommt Sinn. Wenn alles Sinn hat, wie kannst du anderes leben als ein Ja?

Erfolg – zur Ehre Gottes oder zu deiner eigenen, für den Frieden der Menschen oder deinen eigenen? Die Antwort entscheidet über den Ausgang deines Strebens.

Wer dem Anruf von eines ungekannten Einsatzes Möglichkeit folgte, dem kann Einsamkeit zum Gesetz werden [...]. Der Einsatz sucht uns, nicht wir den Einsatz. Darum bist du ihm treu, wenn du wartest, bereit. Und handelst, wenn du vor der Forderung stehst.

Es ist nicht genug, sich täglich unter Gott zu stellen. Darauf kommt es an, *nur* unter Gott zu stehen.

Die Stellung gibt dir nie das Recht, zu befehlen. Nur die Schuldigkeit, so zu leben, daß andere deinen Befehl annehmen können, ohne erniedrigt zu werden.

Auf einem sauberen Kleid stört der kleinste Fleck. In der großen Höhe kann ein Augenblick der Nachlässigkeit den Tod bedeuten.

Ein Sprung im Ton? Dann hast du ihn erkalten lassen.

Du, der über uns ist, Du, der einer von uns ist, Du, der ist – auch in uns; daß alle Dich sehen – auch in mir, daß ich den Weg bereite für Dich. Behalte mich in Deiner Liebe, so wie Du willst, daß andere bleiben in der meinen. Möchte sich alles in diesem meinen Wesen zu Deiner Ehre wenden, und möchte ich nie verzweifeln. Denn ich bin unter Deiner Hand.

Hildegard von Bingen

Von meiner Kindheit an lebte ich nie in Sicherheit, nicht eine einzige Stunde.

Baue im Himmel.

Du ermüdest so schnell, weil du hin und her schwankst.

Gott, der Herr, umarmt seine Natur, die er in Christus geschaffen hat.

Wie kannst du einen verwundeten Menschen zerbrechen, den du gar nicht erschaffen hast?

Ich habe gesündigt gegen das himmlische Kunstwerk, das ich selbst bin.

Wenn ich mit offenen Augen betrachte, was du, mein Gott, geschaffen hast, besitze ich hier schon den Himmel.

Alles in der Schöpfung Gottes hält einander und antwortet einander.

Gott hat den Menschen so geschaffen, daß er leuchtende Werke vollbringen kann, die im Himmel aufstrahlen.

Sei ein treuer Freund deiner Seele.

In allen Geschöpfen sind gewisse verborgene Geheimnisse Gottes eingeborgen, die kein Mensch wissen und spüren kann, es sei ihm denn von Gott eingegeben.

Wo im Menschen die Frage nicht ist, da ist auch nicht die Antwort des Heiligen Geistes.

Wenn der Mensch sich auf dem Weg des Herzens befindet, ist er ein Heimweg aller Dinge zu Gott.

Ignatius von Loyola

Ich finde die Andacht in allem und wo immer ich will.

Nicht das Vielwissen sättigt die Seele und gewährt ihr Frieden, sondern das innere Fühlen und Verkosten der Dinge.

Die Gesundheit eines Mitbruders ist mir mehr wert als alle Schätze.

Bewahre dir in allen Dingen die Freiheit des Geistes. Schau nicht auf Menschenrücksicht, sondern halte deinen Geist innerlich so frei, daß du stets auch das Gegenteil tun könntest. Laß dich von keinem Hindernis abhalten, diese Freiheit des Geistes zu hüten. Gib sie niemals auf.

Wer meine Liebe nur an dem messen wollte, was ich davon äußere, der würde sich sehr täuschen.

Rede nicht, antworte nicht, betrachte nicht, geh nicht spazieren, tu schlechterdings nichts, ohne daß du zuvor bedacht hast, ob es Gott gefalle, ob es dem Nächsten Nutzen und Erbauung bringe.

Die Liebe muß mehr in die Werke als in die Worte gelegt werden.

Jeder Christ muß bereitwilliger sein, die Aussage des Nächsten zu retten, als sie zu verurteilen; und wenn er sie nicht retten kann, erkundige er sich, wie jener sie versteht, und versteht jener sie schlecht, so verbessere er ihn mit Liebe; und wenn das nicht genügt, suche er alle angebrachten Mittel, damit jener, indem er sie gut versteht, sich rette.

Bleibe bei keinem geschaffenen Ding stehen, ohne daß du von ihm zum Schöpfer vordringst.

Das Gebetsleben wird gepflegt in der Arbeit (P. Nadal).

Wenn das Studium in reiner Absicht auf den Dienst Gottes gelenkt wird, ist es eine ausgezeichnete Betätigung der Frömmigkeit.

Ein dem Willen Gottes ergebener Mensch erreicht in einer Viertelstunde Gebet mehr als ein nicht Gott ergebener in zwei Stunden.

Die gerade Richtung auf Gott (in allem Tun) ist ganz Gebet. Keiner ahnt, was Gott aus ihm macht, wenn er sich Ihm ganz überließe.

Die Grabinschrift des heiligen Ignatius lautet: Nicht eingegrenzt werden vom Größten und dennoch einbeschlossen bleiben ins Kleinste: das ist göttlich.

GEBET

Nehmt, Herr, und empfangt meine ganze Freiheit, mein Gedächtnis, meinen Verstand und meinen ganzen Willen, all mein Haben und mein Besitzen. Ihr habt es mir gegeben; Euch, Herr, gebe ich es zurück. Alles ist Euer, verfügt nach Eurem ganzen Willen. Gebt mir Eure Liebe und Gnade, denn diese genügt mir.

Ewiges Wort, eingeborener Sohn Gottes, lehre mich die wahre Großmut. Lehre mich dir dienen, wie du es verdienst, geben ohne zu zählen, kämpfen, ohne meiner Wunden zu achten, arbeiten, ohne Ruhe zu suchen, mich einsetzen, ohne einen anderen Lohn zu erwarten als das Bewußtsein, deinen heiligen Willen erfüllt zu haben.

Jerusalem-Gemeinschaft[31]

LIEBE:

Nimm mit deiner ganzen Existenz die Liebe entgegen, die Gott dir zuerst entgegenbringt. Bleibe auf immer in dieser Sicherheit, die allein deinem Leben Sinn, Kraft und Freude geben kann.

Ein für allemal ist dir diese kurze Weisung gegeben: Liebe und tue, was du willst. Wenn du schweigst, schweige aus Liebe. Wenn du sprichst, sprich aus Liebe. Wenn du zurechtweist, tue es aus Liebe. Wenn du verzeihst, verzeihe aus Liebe. Trage auf dem Grund deines Herzens die Wurzel der Liebe. Von dieser Wurzel kann nichts als Gutes ausgehen.

Finde dich damit ab, einzusehen, daß deine spontanen Regungen schlecht sind. Erkenne mit klarem Blick, daß der Grund deines Wesens egozentrisch und egoistisch ist, durch Neid, Aggression oder Besitzlust geprägt.

Um zur Liebe zu gelangen, sei durchsichtig. Laß zu, daß andere dich kennen, und suche selber, andere kennenzulernen.

GEBET:

Er, der dich zum geistlichen Leben beruft, lädt dich ein, dich ganz dem Gebet zu widmen, der wesentlichen Tätigkeit, für die du bereit warst, alles zu verlassen.

Der große Lehrer und Meister deiner Berufung zum Gebet ist der Heilige Geist.

---

[31] Eine Gemeinschaft von »neuen Mönchen«, die auf dem Fundament alter Mönchstraditionen am Fest Allerheiligen 1975 von Pierre Marie Delfieux gegründet wurde; später kamen eine Gruppe von »Stadt-Eremiten« und eine »Laienfraternität« hinzu. Die »Brüder und Schwestern von Jerusalem« leben meist mitten in Großstädten, versammeln sich dreimal zur Stundenliturgie, gehen außerhalb einer halbtägigen Arbeit nach und widmen sich nachmittags der Stille und Kontemplation. Die Zitate stammen aus ihrer Regel.

Dadurch, daß du gewählt hast, im Herzen der Städte zu beten, möchtest du verdeutlichen, daß dein Leben dort im Herzen Gottes aufgehoben ist.

Du weißt, wie schwer es ist zu beten. Das Gebet ist zutiefst der Ort der Unverfügbarkeit.

Jede Woche am Donnerstag bete auch in der Nacht, bete mit denen, die wie Christus verlassen sind; bete im Gedenken an Gethsemani, wo es niemandem gelang, eine Stunde mit Jesus im Gebet auszuharren.

Deine Zelle soll zur Kapelle werden.

ARBEIT:

Lebe in deiner Arbeit das tägliche Ostern, indem du von der mühevollen Last zum Opfer übergehst, vom Zwang zur Annahme.

Deine Arbeit sei auch Zeichen deiner Solidarität mit den Bewohnern der Stadt, mit den Arbeitern, die Tag für Tag ihrer Arbeit nachgehen, sie mit Leben füllen oder darunter leiden, aber auch mit denen, die auf der Suche nach Arbeit sind.

STILLE:

Tritt ein in das Geheimnis der Stille. Es ist nicht Ziel deines Lebens, zu schweigen, sondern deine Brüder zu lieben, dich selbst kennenzulernen und Gott zu empfangen.

Stille muß gelebt, nicht ertragen werden.

Die Stille wird dich lehren, in deinem Innern ein Mensch zu werden, der sich jeden Tag nach dem Bild seines Schöpfers erneuert.

Nachmittags widme dich der geistlichen Lesung.

Einmal in der Woche sollst du einen Wüstentag halten. Er ist gelebte Nachfolge Jesu Christi, der sich selber gern zurückzog, und dies auch seinen Jüngern ans Herz legte. Nichts gehe dem Wüstentag vor, denn er ist sehr wichtig für das körperliche, seelische und geistliche Gleichgewicht des Mönches in der Stadt.

Johannes vom Kreuz

Lege Liebe hinein, wo keine Liebe ist, und du wirst Liebe gewinnen.

Ich bin nicht tugendhaft durch das, was ich (an Gutem oder Schlechtem) in mir sehe, sondern durch das, was Gott (in Liebe und Güte) in mir sieht.

Der eigentliche Beweger und Führer der Seelen ist der unablässig um sie bemühte Heilige Geist.

Nicht daran leiden wir Mangel, daß wir nicht schreiben und sprechen können, denn für gewöhnlich haben wir davon übergenug; es fehlt uns, daß wir nicht schweigen und handeln können. Denn das Reden zerstreut; Schweigen und Handeln verhelfen unserem Geist zur Sammlung und schenken ihm neue Kräfte ... Es gilt, viel zu leiden, zu handeln, zu schweigen; durch die Übung der Einsamkeit und die Freude, die wir an ihr haben, sollen wir unsere Sinne abschließen, alles Erschaffene und alles Geschehene vergessen, mag auch die Welt über uns zusammenstürzen.

Demut!

Laß Deiner Schönheit Übermacht mich töten!

Starkes Licht wird vorbereitet im Erleiden der Dunkelheit. Willst du dahin gelangen, alles zu kosten, suche in nichts Genuß. Willst du dahin gelangen, alles zu wissen, verlange in nichts etwas zu wissen. Willst du dahin gelangen, alles zu besitzen, verlange in nichts, etwas zu haben. Willst du dahin gelangen, alles zu sein, verlange in nichts, etwas zu sein. Willst du erlangen, was du nicht genießt, mußt du hingehen, wo du nichts genießt. Willst du gelangen zu dem, was du nicht weißt, mußt du hingehen, wo du nichts weißt. Willst du gelangen zu dem, was du nicht besitzest, mußt du hingehen, wo du nichts besitzest. Willst du erlangen, was du nicht bist, mußt du hingehen, wo du nichts bist.

Suche stets in der Gegenwart Gottes zu wandeln, mag sie nun in Wirklichkeit oder in der Vorstellung bestehen oder in der Vereinigung begründet sein.

Tu nie etwas noch sage irgendein Wort, das nicht auch Christus tun, beziehungsweise sagen würde, wenn er in deinem Stande lebte, dein Alter und deine Gesundheit besäße.

Suche in allen Dingen die größere Ehre und Verherrlichung Gottes.

Vernachlässige nie das Gebet, auch wenn du Trockenheit und Schwierigkeiten dabei findest; gerade dieser Umstand soll dich bewegen, auszuharren.

Bedenke stets, daß alles, was dir begegnet, sei es Gutes oder Schlimmes, von Gott kommt, damit du dich einerseits nicht überhebst, andererseits nicht kleinmütig wirst.

Mische dich nie in Angelegenheiten, die dir nicht aufgetragen sind, und sei nicht hartnäckig auf deine Meinung versessen, auch wenn sie Gründe für sich hat. Und wenn man dir bei einem Auftrag sozusagen den Finger reicht, so greife nicht gleich nach der Hand. Denn hierin täuschen sich manche, indem sie sich für verpflichtet halten, etwas zu tun, wozu sie bei näherem Besehen keinen Auftrag haben.

Gott zürnt jenen, die mehr den Menschen als ihm gefallen wollen.

Papst Johannes XXIII.

Man stirbt, man stirbt, und ich denke nicht daran. Jeder Schritt, den ich gehe, jede Minute, die verrinnt, bringt mich dem Tod näher. Wie viele Ideen habe ich im Kopf! Wie viele Ideale! Studium, Arbeit, ein Leben zur Ehre Christi, zum Wohle der Kirche und der menschlichen Gesellschaft. Herrliche Ziele, aber wie oft schleicht sich die Eigenliebe ein.

Herr, mache mit mir, was du willst. Auch den Tod nehme ich gern und zufrieden an, wenn es dir so gefällt. Du bist der Mittelpunkt, die Synthese, das letzte Ziel all meiner Vorhaben. Laß mich wenigstens in deiner Liebe sterben ... Man stirbt, man stirbt, und ich lege Wert auf Nichtigkeiten.

Bei den geistlichen Übungen gelingt mir manchmal nichts, wenn ich mich vorher auch mit ganzer Kraft bemüht habe, innerlich gesammelt zu bleiben. Mein Herz ist wie aus Stein, ständig lasse ich mich ablenken; der Herr scheint sich verborgen zu haben. Traurigkeit und Enttäuschung überkommen mich und nehmen mir die Ruhe. Weg, nur weg mit all diesen Schwächen! Bleiben wir ruhig und froh, auch in solchen Umständen. Trösten wir uns, Gott will es so. Zunächst kommt es darauf an, daß ich mich niemals meiner Armut schäme, sondern mich im Gegenteil darüber freue, wie die Herren der Welt auf ihre berühmten Namen, Adelstitel, ihre Robe stolz sind. Ich gehöre zur Familie Christi, was verlange ich mehr?

Draußen regnet es, regnet in Strömen. Um Gottes willen, hoffentlich sinkt mein Innerstes nicht ab. Mir scheint, daß schon ein wenig Wasser darin einzudringen beginnt. Ich muß auf gewisse kleine Risse achten, die kaum zu spüren, aber verräterisch sind. Das kann ein kleines überflüssiges oder eitles Wort sein. Wehe, nach dem ersten kommt ein zweites, drittes, viertes usw. Mit den kleinen oder schlecht gebeteten Worten kommen die großen Sprüche. Widerstehe den Anfängen! Möge man von mir sagen können: »Gewaltige Wasser konnten die Liebe nicht löschen, Ströme sie nicht überfluten.«

Wie falsch ist die Auffassung, die ich mir von der Heiligkeit, der ich nachstrebe, gebildet hatte. Ich stellte mir bei meinen Handlungen, bei meinen kleinen, sofort erkannten Verfehlungen das Bild irgendeines Heiligen vor, den ich mir in allem nachzuahmen vornahm [...]. So kam ich dahin, daß ich nie das erreichte, was ich mir eingebildet hatte, tun zu können, und das beunruhigte mich. Es ist ein falsches System. Von der Tugend der Heiligen muß ich das Wesentliche, nicht das Zufällige übernehmen. Ich muß nicht die kümmerliche und dürre Reproduktion eines, wenn auch noch so vollendeten, Typs sein.

Es ist hart, sich ein verborgenes, unbeachtetes Leben vorzustellen, vielleicht von allen verachtet und nur von Gott allein erkannt. Aber solange es mir nicht gelingt, solch einem Leben in Gleichmut entgegenzusehen, solange ich es nicht anziehend und erstrebenswert finde, tue ich nicht alles, was Gott von mir will.

Ich möchte mich einem Spezialstudium widmen. Die Vorgesetzten erlauben es nicht. Nun gut, dann verzichte ich und bleibe fröhlich. Ich möchte gerne zu Ostern die Subdiakonatsweihe empfangen. Die Vorgesetzten wollen davon nichts wissen. Also warte ich und bin dennoch fröhlich. Ich möchte, daß man mich in Ruhe ließe. Die Vorgesetzten dagegen möchten mir ein Amt auftragen, das mich zu erniedrigen scheint und meine Eigenliebe kränkt. Es ist für mich ein sehr großes Opfer zu gehorchen. Gut, um so besser, ich will gehorchen, Mut fassen und fröhlich sein im Herrn.

Ich bin jetzt mit Händen und Füßen an den Dienst Jesu Christi und seine heilige Sache gefesselt. Es darf nichts anderes für mich geben. Ich muß freudigen Herzens und ruhig meinen Aufgaben nachgehen, ohne Hast und ohne Verzögerungen, ohne Lärm, und ohne mich allzusehr auf etwas einzulassen.

Mir liegt nichts am Urteil der Welt, auch nichts an dem der kirchlichen Welt. Der Herr weiß, daß meine Absicht gerade und rein ist. Ich bin froh, daß ich alles hinter mich geworfen habe. Mit weitem Herzen eile ich, wo Jesus mich haben will ... Ich werde mich an die Aufgaben machen, als hinge alles von mir ab, und zugleich, als wäre ich selbst ohne Bedeutung.

Wir sind nicht auf der Erde, um (in der Kirche) ein Museum zu hüten, sondern um einen Garten zu pflegen, der von blühendem Leben strotzt und für eine schönere Zukunft bestimmt ist.

Christus ist die Lösung aller Schwierigkeiten.

Das Geheimnis (des Lebens) besteht darin, sich vom Herrn tragen zu lassen und ihn zu tragen.

Außer dem Willen Gottes gibt es nichts Interessantes für mich. Ich muß mich davor hüten, besonders wenn die Dinge nicht so verlaufen, wie ich es gerne möchte, beim

Nächstbesten mein Herz auszuschütten, besonders nicht bei jemandem, der mich geistlich nicht zu lenken vermag und mir nicht irgendwie weiterhelfen kann.

Da Gott mich liebt, darf es für mich nichts geben, was mit Ehrgeiz zu tun hat. Es ist also unnütz, daß ich mir darüber den Kopf zerbreche. Gott kennt meine Talente und weiß, was ich alles zu seiner Ehre, zum Wohl der Kirche und für das Heil der Seelen beizutragen oder nicht beizutragen vermag.

Das geht zu weit, es ist höchste Zeit, daß ich aufhöre, mit dem Herrn mein Spiel zu treiben. Jesus ruft mich während des Tages, ruft mich jeden Abend, bittet, beschwört mich, und ich lasse ihn allein.

Meine größte Sorge muß sein, die wenigen mit Hilfe Gottes vollbrachten guten Taten zu verbergen. Was soll das, dieser innere Drang, alles an die Öffentlichkeit zu bringen?

Bei jeder Zerstreuung meiner Gedanken geht etwas vom geistlichen Leben verloren. Darum auf alles achten, besonders auf die kleinen Dinge.

Immer wenn meine Eigenliebe einen Augenblick der Zerstreutheit benützen will, um mir ihre Luftschlösser vorzugaukeln, und ich fliegen, fliegen will, dann soll es mir ein Gesetz sein, an diese drei Orte zu denken: an Gethsemani, an das Haus des Kaiphas und an den Kalvarienberg.

Gott schaut nicht auf die Vielzahl der Handlungen, sondern darauf, wie ich sie vollbringe. Er fordert das Herz und nichts anderes.

Die Welt bewegt sich. Es ist notwendig, mit jugendlichem und vertrauensvollem Herzen den richtigen Zugang zu ihr zu finden und nicht die Zeit mit Gegenüberstellungen zu verschwenden. Ich ziehe es vor, mit dem, der geht, Schritt zu halten, statt mich abzusondern und es zuzulassen, daß man an mir vorbeigeht.

Geduld und Ruhe, das sind zwei schöne Eigenschaften. Immer beschäftigt zu sein und nicht unter Eile zu leiden, das ist ein Stück Himmel auf Erden.

An meinen Brunnen kommen Menschen aller Art. Meine Aufgabe ist es, allen Wasser zu reichen.

Wir wollen keine Gerichtsverhandlung aufziehen und wir werden nicht danach suchen, wer recht und wer unrecht hatte. Wir sagen vielmehr ganz einfach: Versammeln wir uns, und hören wir mit den Streitigkeiten auf.

Wer glaubt, zittert nicht.

Ich werde nun mit noch größerem Eifer studieren, aber ohne den Zweck zu verdrehen: weniger für das Examen und mehr für das Leben, so daß mir das Studium gleichsam zur zweiten Natur wird.

Grundlage meiner apostolischen Aufgabe soll ein Leben der Innerlichkeit sein, das Bemühen, Gott in mir zu finden und zur innigen Vereinigung mit ihm zu gelangen.

»Ich bin wie ein Vogel, der in einem Dornbusch singt.«

Mein Wappen enthält, was mein Leben bestimmt: Oboedientia et pax.

Kartäuser

Die Zelle ist das heilige Land und der Ort, wo der Herr und sein Diener sich häufig miteinander unterhalten wie jemand mit seinem Freund.

Wahlspruch der Großen Kartause: Stat crux, dum volvitur orbis.

Der erste Akt der Liebe zu unseren Brüdern ist die Achtung ihrer Einsamkeit.

Letzten Endes liegt die Stärke des Einsiedlers nicht in irgendeiner Regel oder dem Gehorsam oder einer von außen kommenden Leitung, sondern in einer inneren Kraft. Je einsamer ein Leben wird, desto wichtiger wird der Geist und desto unwichtiger der Buchstabe der Regel.

Das Schweigen ohne Betrachtung bedeutet den Tod, es ist wie ein lebendig Begrabener. Aber Betrachtung ohne Schweigen ist ohnmächtige Selbsttäuschung – wie das Toben dieses lebendig Begrabenen. Erst wenn das Schweigen und die Betrachtung zusammenkommen, bringen sie der Seele großen Frieden.

Spruch der Kartäuser: Non sanctos patefacere sed multos sanctos facere.

Einziges Lob über einen verstorbenen Kartäuser: Laudabiliter vixit.

Der Herr hätte am Ölberg tiefen Trost empfunden, wenn er bei den Seinen Glauben gefunden hätte. Dieser Trost wird ihm auch heute noch versagt: viele kennen ihn, anerkennen ihn aber nicht.

Eine Versuchung, die in gewissem Sinn gefährlicher ist als die zur Sünde, ist die Versuchung zur Mittelmäßigkeit. Wenn sich jemand mit Mittelmäßigkeit abfindet, so kann dies nur das Resultat einer erbärmlichen Berechnung sein; und diese Berechnung ist falsch, wie alle Berechnungen der Eigenliebe. Das Kreuz duldet keine Halbheit.

Weder die Anzahl der Gebete noch eine Häufung von Frömmigkeitsübungen ist wichtig im geistlichen Leben, sondern einzig eine ständige Haltung lebendigen

Glaubens, hochherziger Hingabe seiner selbst und innige Vereinigung mit Gott. Unsere Handlungen sind so viel wert wie unsere Absichten.

Was für manchen wie ein Berg erscheint, erscheint dem Demütigen gering.

Das geistliche Leben besteht nicht im Suchen von Schwierigkeiten. Der Geist verkümmert, wenn man sich gehen läßt; aber er lebt auch nicht von athletischen Anstrengungen, von Aszetismus; er lebt von der Liebe. Nichts vereinfacht alles so wie die Liebe. Der Gott suchende Mensch meidet sorgfältig die Kompliziertheit. Das Richtige ist einfach.

Wie viele sind einsam in der Großstadt, weil sie nicht mit Gott sind. Wer mit Gott ist, ist nie weniger einsam, als wenn er allein ist.

Die Wahrheit wird nicht verteidigt, sie verteidigt sich selbst. Denn nicht sie braucht dich, sondern du brauchst sie.

Stets gespannt, erlahmt der Bogen.

Es muß Mönche geben, die durch ihr ganzes Leben auf Gott hinweisen. Sie müssen Zeichen sein für die Gegenwart Gottes.

Adolph Kolping

Glaubt nicht, daß wir solche Menschen wollen, die sich hinsetzen und Rosenkränze beten und mit ihrer Pflicht versöhnt sind; von einer solchen Frömmigkeit wollen wir nichts wissen, d. h. beten wie Christen wollen wir, aber auch arbeiten, denn dafür hat uns unser Herrgott die Kräfte gegeben.

In der Tüchtigkeit im Berufe liegt ein Hauptgrund innerer Zufriedenheit, des rechten, zuständigen Selbstbewußtseins, was jeden Mann ziert, und jener Ehre vor der Welt, die eigentlich niemandem fehlen soll ...

Wohin Gott den Menschen stellt, dort ist sein Beruf, dort gedeiht er am besten, dort soll er seine Kräfte entfalten. Demnach ist jede rechtliche Stellung in der Welt als von Gott verordnet zu betrachten und als wert zu halten.

Was du aus dir machst, das bist du; was du bist, nicht was du zu sein meinst, das bist du bei anderen Menschen.

Die Armut ist die Landstraße zum Himmel.

Die Autorität wurzelt in der Liebe.

Kaum eine Einrichtung gibt es [...] in der menschlichen Ordnung, an der die Sorgfalt und Weisheit des Schöpfers sich bewunderungswürdiger offenbart als in der Ehe.

Die Ehe ist nicht um der Liebe willen da, wohl aber die Liebe um der Ehe willen.

Wer die Ehe wie eine Lotterie betrachtet und behandelt, darf sich nicht beklagen, wenn ihm im Leben das große Los nicht zuteil wird.

Das Erste, was der Mensch im Leben vorfindet, und das Letzte, wonach er die Hand ausstreckt, und das Kostbarste im Leben, was er besitzt, auch wenn er es nicht achtet, ist das Familienleben.

Predigt und erzieht an einzelnen, was ihr wollt; wenn das Familienleben die gute Aussaat nicht in Schutz und Pflege nimmt, wird Eure aufgewandte Mühe meist wie Wasser im Sand verrinnen.

Die Rettung des Menschengeschlechtes fängt bei der Familie an.

Die Krone des Menschen ist sein freier Wille. Jeder Mensch trägt sie. Wie aber der Mensch sie trägt, auf toten oder lebendigen Werken, das ist der Probierstein wahrer Weisheit. Nichts ist der Freiheit mehr entgegengesetzt als die Ungebundenheit.

Ohne Freude, ohne Erheiterung kann das Menschenherz nicht sein, am wenigsten in der Jugend, im Vereinsleben gebührt ihr daher eine wesentliche Stelle.

Je mehr du Gott kennenlernst, desto lieber wirst du ihm in allem dienen.

Der Christ gelangt auf zwei Wegen in den Himmel: entweder auf dem Wege der Unschuld oder auf dem Wege wahrer Buße.

Gott, der wahrhaftige Gott, nicht der selbstgemachte, kann einzig und allein den Menschen erlösen.

Wer den Altar Gottes in seiner frühen Jugend nicht geliebt, der muß in der Regel harte Wege wandeln, bis das Herz nicht bloß glauben, sondern auch lieben und sich demütigen gelernt hat.

Die Jugend muß froh sein, also gebührt ihr Erholung, welche die Kräfte zur Arbeit und die Lust daran stärkt. Alles, was die Arbeitslust stört oder zerstört, ist vom Übel.

Das Christentum besteht nicht in schönen Worten und leeren Redensarten, es muß tätig, hingebend, aufopfernd geübt werden, so daß es sich auch im Äußern ausprägt und auf die Umgebung mit übergeht.

Soll das Volksleben kirchlicher werden, muß das kirchliche Leben volkstümlicher werden.

Wer Menschen gewinnen will, muß das Herz zum Pfande einsetzen.

Die Liebe steckt an wie die Freude.

Wer wahrhaft liebt, der gibt nicht bloß dies und das, der gibt sich ganz.

Was der Mensch für andere wert ist, das ist er sich wert. Die erbärmlichste Sucht auf der Welt ist die Selbstsucht.

Tätige Liebe heilt alle Wunden, bloße Worte mehren nur den Schmerz.

Der Mensch ist soviel wert, wie sein Herz wert ist.

Der Mensch muß wissen, was er ist, damit er werden könne, was er sein soll.

Es gibt keinen Menschen ohne Liebe, und es kann keinen geben, denn die Liebe gehört zum Wesen des Menschen.

Die bessere Zukunft schafft die Religion, und darum steht auch die Zukunft auf unserer Seite.

Clive Stapples Lewis[35]

Freude ist das ernste Geschäft des Himmels.

Neuerung als solche hat bloßen Unterhaltungswert. Aber man geht nicht zur Unterhaltung in die Kirche.

Wie kann jemand Gott verherrlichen, wenn er den Leuten Hindernisse in den Weg legt? Zumal wenn in manchen Absonderlichkeiten auch nur eine Spur des »klerikalen Vortopmanns« sichtbar wird?

Ich nehme an, daß einzig Gottes Aufmerksamkeit mich im Dasein erhält.

Die Tür in Gott, die sich öffnet, ist die Tür, an die der Mensch klopft. Er spricht als Ich, wenn wir Ihn wahrhaft Du nennen. Wir müssen vor Gott bringen, was in uns ist, nicht was in uns sein sollte.

Ein geordneter Gemütszustand ist ein Segen, um den wir zu beten haben, kein Mummenschanz, den wir uns zum Beten überstülpen.

Manchmal bete ich um Selbsterkenntnis nicht im allgemeinen, sondern um gerade so viel, als ich in diesem Augenblick ertragen und brauchen kann: um die kleine tägliche Dosis. Haben wir denn irgendeinen Grund zur Annahme, restlose Selbsterkenntnis – falls sie uns zuteil werden sollte – gereiche uns zum Guten?

---

[35] (1898-1963). Außer seinen literarwissenschaftlichen Arbeiten trat er auch mit theologischen Werken und Romanen an die Öffentlichkeit. Lebte zuletzt in Oxford.

Manche Leute empfinden ihre Ängste als Schuld und halten sie für einen Mangel an Vertrauen. Ich teile ihre Meinung nicht. Es sind Leiden, keine Sünden. Wie alle Leiden sind sie, wenn wir sie so annehmen können, unser Anteil an der Passion Christi. Denn die Passion beginnt – macht sozusagen ihren ersten Schritt – am Ölberg. Das Gebet am Öberg zeigt, daß die vorausgehende Angst ebenso Gottes Wille ist und ebenso zu unserem menschlichen Geschick gehört. Der vollkommene Mensch hat sie erfahren. Und der Diener ist nicht größer als der Herr. Wir sind Christen, keine Stoiker.

Nicht die gewöhnlichen Leute erfahren die »dunkle Nacht«, sondern die Heiligen.

Wenn es überhaupt Vorsehung gibt, dann ist alles vorsehungshaft und jede Vorsehung ist eine individuelle. Ein alter und frommer Spruch sagt, Christus sei nicht nur für die Menschheit gestorben, sondern für jeden einzelnen Menschen, als wäre er der einzige, den es gibt.

Schließlich lautet das Gebot: »Nehmt und eßt«, und nicht: »Nehmt und begreift.«

Die Welt ist teils erschaffen, damit es das Gebet gebe; teils, damit unsere Gebete erhört werden.

Rupert Mayer SJ[36]

Mein Losungswort: Näher, mein Gott, zu Dir!

Meine drei religiösen Grundsätze lauten: Gott weiß alles, Gott kann alles, Gott liebt uns.

Alle Menschengüte bereitet den Weg zu Gott, der die Liebe ist. Glauben Sie mir, der selbstlosen, opferbereiten Liebe kann auf die Dauer kein Mensch widerstehen!

Noch etwas bewirkt der Wandel in Gottes Gegenwart: Wir werden Gott immer mehr lieben lernen in dem Bewußtsein, wie er uns liebt. Und wir werden immer mehr erkennen, daß nur Er allein unser ganzes Herz auszufüllen vermag.

Ohne Gottes Wissen und Zulassung wird uns nicht das Geringste passieren; ohne Gottes Wissen und Willen kann uns kein Haar gekrümmt werden, auch wenn sonst die ganze Welt in Trümmer ginge [...]. Wenn uns aber ein Unglück zustoßen sollte,

---

[36] (1976-1945). Deutscher Jesuit und Vorsitzender der Marianischen Männerkongregation. Gehörte zum katholischen Widerstand gegen den Nationalsozialismus. 1987 seliggesprochen.

so wissen wir ganz sicher, daß es kein blinder Zufall ist, sondern daß der Herr dahinter steht, weil er uns liebt.

Nichts kann mich »zufällig« treffen: kein Unglück, keine Heimsuchung, kein Leid, keine Widerwärtigkeit, keine Krankheit ohne das Wissen und den Willen Gottes. Welch ungeheure Beruhigung liegt in dieser Überzeugung.

Ich halt' still, wie Gott will! So mein Stoßgebet: »Du allein weißt ja, was mir zum Segen und zum Frieden dient für Zeit und Ewigkeit, darum mach' mit mir, was dir gefällt.«

Wir müssen alles Harte und Abstoßende in eine liebenswürdige, feine Art umformen, um die Menschen für Christus zu gewinnen und die Religion den Menschen liebenswert zu machen.

Es ist doch oft so, daß der liebe Gott Menschen, die er seiner besonderen Liebe würdig weiß, durch schwere Leiden immer mehr an sich kettet.

Machen wir das Kreuzzeichen nicht gedankenlos! Mit dem Herzen müssen wir dabeisein! Wo die Interessen Gottes in Frage stehen, hört der Friede auf!

Das ist das Erste: Gott aus ganzem Herzen zu lieben. Nicht so, daß der liebe Gott halt auch so ein wenig mitbekommt, nein, unsere ganze Liebe soll ihm gehören.

Es gibt Menschen, die beten so, als sprächen nicht sie, sondern der, der vor langer Zeit das Gebet verfaßt hat, mit dem lieben Gott. Sie erfassen es nicht mit dem Herzen. Das ist falsch!

Wenden wir trotz aller Müdigkeit unsere Gedanken auf Gott, und seien wir sicher, daß auch ein solches Gebet ihm gefällt, auch wenn es noch so schlaftrunken ist.

DIESES GEBET HAT MIR IN SCHWERSTER ZEIT VIEL KRAFT GEGEBEN:

+ Herr, wie du willst, soll mir geschehn,

und wie du willst, so will ich gehn,

hilf deinen Willen nur verstehn.

+ Herr, wann du willst, dann ist es Zeit,

und wann du willst, bin ich bereit,

heut und in alle Ewigkeit.

151

+ Herr, was du willst, das nehm ich hin,

und was du willst, ist mir Gewinn,

genug, daß ich dein Eigen bin.

+ Herr, weil du's willst, drum ist es gut,

und weil du's willst, drum hab ich Mut,

mein Herz in deinen Händen ruht.

Mechthild von Magdeburg[37]

Herr, sähe ich Dich unter Tausenden, ich erkännte Dich wohl! Nun habe ich Dir gesungen / Noch ist es mir nicht gelungen / Wolltest Du mir singen / Dann müßte es mir gelingen!

Herr, Du bist allzeit liebeskrank nach mir, / Das hast Du wohl bewiesen an Dir.

Du bist, Herr, meine Labung / Und ich Deine Erblühung.

Worauf Gott seine Hoffnung setzt, das wage ich.

Ein jeder Mensch sollte in sich ein Christus sein, so daß der Mensch Gott lebt und nicht sich selber.

Gott kann beides: kräftig brennen und tröstlich kühlen.

NACH IHRER ERBLINDUNG UND ERKRANKUNG:

Herr, ich danke dir, da du mir die Macht meiner Augen genommen hast, daß du mir nun dienst mit fremden Augen. Herr, ich danke dir, da du mir die Macht meiner Hände genommen hast, daß du mir nun dienst mit fremden Händen. Herr, ich danke dir, da du mir die Macht meines Herzens genommen hast, daß du mir nun dienst mit fremden Herzen.

---

[37] (um 1207-1282). Lebte über 30 Jahre als Begine in Magdeburg. Ihren Lebensabend verbrachte sie im Zisterzienserinnenkloster Helfta. Sie hat zum ersten Mal in deutscher Sprache das Liebesgeschehen zwischen Gott und Mensch sprachlich versinnbildlicht.

Thomas Merton[38]

Demut, man selbst zu sein.

Demut besteht darin, daß du genau der Mensch bist, welcher du vor Gott bist, und da es keine zwei Menschen gibt, die sich genau gleichen, wirst du, sofern du demütig genug bist, du selber zu sein, nicht wie irgend jemand sonst auf der Welt sein wollen.

Vollkommenheit ist nicht etwas, das man sich zulegen kann wie einen neuen Hut – indem man in einen Laden geht, verschiedene ausprobiert und zehn Minuten später mit einem passenden Hut auf dem Kopf wieder herauskommt [...]. Viele Menschen verschlingen wahllos Andachtsbücher und überlegen sich dabei nie, in welchem Maße ihre Lektüre auf ihr Leben Bezug hat oder haben könnte. Ihre Hauptsorge besteht darin, sich so viele äußere Übungen der Frömmigkeit anzueignen wie möglich und ihre Person mit diesen Äußerlichkeiten zu schmücken, in denen sie allzuleicht den Begriff der Vollkommenheit verwirklicht sehen. Und so wandeln sie einher in Kleidern, die auf das Maß anderer und auf ganz andere Verhältnisse zugeschnitten sind.

Das geistliche Leben ist zuallererst Leben. Es erfordert nicht nur Kenntnisse und Studien. Es muß vor allem gelebt werden. Wie jedes Leben wird es krank und stirbt, wenn ihm die Lebenskräfte fehlen.

Wenn wir ein geistliches Leben führen wollen, müssen wir unser Leben vereinheitlichen.

Bücher können uns nachhaltig beeinflussen; sie können uns Freunde werden; aber einen Ersatz für Menschen bilden sie nicht.

Es ist nicht an uns, alle Probleme zu entwirren. Es ist uns vielmehr aufgegeben, mit ihnen zu leben, über sie hinaus zu gehen und sie im Licht äußerer und objektiver Wertordnungen zu erblicken, wodurch sie an Gewicht und Bedeutung verlieren.

Unser Leben ist eine unablässige Meditation über unsere letzte Entscheidung: die einzige Entscheidung, die zählt.

---

[38] (1915-1968). Nach einer längeren Zeit der Suche nach dem Sinn des Lebens trat er in ein amerikanisches Trappistenkloster ein. Zu seiner Zeit galt er als einer der größten geistlichen Schriftsteller mit einem umfangreichen literarischen Werk und einem weitgespannten Briefwechsel.

Was hat es für Sinn, darüber zu klagen, daß ich kein Kontemplativer bin, wenn ich die mir gebotenen Gelegenheiten nicht wahrnehme? Ich vergeude die Zeit auf der Suche nach Lesestoff über Kontemplation, anstatt still zu werden und mein Herz leer zu machen.

Geh in die Wüste, nicht um deinen Mitmenschen zu entkommen, sondern um sie in Gott zu finden [...]. Einsames Leben allein isoliert einen Menschen noch nicht; gemeinschaftliches Leben an sich bringt die Menschen noch nicht in eine gegenseitige Beziehung.

Wenn man Gott nicht gefunden hat, dann deswegen, weil man ihm etwas versagt hat. Man war nicht bereit, den Preis zu bezahlen.

Wenn Er mich überall findet, wo Er es wünscht, und mir sagt, wer Er ist und wer ich bin, und wenn ich dann erkenne, daß Er, den ich nicht finden konnte, mich gefunden hat – dann weiß ich, es ist der Herr, mein Gott. Er hat mich mit dem Finger berührt, der mich aus Nichts erschaffen hat.

Kontemplation ist unsere Antwort und zugleich die Antwort und das Echo Gottes in uns: Wir selbst werden sein Echo und seine Antwort.

Es steht uns frei, wirklich oder unwirklich zu sein.

Ob ich jetzt Antworten habe, weiß ich nicht. Als junger Mönch war ich dieser Antworten ziemlich sicher. Aber mit fortschreitendem Alter im monastischen Leben und in der Einsamkeit ist mir bewußt geworden, daß ich erst anfange, die Fragen zu suchen.

Christus wurde am Kreuz hingerichtet, weil er nicht dem menschlichen Begriff von göttlicher Heiligkeit entsprach [...]. Er war nicht heilig genug. Er war nicht auf die richtige Weise heilig; er war nicht in der Weise heilig, wie die Juden es erwartet hatten.

Christus rettet uns vor uns selbst, damit wir ihn in uns finden können. Der Weg zu ihm ist der Weg zum eigenen Wesen, zum Wesen aller Geschöpfe, die uns umgeben.

Einige leben für Gott, andere mit Gott und wieder andere in Gott.

Ein Baum gibt Gott die Ehre vor allem dadurch, daß er Baum ist ... Je mehr ein Baum sich selbst gleicht, um so mehr gleicht er Ihm ... (So kommt ein Mensch Gott um so näher, je mehr er einfach er selbst ist).

Eingedenk dessen, daß ich ein Sünder bin, will ich Dich trotz meiner Vergangenheit lieben; denn ich weiß, daß meine Liebe kostbar ist, da sie Dir gehört und viel weniger mir. Diese Liebe ist Dir kostbar, weil sie von Deinem eigenen Sohn ausgeht, und noch weit kostbarer, weil sie mich zu Seinem Sohn macht.

Mönche vom Athos[39]

Habe ein Herz, und du wirst gerettet werden.

Kehre in dein Herz ein und sieh, was du dort empfindest: du bist Gottes Ebenbild.

Die Ikone ist das wahre Antlitz des Menschen, aber dieses Antlitz ist erst im Werden.

Lebendig ist der, vor dem du stehst.

Richte im Gebet deinen Verstand auf das Herz, dorthin, wo du dich am tiefsten vor dir selbst fühlst, und pflanze darin den Namen Jesu ein.

Beten heißt sein Herzblut hergeben.

Seit dem Pfingsttag besteht das Gesetz des Christen nicht mehr in einem Kodex äußerer Vorschriften. Das neue Gesetz ist die innere Gegenwart des Heiligen Geistes, der unsere Herzen umwandelt, indem er ihnen Lust und Willen gibt, das zu erfüllen, was Gott gefällt.

Wenn du schon jetzt [voller Hektik und Streß] so bist, wie wirst du dann erst im Alter sein!

Bewahre die Gnade, die dir gegeben ist.

Die Heiligen sprechen darüber, was sie tatsächlich gesehen haben und was sie wissen. Der Theologie sind nur einige äußere Seiten und Einzelheiten der Heiligen Schrift, aber keineswegs das innere Wesen zugänglich.

Die Gottesdienste wurden uns als Hilfe gegeben, und sie bringen uns großen Gewinn, wenn wir sie in Demut erleben. Aber es ist besser, wenn unser Herz der Tempel des Herrn wird und unser Geist sein Altar [...]. Die beste Kirche Gottes ist die Seele; wer in seiner Seele betet, für den wird die ganze Welt zur Kirche.

---

[39] Orthodoxe Mönchsrepublik in Griechenland. Die meisten Zitate stammen von Starez Siluan (1866-1938). Er lebte im Panteleimonkloster und unterwies als geistlicher Vater zahlreiche Laien und junge Mönche. Aufgrund seiner mystischen Erfahrungen ist er einer der großen Starzen unserer Zeit.

Nur der kann Gott wahrhaft suchen, der ihn erkannt und nachher verloren hat. Dem Gottsuchen geht auf irgendeine Weise ein Gottempfinden voraus.

Das Maß der einem Menschen zuteil gewordenen Gnade kann nach seinem Verhalten zum Nächsten beurteilt werden.

Im Sinne Christi können die Menschen nur durch Liebe und nicht durch Gewalt gerettet werden.

Die »Seligkeit« besteht im Erlangen eines Lebens, das dem Leben Gottes ähnlich ist.

Nikolaus von Flüe

Wer seine Zeit in der Liebe Gottes verbringt, dem geschieht allezeit wohl.

Wenn ich Demut und Glauben habe, kann ich selbst nicht fehlgehen.

Friede ist allweg in Gott, denn Gott ist der Friede, und Friede mag nicht zerstört werden, Unfriede aber wird zerstört.

Willst du Gott dienen, mußt du dich um niemand kümmern. Laß dich niemals vom Zorn hinreißen. Neid und Haß sollst du nicht im Herzen tragen.

In reiner Unschuld muß die Seele stehen, / Da Gott in ihr lustwandeln selbst will gehen.

Mensch, hab' Gott in deinem Mut / Und halt ihn für das Best' und alles Gut!

Gott hat nichts Lieberes denn des Menschen Leben, / Drum hat sich Gottes Sohn ans Kreuz gegeben.

Nichts Gutes sollst du von Dir selbst rühmen.

Gott weiß es zu machen, daß dem Menschen eine Betrachtung so schmeckt, als ob er zum Tanze ginge, und umgekehrt weiß er ihn eine Betrachtung so empfinden zu lassen, als ob er im Kampfe streite.

Als einer gestand, daß er sehr schwach sei und nur mit Mühe im Guten verharre und daß er nicht lange den gefaßten guten Vorsatz festhalte und beim ersten Anlaß der Wunsch sich wieder zum Unerlaubten wende, antwortete Bruder Klaus: Man muß rasch wieder aufstehen!

Wer läuft am schnellsten zu Gott? – Der Lahme! Wie eilt, wie springt, wie stürzt er in Gottes unendlich geöffnete Arme!

Wir sind beschützt, solange die Liebe nicht aussetzt.

Mein Herr und mein Gott,
nimm alles von mir, was mich hindert zu dir.

Mein Herr und mein Gott,
gib alles mir, was mich fördert zu dir.

Mein Herr und mein Gott,
nimm mich mir und gib mich ganz zu eigen dir.

Ostkirche

Im folgenden einige Worte von geistlichen Autoren, die der Kirche des Ostens angehören:

Der Heilige Geist vereint uns nicht nur, er verleiht jedem von uns Verschiedenheit. An Pfingsten wurde die Vielfalt der Sprachen nicht abgeschafft, sondern sie hörte auf, Ursache der Trennung zu sein. Jeder redete in seiner Sprache wie zuvor, doch kraft des Geistes vermochte jeder die anderen zu verstehen. (Kallistos Ware)

Das ist die Herrlichkeit, zu der der Mensch berufen ist: Er soll Gott mehr und mehr ähnlich werden, indem er mehr und mehr Mensch wird. (Dumitru Staniloae)

Um über das Gebet zu sprechen, muß man zuerst über das im Herzen des Menschen verborgene trinitarische Leben sprechen. Aus Gott geboren zu werden, ist so, wie wenn man in die Trinität selbst hineingenommen und umgeformt worden ist. (Jean Lafrance)

Man kann ebensowenig beten lernen, wie man lernen kann, zu lieben, sich zu freuen oder zu weinen. Wir müssen nur das trinitarische Leben in uns atmen lassen. (Jean Lafrance)

Man muß den härtesten Krieg führen, den Krieg gegen sich selbst. Man muß wehrlos werden. Ich habe diesen Krieg jahrelang geführt, er war schrecklich. Doch jetzt bin ich wehrlos, entwaffnet. Ich habe vor nichts mehr Angst, denn die Liebe vertreibt die Angst. Ich bin von dem Wollen befreit, um jeden Preis Recht zu haben, mich zu rechtfertigen, indem ich die anderen disqualifiziere. Ich habe das Denken im Komparativ aufgegeben. Was gut, wesentlich, wahr ist, ist immer das Beste für mich. (Patriarch Athenagoras)

Sei der Freund aller, in deinem Geist aber bleibe allein. (Isaak der Syrer)

Für die Menschen beten heißt: das Blut seines eigenen Herzens vergießen. (Starez Siluan)

Die Väter sagen, daß es ein Gebet gibt, das Gebet Gottes in uns, worüber sie nichts mehr sagen können, weil es vom Heiligen Geist gelehrt wird.

Der Mensch ist ursprünglich ein liturgisches Wesen. Er wurde befähigt, sein Leben, seine Beziehungen und sein Tun zu einem geistlichen Dienst zu gestalten. Er sieht die alltäglichsten und gewöhnlichsten Dinge als Eucharistie oder besser noch, er feiert »Eucharistie« in allen Dingen. Seine ganze Existenz wird als geistlicher Dienst empfunden. (Jean Lafrance)

Dem Menschen wird in Christus das Leben in seiner Ganzheit zurückgegeben und zwar als Eucharistie: Sakrament und Kommunion. Die erste, die grundlegende Aussage über den Menschen lautet: Er ist Priester. Er steht im Zentrum der Welt und einigt sie durch seinen Lobpreis, indem er die Welt von Gott empfängt und sie ihm wieder übergibt. So erfüllt er die Welt mit dieser Eucharistie und verwandelt sein eigenes Leben, das er von der Welt empfängt, in ein Leben mit Gott, in Kommunion. (Alexander Schmemann)

Die Eucharistie ist der Eintritt der Kirche in die Freude ihres Herrn. Und in jene Freude einzutreten, um sie in der Welt zu bezeugen, ist wahrlich die eigentliche Berufung der Kirche; das ist ihre wesentliche leitourgia, das Sakrament, durch das sie »wird, was sie ist«. (Alexander Schmemann)

Ein Christ ist einer, der, wohin er auch schaut, überall Christus findet und in ihm sich erfreut. Diese Freude verwandelt all seine menschlichen Pläne und Entscheidungen. (Alexander Schmemann).

Jedes Mal, wenn wir im Gebet den Namen Jesus aussprechen, aktualisieren wir seine Gegenwart und treten ein in seine Eucharistie. Zugleich aber rufen wir den Herrn der Parusie an. Jede Eucharistie ist Parusie, denn in Jesus ist alles verdichtet zusammengefaßt. Er ist das Alpha und das Omega, und wenn wir uns den Herrn Jesus in Erinnerung rufen, feiern wir das Gedächtnis des Ursprungs und des Endes der Menschheit und des ganzen Kosmos. (Jean Lafrance)

»Man kann einen Schüler immer nur bis zu ihm selbst führen, und der Weg dorthin ist oft lang.« Dies meint Pilgerschaft des Herzens, die sich in Zeit und Raum fortsetzt. (Jean Lafrance)

Da die Beziehung immer persönlich ist, kann ein bestimmter Starez nicht jedem in gleicher Weise helfen. Er vermag nur denen zu helfen, die ihm vom Geist eigens zugeführt werden. Seraphim von Sarow pflegte zu sagen: »Ich gebe nur weiter, was Gott mich zu geben heißt [...]. Ich glaube daran, daß das erste Wort, das mir in den Sinn kommt, vom Heiligen Geist eingegeben ist.« Die Beziehung zwischen dem geistlichen Vater und seinem Kind reicht über den Tod hinaus bis zum Tag des Letzten Gerichts.

Die Eucharistie ist das höchste Mysterium: darüber hinaus kann man nicht gehen, und nichts kann dem hinzugefügt werden. (Nikolaus Kabasilas)

Gesegnet ist, der das Brot der Liebe mit Jesus gegessen hat. (Isaak der Syrer).

Unser Essen und Trinken soll geläutert werden, so daß sie nicht mehr ein Zugeständnis an die Gier sind, sondern zum Sakrament werden, das der Einigung mit dem Geber dieser Gaben dient. (Kallistos Ware)

Die ganze Welt wird als »Brennender Dornbusch« erkannt, voll des göttlichen Feuers und doch nicht verzehrt von ihm. Der Prophet Sacharja warnt: »Verachtet nicht den Tag der bescheidenen Anfänge« (4,10). »Wahre Mystik entdeckt das Außerordentliche im Gewöhnlichen.« (Olivier Clément)

Pfarrer von Ars

Man ist das, was man vor Gott ist, nicht mehr und nicht weniger.

»Adam« geht es immer zu gut.

Was braucht man, um in den Himmel zu kommen? Die Gnade und das Kreuz. Das Kreuz ist das weiseste Buch, das man lesen kann. Die dieses Buch nicht kennen, sind Unwissende, wenn sie auch alle Bücher kennen. Wahrhaft weise sind nur die, die es lieben, es befragen, es zu erforschen suchen. So bitter dieses Buch ist, so ist man doch nie glücklicher, als wenn man in seine Bitterkeit untertaucht ... Auf dem Weg des Kreuzes ist nur der erste Schritt schwer.

Seien wir auch geduldig mit uns selbst [...]. Jeden Tag heißt es neu beginnen – immer der gleiche Widerwille.

Wahre Liebe kennt keine Vorliebe.

Liebet eure Feinde mehr als eure Freunde. Achtet auf den guten Ruf eurer Feinde ... Welcher von zwei Menschen leidet mehr: wer rasch und von Herzen aus Liebe zu Gott verzeiht? Oder wer Haßgefühle gegen seinen Nächsten in sich nährt?

Mühe zählt nicht in meinen Augen. Aber anderen möchte ich sie nicht machen [...]. Gott wird euch zur Verantwortung ziehen für alle guten Werke, die ihr hättet tun sollen und durch euer Versagen nicht getan habt [...]. Die Verleugnung Jesu geschieht bei den meisten Menschen nicht durch Worte, sondern dadurch, daß sie nicht tun, was er sagt.

Worte können wohl den Verstand überzeugen, Beispiele aber reißen hin.

Mein Geheimnis ist sehr einfach: alles weiterschenken, nichts für sich behalten.

Nicht alle Heiligen haben die gleiche Art von Heiligkeit. Es gibt solche, die hätten nie mit anderen Heiligen leben können. Nicht alle haben den gleichen Weg. Aber alle kommen bei Gott an [...]. Die Predigt der Heiligen besteht im Beispiel.

Die einzige Glückseligkeit, die wir auf Erden haben, ist: Gott zu lieben, und zu wissen, daß Gott uns liebt [...]. O Jesus, dich kennen, heißt dich lieben!

Wir dürfen nie nach unserer bloßen Neigung handeln, sondern sollen immer nur das tun, was dem lieben Gott am meisten gefällt.

Je mehr man betet, desto mehr kann man beten. Es ist wie mit einem Fisch, der zuerst an der Oberfläche des Wassers schwimmt, dann immer tiefer taucht. So taucht auch die Seele in die tiefste Tiefe und verliert sich in der Freude am Gespräch mit Gott [...]. Der liebe Gott liebt es, belästigt zu werden [...]. Wenn du ihn wirklich um die Bekehrung bitten würdest, sie würde dir geschenkt.

Ich habe bemerkt, daß man zu keiner Zeit lieber schläft, als gerade während der Predigt. Man sagt vielleicht: »Was kann ich dafür, daß ich schlafen muß?« Nun, wenn ich musizieren würde, dächte gewiß niemand ans Schlafen; alles würde sich rühren, alles wäre wach und munter [...]. Ich weiß nicht, was schlimmer ist, während der Messe oder während der Predigt zerstreut zu sein. Ich sehe keinen Unterschied.

Wenn ich bete, stelle ich mir Jesus vor, wie er zu seinem Vater betet [...]. Wenn wir wüßten, wie sehr der Herr uns liebt, wir würden vor Freude sterben.

GEBET VON DER LIEBE GOTTES:

Ich liebe dich, mein Gott, und mein einziger Wunsch ist, dich bis zum letzten Augenblick meines Lebens zu lieben. Ich liebe dich, du unendlich liebenswürdiger Gott, und ich will lieber in dieser Liebe sterben, als auch nur einen einzigen Augenblick ohne sie leben. Ich liebe dich, Herr, und die einzige Gnade, um die ich dich bitte, ist die, dich ewig lieben zu dürfen. Ich liebe dich, mein Gott, und ich sehne mich nur nach dem Himmel, um das Glück zu haben, dich vollkommen zu lieben.

Ich liebe dich, o mein unendlich guter Gott, und ich sehne mich danach, für immer dir zu gehören. Mein Gott, wenn mein Mund nicht jeden Augenblick sagen kann, daß ich dich liebe, so möchte ich, daß mein Herz es dir bei jedem Schlag wiederholt. Mein Gott, gib mir die Gnade, zu leiden, indem ich dich liebe, und zu lieben, indem ich leide. Ich liebe dich, mein göttlicher Heiland, weil du für mich gekreuzigt worden bist; ich liebe dich, mein Gott, weil du mich hienieden gekreuzigt sein läßt für dich. Mein Gott, gib mir die Gnade, daß ich dich liebe in dem Augenblick, wo ich sterbe, und laß mich dann wissen, daß ich dich liebe. Mein Gott, je mehr ich meinem Ende näherkomme, desto mehr laß meine Liebe wachsen und vollkommener werden.

O Jesus, dich kennen heißt dich lieben! Wenn wir wüßten, wie sehr du uns liebst, wir wären vor Freude außer uns. Ich glaube nicht, daß es Herzen gibt, die so hart sein können, nicht zu lieben, wenn sie sich so von dir geliebt sehen. Das einzige Glück, das wir auf Erden haben, ist, dich, Gott, zu lieben und zu wissen, daß du uns liebst.

Philipp Neri

Ich bin verwundet von Liebe.

Gott schlägt niemanden ganz und gar zu Boden, er läßt jedem noch einen Knochen zum Nagen.

Wenn ich den heutigen Tag überstehen will, darf ich den morgigen nicht fürchten.

Jeder Tag soll eine Linie haben.

Wer jemand anderes als Christus sucht, weiß nicht, was er sucht.

Heitere Menschen sind auf dem Weg des Geistes leichter zu leiten als melancholische.

Man soll sich nie aus dem Konzept bringen lassen, was auch immer geschehe.

Pater Antonio Gallonio schreibt zu folgenden Gebetsanrufungen: »Diese Gebete hat Philipp Neri mich gelehrt, damit ich sie sprechen sollte, mal das eine, mal das andere, nach Art eines Rosenkranzes, das heißt, statt des Ave Maria und des Vaterunser immer eine dieser Anrufungen, die der Heilige selber lobte«:

Mein Jesus, ich möchte dich lieben.

Lehre mich, Deinen Willen zu tun.

Ich suche dich und finde dich nicht, mein Jesus, komm zu mir.

Mein Jesus, hilf mir!

Ich möchte dich lieben, mein Jesus, und finde den Weg nicht.

Ich möchte einmal dich lieben, Herr!

Gott, merk auf meine Hilfe, eile mir zu helfen.

Mein Gott, verbirg dich nicht vor mir!

Entzünde in mir das Feuer deiner Liebe!

Jesus sis mihi Jesus – Jesus, sei mein Jesus!

Ich möchte dir dienen und ich finde den Weg nicht. Ich möchte das Gute tun und ich finde den Weg nicht. Ich möchte dich finden und ich finde den Weg nicht. Ich kenne dich noch nicht, mein Jesus, weil ich dich nicht suche. Ich suche dich, und ich finde dich nicht. Komm zu mir, mein Jesus! Zerschneide meine Fesseln, wenn du mich haben willst. Mein Jesus, sei mir Jesus.

Reinhold Schneider[40]

Besser mit unserem Herrn am Kreuz zu sein, als das Kreuz allein zu betrachten.

Das Ich als Ziel und Sinn ist tödlich.

Wir reden von Gott, als kennten wir ihn. Aber nur Einer hat den Vater gesehen. Nur Einer hat seinen Willen getan.

Unsere wesentliche Armut ist die an Radikalität, an Menschen, die chemisch reine Elemente sind.

Gewisse Erfahrungen können durch die Sprache vermittelt werden, andere – tiefere – durch Schweigen; und schließlich gibt es Erfahrungen, die nicht vermittelt werden können, auch nicht durch Schweigen. Aber das macht nichts. Wer sagt denn, daß man Erfahrung macht, um sie mitzuteilen. Man muß Erfahrungen leben. Das ist

---

[40] (103-1958). Deutscher Schriftsteller im Widerstand gegen den Nationalsozialismus. Sein Werk ist geprägt von einer Theologie der Geschichte und der literarischen Auseinandersetzung mit historischen Gestalten der Iberischen Halbinsel. Erhielt den Friedenspreis des Deutschen Buchhandels.

alles. Und wer sagt, daß die Wahrheit dazu da ist, enthüllt zu werden? Sie will gesucht werden. Das genügt. Angenommen, sie liege in der Schwermut verborgen, ist das ein Grund, sie anderswo zu suchen?

Wer soll uns glauben, wenn wir Heilige verbrennen?

Ist das Licht erloschen, so muß ein Mensch in die Flamme gehen. Der Auftrag eines jeden Heiligen ist es, ein bestimmtes Anliegen seiner Zeit von der Ewigkeit her, aus dem Wissen um Christus zu ergreifen und zu bewältigen; indem er das Zeitliche mit dem Ewigen erfüllt, erhellt er die Zeit und die Geschichte zum Ruhm des Herrn; daß die Zeit den Herrn rühme, ist die Sehnsucht der Heiligen.

Zum Schaffen treibt immer der Mangel; je mehr Mangel, um so größer, notwendiger, um so weniger aber anfechtbar ist das Werk.

Kranksein: das heißt, im Advent leben.

Das Ja zum Leben ist vielleicht die eigentliche Gnade, die Kanzel der Verkündigung.

Ich kenne im Leben nur eine einzige Schwierigkeit: den Vollzug der Wahrheit, Wahrhaftigkeit. Sie ist das Lebensproblem überhaupt.

Würde das Vaterunser betend gelebt und erfüllt werden, so wäre alles gut. Aber wie man auch beginnen mag, man wird weit hinter dem Wichtigsten zurückbleiben.

Taizé

Die Regel muß man in den Stunden der geistlichen Dürre noch treuer befolgen als an den Tagen, wo der Glaube spontan zu Gebet und Andacht treibt.

Ohne Regel laufen wir Gefahr, unsere besten Entschlüsse zu vergessen. Außerdem ist es nötig, einige Worte aus dem Evangelium so knapp wie möglich zusammenzufassen, damit man sie sich leichter wieder ins Gedächtnis rufen kann.

Von unserem Blick auf den unsichtbaren Christus hängt die ganze Verwandlung unseres Wesens ab. Diese Veränderung kann sich für uns unmerklich vollziehen, und zweifellos ist das sogar besser; es genügt, wenn man weiß, daß das Samenkorn Tag und Nacht keimt und wächst, auch wenn wir nicht wissen wie.

Wenn das Evangelium gesprochene, verkündete Gratuität, also Gnade Gottes ist, dann ist die absichtslose Existenzweise, gelebte Gratuität, also auch Gnade Gottes.

In jedem Menschen findet sich eine Schicht der Einsamkeit, die keine menschliche Verbundenheit ausfüllen kann, auch nicht die stärkste Liebe zwischen zwei Menschen. Wer nicht in diese Stelle der Einsamkeit einwilligen will, lebt im Aufruhr, im Aufruhr gegen die Menschen und sogar gegen Gott [...]. Dort in der Tiefe des Seins, wo keiner keinem gleicht, dort erwartet dich Christus.

Die Liebe, die wir anderen entgegenbringen, ist das Zeichen, an dem sich die Wahrheit unserer Kontemplation erweist.

Christus ist es, der dich zuerst geliebt hat, das ist sein Geheimnis [...]. Ich möchte dich dazu bewegen, mit deinem Leben das Gedicht einer Liebe zwischen dir und ihm zu schreiben.

Sei dir darüber im klaren: einem Ja zu Christus für das ganze Leben.

Christus zerstört nicht den Menschen aus Fleisch und Blut. Er bricht nicht, was im Menschen da ist. Wenn du in die Stille deines Herzens hineinhorchst, verklärt er, was dich am meisten beunruhigt.

Lebe das, was du vom Evangelium begriffen hast, wenn es auch ganz wenig ist, aber das verwirkliche ganz.

Die wahre Freude ist zunächst inwendig.

Wer in der Barmherzigkeit lebt, kennt weder Empfindlichkeit noch Enttäuschung.

Sei Ferment der Einheit.

Meide die gewundenen Wege, auf denen der Versucher dir nachstellt. Wirf die unnützen Lasten ab, damit du besser die der Menschen, deiner Brüder, zu Christus, deinem Herrn, tragen kannst.

Es gibt keine Freundschaft ohne reinigendes Leiden.

Das ist der Sinn deines Lebens: geliebt zu sein für immer, geliebt in alle Ewigkeit, damit du selber grenzenlos liebst. Ohne die Liebe, wozu leben?

Vereinfachen, um intensiv zu leben, im Augenblick: dann wirst du den Geschmack am Leben finden, der so eng mit dem Geschmack am lebendigen Gott zusammenhängt.

Anstatt Strohfeuer anzuzünden, gib dein Leben ganz, und es wird Tag für Tag Schöpfung mit Gott. Je weiter du in einer Gemeinschaft mit Christus vorankommst, desto stärker drängt es dich, konkret zu werden.

Singe Christus, bis seine Freude durchbricht.

Teresa von Avila

Es ist erschütternd, wenn jemand behauptet, alles zu wissen und sich noch für bescheiden hält.

Wie schnell sind wir bereit, Gott zu beleidigen, und wie viel schneller ist er bereit, uns zu verzeihen.

Es ist weitaus wertvoller, von Zeit zu Zeit eine einzige Bitte des Vaterunsers zu beten, als das ganze Vaterunser öfters gedankenlos zu sprechen.

Wem Gott keine körperlichen Kräfte schenkt, der bedarf ihrer auch nicht. Der Herr ist zufrieden, wenn jeder von dem gibt, was er hat.

Solange jemand allein lebt, kann er sich leicht für heilig halten; erst in der Gemeinschaft wird er spüren, ob er wirklich demütig und geduldig ist.

Es kommt vor allem darauf an, entschlossen zu beginnen. Wer entschlossen beginnt, hat schon einen guten Teil des Weges hinter sich.

Stört dich ein Fehler eines andern, so übe an dir selbst das entgegengesetzte Gute. Denn Beispiel wirkt mehr als Worte.

Es kommt nicht darauf an, viel zu denken, sondern viel zu lieben. Darum tut, was in euch am meisten Liebe weckt.

Da Gott im Belohnen keine Grenze kennt, darf man nicht stillestehen, sondern muß sich anstrengen, etwas für ihn zu tun. So sollte man voll Eifer täglich ein bißchen weiterkommen.

Es wäre keine Zeitverschwendung, wenn Sie [= Ortiz] mir öfters schreiben würden. Vielmehr könnte es uns gegenseitig Mut machen im Dienst für unsern Herrn.

Viel erträgt die Liebe zu Gott. Geschähe etwas ohne sie, so wäre es nichts.

Es ist etwas Großes, die Schwäche jedes einzelnen Menschen ertragen zu können.

Alles ist nichts.

Ziehe Liebe aus jedem Ding!

Gott schütze uns vor den sauertöpfigen Heiligen!

Wißt, daß sich der Herr inmitten der Kochtöpfe aufhält!

Sein Leben einsetzen, darauf kommt es an.

Wenn Gott gelobt und etwas besser verstanden wird, so soll nur die ganze Welt hinter mir herschreien! (über Lästermäuler und müßige Gaffer gesagt)

Kein Beten bis zur Erschöpfung!

Einen unzufriedenen Menschen fürchte ich mehr als viele Teufel.

Ich habe heute Abend soviel Arbeit, daß ich dadurch am Beten verhindert wurde. Ich habe deswegen keine Gewissensbisse, es bekümmert mich nur ...

Lehre mehr durch Taten als durch Worte!

Gott, warum habe ich dich je im Stich gelassen!

Könnte ich es doch mit der ganzen Welt laut verkünden, wie treu Du Deinen Freunden bist.

Mein Gott, wie klar hat es sich gezeigt, daß du mich mehr liebst als ich mich selbst.

Wenn Gott uns seine Huld zuwendet, so geschieht dies ungemein friedvoll, ruhig und sanft, tief in unserem Innern, ich weiß nicht, wo und wie.

Es stände schlecht um uns, wenn wir erst dann Gott suchen könnten, nachdem wir von der Welt losgelöst sind. Magdalena, die Samariterin und die Kanaanäerin waren es nicht, als sie ihn fanden.

Seele, suche dich in Mir, und suche Mich in dir.

Wie schlecht halten viele die mit Gott geschlossene Freundschaft, so daß es eher aussieht, als seien sie zu seinen Todfeinden geworden! Gottes Barmherzigkeit ist wahrhaftig groß! Wo fänden wir einen Freund, der so vieles hinnimmt! Wäre ein Freund zu einem anderen auch nur einmal so treulos, so würde dieser Verrat für immer zwischen ihnen stehenbleiben. Ihre Feundschaft würde künftig nie mehr von derselben Aufrichtigkeit sein wie zuvor. – Wie oft aber brechen wir die Freundschaft mit unserem Gott, und wie viele Jahre wartet Gott auf uns!

Beim Gebet der Ruhe hat die Seele nichts zu tun, als in stiller Hingabe und ohne Geräusch zu verweilen. Unter Geräusch verstehe ich hier, wenn man mit dem Verstand viele Überlegungen anstellt, nach vielen Worten sucht oder wenn man seine Fehler zusammenzählt, um seiner Unwürdigkeit durch und durch bewußt zu werden [...]. Der Wille soll begreifen, daß es nicht gut ist, sich der Kraft der Arme zu bedienen, wenn man mit Gott verkehrt, und daß dies nur wie große Holzscheite sind, die man unpassenderweise auf das Fünklein wirft und die es ersticken.

Ich weiß nicht, warum scheut man sich denn, sich dem innerlichen Gebet hinzugeben, vor was fürchtet man sich? [...] Jahrelang war es bei mir so, daß mich das Verlangen nach dem Ende der Gebetszeit, die ich mir festgesetzt hatte, und das Horchen auf den Schlag der Uhr stärker beschäftigte als die guten Gedanken. Ich konnte mir keine so schwere Buße denken, die man mir hätte auferlegen können und die ich nicht lieber auf mich genommen hätte, als mich zum Gebet zu sammeln.

Wollten wir beim Beten eigenmächtig die Seelenkräfte, Verstand und Einbildungskraft ausschalten, so wäre das töricht und würde die Seele in Mißstimmung versetzen. Es wäre, wie wenn einer springen will, aber von hinten festgehalten wird. Es ist auch ein Mangel an Demut.

Ich komme auf die zerstreuten Gedanken zurück, die mir solche Qual machten [...]. Für diejenigen, die den Weg des Gebetes gehen, ist es gut, ein Buch bei der Hand zu nehmen, damit sie sich durch Lesen rasch wieder sammeln können. Mir half es auch viel, wenn ich das Feld oder Wasser oder Blumen anschaute. Diese Dinge weckten mich auf und brachten mich zur Sammlung, ebensogut wie ein Buch.

Denen, die das innerliche Gebet üben, besonders den Anfängern, möchte ich den Rat geben, die Freundschaft und den Umgang mit anderen zu suchen, die sich ebenso in der Meditation üben.

Wer einmal sich auf das innerliche Gebet eingelassen hat, der gebe es nie wieder auf [...]. Ich sehe nämlich im innerlichen Gebet nichts anderes als einen freundschaftlichen Verkehr, bei dem wir uns oft still mit dem unterhalten, von dem wir wissen, er liebt uns.

Gegen den Rückschritt gibt es nur ein Mittel: immer wieder von vorn anfangen.

AUF EINEM GEBETSBLATT IN TERESAS STUNDENBUCH STAND:

Nichts soll dich ängstigen.
Nichts dich erschrecken.
Alles vergeht. Gott bleibt sich treu.
Geduld erreicht alles.
Wer sich an Gott hält, dem fehlt nichts.
Gott allein genügt.

Therese von Lisieux

Ihr könnt nicht ein halber Heiliger sein. Es wird euch nichts übrigbleiben, als es ganz zu sein oder gar nicht.

Die Heiligkeit besteht nicht in diesen oder jenen Übungen und Leistungen; sie besteht in einer Bereitschaft des Herzens, die uns klein und demütig werden läßt in den Armen Gottes, wissend um unsere Schwäche und bis zur Verwegenheit vertrauend auf seine Vatergüte.

Eine Novizin zur Therese: »Wenn ich bedenke, was ich noch alles erringen muß!« Darauf Therese: »Sagen Sie doch lieber: verlieren!«

Jesus bedarf unserer Werke nicht, sondern einzig unserer Liebe.

Es ist große Liebe, Jesus zu lieben, ohne die Süßigkeit dieser Liebe zu spüren.

Es ist besser, etwas an sich Gleichgültiges zu tun, als etwas an sich »Wertvolles«, wenn wir das erste liebevoller als das zweite vollbringen.

Klein bleiben heißt: sein Nichts anerkennen, alles vom lieben Gott erwarten.

Welch süße Freude zu denken, der Herr ist gerecht, das heißt, er rechnet mit unserer Schwachheit, er kennt genau die Gebrechlichkeit unserer Natur. Wovor sollte ich mich also fürchten?

Wenn ich nichts empfinde, wenn ich unfähig bin, zu beten und Tugend zu üben, dann ist der Augenblick gekommen, die kleinen Gelegenheiten zu suchen, Nichtigkeiten, die Jesus mehr Freude machen, als das großmütig erlittene Martyrium. Beispielsweise ein Lächeln, ein liebenswertes Wort, wenn ich lieber nichts sagen oder gar ein verdrießliches Gesicht aufsetzen würde.

Allein mit uns selbst? Oh, welch traurige Gesellschaft, wenn Jesus nicht dabei ist.

Auf die Frage, ob sie irgend welche Eingebungen habe: »Eingebungen? Wenn Sie wüßten, in welcher Armut ich stecke!«

Die Liebe allein ist die Triebkraft der Glieder der Kirche. Wenn die Liebe erlöschen sollte, würden die Märtyrer sich weigern, ihr Blut zu vergießen.

Ich bin dahin gelangt, nicht mehr leiden zu können, weil jedes Leiden mir süß geworden ist.

Es ist leicht, Jesus zu gefallen, sein Herz zu entzücken. Man muß ihn nur lieben, ohne auf sich selbst zu schauen, ohne seine eigenen Fehler allzu genau zu untersuchen.

Glauben wir nicht, wir könnten lieben, ohne zu leiden.

Ich wünsche mir nicht die fühlbare Liebe, es genügt mir, daß sie für den Herrn fühlbar ist.

Nie habe ich für mich außergewöhnliche Gnaden begehrt. Ich habe kein anderes Mittel, als Blumen zu streuen, das heißt, keines der kleinen Opfer, keinen Blick, kein Wort mir entgehen zu lassen, auch die kleinsten Taten zu beachten und sie aus Liebe zu vollbringen.

Gott weckt keine Wünsche, die er nicht erfüllen kann.

Ich versichere dir, Gott ist viel gütiger, als du glaubst ... Da Gott so großzügig zu mir ist, möchte ich es auch ihm gegenüber sein ... Verstehen wir es also, diesen Gott, der um unsere Liebe bettelt, festzuhalten.

Wenn man liebt, dann zählt man nicht.

Jetzt habe ich nur noch den einen Wunsch, nämlich Jesus bis zur Verrücktheit zu lieben [...]. Meine kindischen Wünsche sind verflogen.

Ich habe immer danach verlangt, eine Heilige zu werden. Aber wenn ich mich mit den Heiligen verglich, stellte ich nimmer fest, daß zwischen ihnen und mir derselbe Unterschied besteht wie zwischen einem Berg, dessen Spitze sich in die Himmel verliert, und dem unauffälligen Sandkorn, das unter den Füßen der Vorübergehenden zertreten wird. Anstatt mutlos zu werden, sagte ich mir: Gott kann keine unerfüllbaren Wünsche eingeben; also kann ich trotz meiner Kleinheit nach Heiligkeit streben. Mich größer machen ist unmöglich. Ich muß mich ertragen, wie ich bin, mit all meinen Unzulänglichkeiten.

Nie machte ich es wie Pilatus, der sich weigerte, die Wahrheit zu hören. Immer wieder habe ich Gott gesagt: »Mein Gott, ich bin sehr darauf bedacht, dich zu hören. Ich bitte dich, antworte mir, wenn ich dich demütig frage: Was ist Wahrheit? Mach, daß ich die Dinge sehe, wie sie sind, und daß nichts mir Sand in die Augen streut.«

Alles habe ich weggegeben! [...] Leicht laufe ich.

Gewöhnlich gibt Jesus sein Licht nach und nach.

Die Vollkommenheit besteht darin, Seinen Willen zu tun, zu sein, was Er will, daß wir seien ... Jetzt leitet mich allein die Hingabe. Ich habe keinen anderen Kompaß!

Was Jesus verletzt, was ihn zutiefst verwundet, ist der Mangel an Vertrauen. Wir dürfen nicht weinen wie jene, die keine Hoffnung haben.

Ich habe mich bemüht, meine Minderwertigkeit zu lieben ... dadurch wurde sie mir angenehm wie alles übrige [...]. Ich bin die Schwäche selbst [...]. Wie klein ist die Zahl derer, die einwilligen zu fallen, schwach zu sein, die zufrieden sind, am Boden zu liegen und von den anderen dabei überrascht zu werden.

Warum darüber erschrecken, daß du dieses Kreuz nicht tragen kannst, ohne schwach zu werden? Jesus ist auf dem Weg zum Kalvarienberg dreimal gefallen.

Es kommt vor, daß Gott gewissen Menschen trotz all ihrer Anstrengungen die Schwachheiten beläßt, weil es für sie sehr schädlich wäre, sich tugendhaft zu fühlen [...]. Gewöhnlich läßt Gott es zu, daß wir an denselben Schwächen leiden, die uns an anderen mißfallen haben [...]. Dann ist es ganz natürlich, daß wir die Fehler entschuldigen, in die wir selbst gefallen sind.

Das Gebet ist die Zeit Gottes; man darf sie ihm nicht wegnehmen.

Gottes Wille setzt sich trotz der Eifersucht der Menschen durch.

Thomas von Kempen: »Nachfolge Christi«

»Wer mir nachfolgt, wandelt nicht in Finsternis.« Das sind Christi eigene Worte, mit denen Er uns ermutigt, seiner Lebensart getreulich nachzufolgen, sofern wir wahrhaft im Lichte wandeln [...]. So muß es also unser höchstes Streben sein, uns in die Betrachtung des Lebens Jesu Christi zu versenken.

Gescheite Worte machen dich nicht zum Heiligen und nicht zum Gerechten, aber ein Leben der Tugend macht dich zu Gottes Freund.

Sicher wird es am Jüngsten Tag nicht heißen: Was habt ihr gelesen? sondern einzig: Was habt ihr getan? Und nicht: Wie geistreich waren deine Worte? sondern nur: Wie gottgefällig war dein Leben?

Nimm dir die rechte Zeit, um dir selbst zu gehören, und versenke dich oft in Gottes Liebe und Gnadenfülle.

Wer für dich ist oder gegen dich, darauf lege kein großes Gewicht; einzig danach eifere und darum sorge dich, daß Gott in allem, was du tust, bei dir ist.

Zuerst halte dich selbst im Frieden, dann wirst du anderen den Frieden schenken können! Ein Mensch, der den Frieden in sich trägt und ihn ausstrahlt, hat mehr zu bedeuten als ein großer Gelehrter.

Du bist ein Meister darin, dein Tun zu entschuldigen und zu beschönigen, bei deinem Nächsten aber läßt du keine Entschuldigung gelten. Besser wäre es, du wolltest dich verklagen und deinen Bruder verteidigen. Willst du Last sein, so sei auch Träger!

Zuvörderst richte deinen Eifer auf dich selbst, dann erst hast du das Recht, auch deinen Nächsten damit zu bedenken!

Nur kurz ist die Ehre, die Menschen vergeben und empfangen. Die Ehre der Güte in ihrem Gewissen, nicht im Munde der Menschen. Eine tiefe Ruhe trägt der im

Herzen, der sich weder aus Lob noch aus Tadel etwas macht. Wer ein reines Gewissen hat, wird leicht zufrieden und friedvoll sein. Das Lob macht dich nicht besser, der Tadel nicht schlechter. Wie du bist, so bist du; und man kann dir keinen größeren Namen geben, als den du vor Gottes Angesicht trägst.

Wenn du darauf achtest, was du vor dir selbst in deinem Innern bist, dann wirst du dich nicht darum kümmern, was die Menschen von dir sprechen. Der Mensch sieht in das Gesicht, »Gott aber sieht ins Herz«. Vor den Menschen gelten die Taten, vor Gott die Gesinnung.

Schnell bist du ein Opfer des Trugs, wenn du die Menschen nur nach ihrer äußeren Erscheinung beurteilst; suchst du nämlich Tröstung und Gewinn für dich bei anderen, so wirst du zu oft nur den Schaden spüren. Suchst du in allem Jesus, so wirst du Jesus sicher finden! Suchst du aber dich selbst, so wirst du freilich auch dich selbst finden, doch zu deinem eigenen Schaden! Denn mehr als die ganze Welt und all seine Feinde schadet der Mensch sich selbst, wenn er Jesus nicht sucht.

Wenn du das Kreuz willig trägst, dann wird es auch dich tragen.

Alle muß man lieben um Jesu willen, Jesus aber um Seiner selbst willen. Jesus Christus allein muß man ganz besonders lieben.

Simone Weil[41]

Es ist nicht meine Angelegenheit, an mich zu denken. Meine Angelegenheit ist es, an Gott zu denken. Es ist Gottes Sache, an mich zu denken.

Ich habe mir als einzige Übung die Verpflichtung auferlegt, das Vaterunser jeden Morgen einmal mit unbedingter Aufmerksamkeit zu sprechen. Wenn meine Aufmerksamkeit unter dem Sprechen abirrt oder einschläft, und sei es auch nur im allergeringsten Grade, so fange ich wieder von vorne an, bis ich einmal eine völlig reine Aufmerksamkeit erreicht habe. Dann kommt es wohl mitunter vor, daß ich es aus reinem Vergnügen noch einmal von vorne aufsage, aber nur, wenn das Verlangen mich treibt. Die Kraft dieser Übung ist außerordentlich und überrascht mich jedesmal, denn, obgleich ich sie jeden Tag erfahre, übertrifft sie jedesmal meine Erwartung.

---

[41] (1909-1943). In Paris von jüdischen Eltern geboren. Sie studierte Philosophie und wurde Lehrerin, unterzog sich mehrfach schwerer Fabrik- und Landarbeit, setzte sich zuletzt für die französische Exilregierung in London ein und starb in Ashford/Kent an völliger Erschöpfung. Sie suchte ein dezidiertes Christentum »auf der Schwelle der Kirche«. Ihr letztes Wort: »Sprich mir schweigend von Gott!«

Man ist nur, was man sein will. Wer ordentlich schreibt, ist auch fähig, seiner Leidenschaften Herr zu werden.

Nicht wünschen, daß irgendeine unserer Erbärmlichkeiten verschwinde, sondern die Gnade erbitten, die sie verwandelt [...]. Versuchen, seinen Fehlern durch die Aufmerksamkeit abzuhelfen und nicht durch den Willen.

Wendet man die Aufmerksamkeit mit Liebe auf Gott, so werden gewisse Dinge unmöglich.

Die kostbarsten Güter dürfen nicht gesucht, sondern nur erwartet werden, denn der Mensch kann sie nicht aus eigenen Kräften finden.

Der Held trägt eine Rüstung, der Heilige ist nackt.

Die Leere, die unser Leben ausmacht, wird vom Menschen gerne verdeckt – durch die Sünde.

Die Liebe ist nicht Tröstung, sie ist Licht.

Alles dient. Etiam peccata.

Gott hat kein Wort, um zu seinem Geschöpf zu sagen: ich hasse dich.

Gott wartet wie ein Bettler, der reglos und schweigend vor jemandem steht, der ihm vielleicht ein Stück Brot geben wird. Die Zeit ist dieses Warten. Die Zeit ist das Warten Gottes, der um unsere Liebe bettelt.

Wer sein Leben (noch) in seinen Glauben an Gott setzt, kann seinen Glauben verlieren. Aber wer sein Leben in Gott selbst setzt, der wird ihn niemals verlieren.

Die unerhörte Größe des Christentums kommt daher, daß es nicht ein übernatürliches Heilmittel gegen das Leid sucht, sondern eine übernatürliche Verwendung des Leids.

Das Höchste ist nicht, das Höchste zu verstehen, sondern es zu tun.

Die Welt braucht Heilige mit Genie.

AUS EINER EUCHARISTISCHEN CHRISTUSVISION:

Liebe

Liebe bot mir Willkommen; doch meine Seele schrak zurück,
In Schuld des Staubes, Schuld der Sünde.
Sie aber, Liebe, flinken Augs merksam, wie ich träg
Den Fuß kaum von der Schwelle setzte,

Drang näher an mich, zärtlich fragend,
Ob etwas mir zu mangeln schien.

Ein Gast, gab ich zur Antwort, würdig dieses Orts.
Und Liebe sprach: Du sollst es sein.
Ich, der des Undanks, der Ungüte voll? ach, lieber Freund,
Der nicht dich anzuschaun vermag.
Liebe ergriff mich bei der Hand und sagte lächelnd:
Wer schuf die Augen, wenn nicht ich?
Zu wahr, Herr, aber ich verdarb sie nur; laß meine Schande
Dort hingehn, wo sie es verdient.

Und weißt du nicht, spricht Liebe, wer den Tadel auf sich nahm?
Dann will ich, lieber Freund, dir dienen.
Du mußt, spricht Liebe, niedersitzen und mein Mahl genießen.
So setzte ich mich denn und aß.

Wüstenväter

Abt Theodor sagte: »Viele wählen in dieser Welt die Ruhe, bevor Gott sie ihnen gewährt.«

Abt Hyperichius sagte: »Jeder ist wahrhaft weise, der andere durch seine Tat, nicht durch seine Worte belehrt.«

Lehre dein Herz halten, was es andere lehrt.

Der Altvater Antonius sprach: »Es kommt eine Zeit, in der die Leute närrisch werden, und wenn sie einen sehen, der kein Narr ist, dann stehen sie gegen ihn auf und sagen: ,Du rasest!' Deswegen, weil er ihnen nicht ähnlich ist.«

Der selige Antonius pflegte zu sagen: »Die Altväter der Vorzeit begaben sich in die Wüste und machten nicht nur sich selber gesund, sondern wurden auch noch Ärzte für andere. Wenn aber von uns einer in die Wüste geht, dann will er andere früher heilen als sich selbst. Und unsere Schwäche kehrt zu uns zurück, und unsere letzten Dinge werden ärger als die ersten, und daher heißt es für uns: Arzt, heile dich vorher selber!« (Lk 4,23)

Der Altvater Antonius sprach zum Altvater Poimen: »Das ist das große Werk des Menschen, daß er seine Sünde vor das Angesicht Gottes emporhalte und daß er mit Versuchung rechne bis zum letzten Atemzug.«

Derselbe sagte: »Keiner kann unversucht ins Himmelreich eingehen. Nimm die Versuchung weg, und es ist keiner, der Rettung findet.«

Da sagte Abbas Poimen: »Da ist ein Mensch, der scheint zu schweigen, aber sein Herz urteilt und verurteilt andere. Ein solcher redet in Wirklichkeit ununterbrochen. Und da ist ein anderer, der redet von der Frühe bis zum Abend, und doch bewahrt er selbst das Schweigen, das heißt, er redet nichts Nutzloses.«

Ein Bruder fragte den Altvater Poimen: »Ist Reden besser als Schweigen?« Der Greis antwortete ihm: »Wer Gottes wegen redet, tut gut daran, wer Gottes wegen schweigt, tut ebenso gut.«

Als einmal an einem Festtag nach einem Gottesdienst die Brüder in der Kirche speisten, sagte einer von ihnen zu den Tischdienern: »Da ich (aus Enthaltsamkeit) nichts Gekochtes esse, laßt mir Salz bringen!« Der Bruder, der dies gehört hatte, rief den übrigen laut zu, sie möchten jenem Bruder, da er nichts Gekochtes genieße, Salz bringen. Hierauf sagte der selige Theodor: »Besser wäre es gewesen, du hättest in deinem Kellion Fleisch gegessen, als vor den Brüdern hier ein solches Wort hören zu lassen.«

Der Greis sprach: »Wolle lieber belehrt werden als lehren. Derselbe sagte: Lehre nicht vor der Zeit, sonst wirst du dein ganzes Leben nicht verständig!«

Jemand erzählte: Drei Studierende, die sich liebten, wurden Mönche, und jeder von ihnen nahm sich ein gutes Werk vor. Der erste erwählte dies: er wollte Streitende zum Frieden führen. Der zweite wollte Kranke besuchen. Der dritte ging in die Wüste, um dort in Ruhe zu leben. Der erste, der sich um die Streitenden mühte, konnte doch nicht alle heilen. Und von der Verzagtheit übermannt, ging er zum zweiten, der den Kranken diente, und fand auch den in gedrückter Stimmung; denn auch er konnte sein Vorhaben nicht ganz ausführen. Sie kamen daher überein, den dritten aufzusuchen, der in die Wüste gegangen war, und sie erzählten ihm ihre Nöte und baten ihn, er möge ihnen aufrichtig sagen, was er gewonnen habe. Er schwieg eine Weile, dann goß er Wasser in ein Gefäß und sagte ihnen, sie sollten hineinschauen. Das Wasser war aber noch ganz unruhig. Nach einiger Zeit ließ er sie wieder hineinschauen und sprach: »Betrachtet nun, wie ruhig das Wasser jetzt geworden ist.« Und sie schauten hinein und erblickten ihre Gesichter wie in einem Spiegel. Darauf sagte er weiter: »So geht es dem, der unter den Menschen weilt: Wegen Unruhe sieht er seine Sünden nicht.«

VII. Nachwort

In den Vollzügen geistlichen Lebens geht es um eine Vertiefung der Freundschaft mit Christus. Seine Gaben und Verheißungen sind aber verbunden mit einer Anfrage, die auf eine Antwort des Menschen wartet: Er wird sich zu entscheiden haben, ob er den göttlichen Verheißungen und Zusagen zu trauen vermag. Hierbei handelt es sich um eine *Entscheidung zur Hoffnung*, aber auch zu einer Veränderung. Nur so läßt sich ein neues Leben von Gott her einüben. Doch die Erfüllung seiner Verheißungen wird überraschend anders sein als alles, was der Mensch sich erhofft, geht es in ihnen doch um etwas, was nur Gott zu schenken vermag.

Wer sich in das geistliche Leben einübt, tut dies nicht allein unter dem Druck von Autorität und Pflicht. Nichts ist weniger ertragreich in einem Leben mit Gott, als wenn die geistliche Einübung bloß aufgrund eines frommen Pflichtbewußtseins angestrebt und vollzogen wird. Doch ebenso stagniert ein Leben mit Gott, wenn nicht das vollzogen wird, von dem man ahnt, daß es einem aufgetragen ist.

Je mehr nun einer versucht, sein Leben als einen Weg zu sehen, der nicht vorweg in festen Bahnen abgesteckt ist aufgrund der unerwarteten Größe göttlicher Verheißungen, desto mehr wird er der Hilfen und Stützen bedürfen, um das letzte Ziel seines irdischen Daseins im Auge zu behalten. Erfährt er doch immer neu, wie unfrei er ist und wie vieles schon einmal erkannt, aber wieder vergessen oder nicht beachtet wurde. So bedarf er der »Haltestellen«, auf daß ihn die eigene Schwachheit und Unzulänglichkeit nicht auf sich selbst zurückwirft.

Gerne wird er sich der natürlichen Rhythmen bedienen, in denen sein Leben Tag für Tag steht: der Rhythmus von Tag und Nacht, von Woche und Monat wie auch von Jahr zu Jahr. Das christliche Leben verläuft nicht zyklisch, ebensowenig folgt es den Gesetzen einer Wiederkehr des immer Gleichen, vielmehr zielt alles auf eine letzte Vollendung hin. Um dieses Ziel im Blick zu behalten, begibt sich der Christ in die Feier der Sakramente; sie vergegenwärtigen den Tod und die Auferstehung des Herrn, »bis Du kommst in Herrlichkeit«.

Es muß als ein Schwachpunkt in der abendländischen Theologie und Spiritualität angesehen werden, daß es bisher kaum gelungen ist, dem geistlichen Leben eine solide *sakramentale Begründung* zu geben. Der Empfang der Sakramente (als »viaticum«) ist eine entscheidende Hilfe auf dem irdischen Weg der Wanderschaft: Gott allein vermag den Menschen zu heiligen und zur Vollendung zu bringen. Dies kommt nirgends sonst so unüberbietbar zum Ausdruck wie im Empfang der Sakramente.

Für Martin Luther ist Gottes Gottheit der Ursprung und Sinn aller Erlösung und Rechtfertigung. Ähnlich heißt es bei dem Philosophen Josef Pieper[42], der das Wort von Konrad Weiß zitiert, »daß nicht die Menschheit das Ziel der Menschwerdung ist«. Es war Gottes ureigener Ratschluß, sein Geheimnis der Schöpfung mitzuteilen, beschloß er doch vor den Zeiten, alles und alle »an Wesen und Gestalt seines Sohnes teilhaben« zu lassen (Röm 8,28f.; Eph 1,4f.; 1 Petr 1,18–20). Ein theopragmatisches Verständnis der Heilsgeschichte und damit auch eines geistlichen Lebens erklärt sich aus einem Grundprinzip des christlichen Glaubens, nämlich dem »Primat des Logos vor dem Ethos«.

Solange die menschliche Natur noch nicht die Hypostasis des Logos empfangen hatte, war sie nicht »ganz und heil«. Deshalb bezeichnet Basilius den Tag der Geburt Christi als den »Geburtstag der Menschheit«.[43] Erst durch Christus gelangt der Mensch zur vollendeten Gestalt seines Lebens. Die christliche Existenz ist die eigentlich menschliche Existenz, was jedoch erst seit dem Geschehen der Auferstehung offenbar geworden ist.

Die Botschaft der vier Evangelien bliebe nämlich unvollständig und mißverständlich, würde sie nur vom Leben des irdischen Jesus berichten. Entschiedener als die Synoptiker schlägt Johannes in seinem Evangelium eine ganz neue Seite an Ostern auf, indem er die *Freundschaft mit dem auferstandenen Herrn* beschreibt. Dreimal hatte Petrus Jesus verraten, und ebenso dreimal fragt ihn nun der Auferstandene nach seiner Liebe; anderes will er nicht von ihm, sie ist ihm mehr als genug, und als der Jünger das Liebesangebot des Herrn erwidert, folgt die alles entscheidende Weisung: »Nach diesen Worten sagte er zu ihm: 'Folge mir nach!' (Joh 21,19).« Wir könnten meinen, in der Nachfolge des Herrn müßten wir einzig dem irdischen Jesus nachfolgen; doch der Auferstandene selbst korrigiert eine solche Auffassung, wenn er zu Petrus sagt: »Du aber folge mir nach!«, was konkret heißt: »Du, Petrus, sollst mir als dem *Auferstandenen* nachfolgen.« Die entscheidende Maxime christlichen und damit auch eines geistlichen Lebens lautet nicht viel anders: Wer ein geistliches Leben führen möchte, sucht seinem auferstandenen Herrn nachzufolgen, und zwar so, wie er mit seinem irdischen Leben göttlich verherrlicht ist.

---

[42] J. Pieper, Hoffnung und Geschichte. Fünf Salzburger Vorlesungen, München 1967, 123. Es handelt sich um den Aufsatz »Logos des Wortes«; siehe K. Weiß, Die eherne Schlange und andere kleine Prosa. Marbach 1990.

[43] Zitiert nach D. Gnau, Person werden. Zu Wesen und Bestimmung des Menschen in der Theologie von Panagiotis Nellas, Christos Yannaras und Ioannis Zizioulas, Würzburg 2015, 90.

Wer glaubt, erfährt sich enteignet. Die Konsequenz dessen lautet für Paulus, daß es in seinem Leben nicht mehr auf das »Pflanzen« und »Gießen« ankommt, einzig entscheidend ist jener, »der das Wachstum gibt« (1 Kor 3,7). Nicht der Apostel ist der Vollstrecker seiner Lebensgeschichte, der auferstandene Herr ist es, der ihm beisteht. Das »Laufen« allein führt nicht zum Heil (Röm 9,16), das Ziel ist längst erreicht, und dieses Ziel erfährt Paulus als den Anfang seines Lebens: »Er, der sich für mich hingegeben hat« (Gal 2,20). In dem Bild vom irdenen Tongefäß (2 Kor 4,7) heißt es daraufhin, daß dieses zerbrechen und sich in Scherben auflösen wird, damit der längst schon in ihm verborgene Schatz zum Vorschein kommen kann. Das zerbrochene Gefäß gibt seinen wahren Inhalt zu erkennen und bezeugt ihn: »Nicht mehr ich! Er – schon längst – in mir!« Der Herr kommt nicht durch die von uns bereitete und geöffnete Tür, er ist längst schon gegenwärtig, da sie sein Eigentum ist. In der Tat, es bedeutet eine große Gefahr für ein Leben im Glauben, wenn diese christozentrische Basis übersehen wird und vorrangig pastorale, letztlich die Inkarnation leugnende Engführungen vorgenommen werden.

Daraufhin spricht der Apostel seine Gemeinde an: »Fragt euch doch selbst, ob ihr im Glauben seid, prüft euch selbst! Erkennt ihr denn an euch nicht, daß Christus Jesus in euch ist? Dann freilich hättet ihr die Probe nicht bestanden!« (2 Kor 13,5). Was Paulus als die große Entdeckung seines Lebens erfährt, das ruft er in gleicher Weise bei seiner Gemeinde auf, die in Jesu Namen versammelt ist, der »mitten unter ihnen« ist (Mt 18,20). Was fortan zählt, ist »weder die Beschneidung noch das Unbeschnittensein, sondern neue Schöpfung« (Gal, 6,15). Der Apostel bekennt zwar von sich, daß seine Leiblichkeit von »Schüben« und »Drängen« immer wieder überwältigt wird und die »Sünde« in ihm alles an sich reißt (Röm 7,17), weshalb er verzweifelt fragt, wer ihn aus all dem erretten wird; doch in den Malzeichen seines Leibes werden die Wundmale des Herrn lesbar, in die hinein er »gerettet« ist: »Friede und Erbarmen über alle, die sich von diesem Grundsatz leiten lassen« (Gal 6,16). Woraus Paulus nunmehr lebt, ist nicht das, was er aus sich macht, sondern »durch die Gnade Gottes bin ich, was ich bin« (1 Kor 15,10).

Für Paulus beginnt seine »innere Biographie« (E. Biser) in jenem Augenblick, da er in das neue Leben findet. Was im Leben zählt, erklärt sich für den Apostel nicht mehr aus seiner Herkunft oder Ausbildung, sondern aus dem Anfang, den Gott in ihm gesetzt hat. Zur Sohnschaft erwählt, ist für Paulus nun »Leben soviel wie Christus« (Phil 1,21). Darüber bedient er sich einer ganz neuen Sprache: Er denkt und spricht nicht mehr von sich her, sondern von Christus her, der alles in ihm wirkt. Mit Christus und seiner Liebe »zusammengewachsen« (Röm 6,5), ist er ein neuer Mensch, dem ein neues Leben zuteil wurde: »Er fürwahr in mir!« Seit der Herr in seinem Herzen Wohnung genommen hat (Eph 3,17), erfährt er sich »genötigt« (1 Kor 9,16), alles andere als Verlust anzusehen, um Christus zu gewinnen.

Die Heilige Schrift kennt zwar nicht den Begriff vom »*inneren Menschen*«, doch sie spricht in einem Hapax legomenon vom »verborgenen Menschen des Herzens« (1 Petr 3,4). Der Petrusbrief rät hier den Frauen, nicht auf ihren äußeren Schmuck zu achten, sondern auf den »unvergänglichen Schmuck eines sanften und ruhigen Geistes: Das ist kostbar vor Gott«. Der innere Mensch hat ein Herz, das weich (2 Kön 22,19) und »zerschlagen« (Ps 147,3) ist, das Gott aber zu heilen vermag. Deshalb die Aufforderung: »Mehr als auf alles gib acht auf dein Herz, denn aus ihm strömt das Leben« (Spr 4,23). Jesus wiederum preist jene selig, die ein »reines Herz« haben, denn »der gute Mensch holt aus dem guten Schatz seines Herzens Gutes hervor und der böse Mensch aus dem Schatz des Bösen Böses« (Lk 6,45). Während der äußere Mensch aufgerieben wird und eines Tages dem Tod ausgeliefert sein wird, bereitet sich der innere Mensch, der noch unsichtbar ist, auf »eine unendliche Fülle an Herrlichkeit vor, uns, die wir nicht auf das Sichtbare, sondern auf das Unsichtbare schauen. Denn das Sichtbare gehört dem Augenblick, das Unsichtbare aber ist ewig« (2 Kor 4,16–18). Der kostbare Schatz, den alle Getauften in sich tragen, ist der Heilige Geist, der in ihnen betet und unablässig ruft: »Abba, Vater!« Im inneren Menschen verschmelzen somit Gnade und Gebet: Im Zustand der Gnade zu sein bedeutet: im Zustand des Betens zu sein.

Die Bedeutung dessen wird erkennbar im Mysterium der Inkarnation, das sich nicht allein auf das Faktum der Menschwerdung bezieht, denn dies könnte bloß als ein außergewöhnliches Geschehen betrachtet werden; das größere Wunder ist, daß Gott für immer, nämlich auf ewig im Menschen Wohnung nehmen will. Solches besagt für den inneren Glaubensweg: Wer ein Leben mit Gott führen will, wird im Alltag seines Glaubens so leben, daß er sein Leben im »Göttlichen Bereich« aufgehoben weiß; dieser ist über alles menschliche Vermögen erhoben, doch zugleich die Quelle all dessen, woraus alle Kreatur neues Leben erhält.

Was hiermit konkret gemeint ist, läßt sich an einer kleinen Begebenheit verdeutlichen, die im »Bericht eines russischen Pilgers« aufgezeichnet ist. Der geistliche Lehrer führte dem jungen Mann auf dem Weg seiner geistigen Pilgerschaft aus, »es gebe im Menschen ein *geheimes Gebet*, von dem er gar keine Ahnung habe; unbewußt würde es von der Seele verrichtet, und es regte einen jeden zum Flehen an, so gut er es gerade könnte«[44]. Als einer, der im Wirken des Heiligen Geistes erfahren

---

[44] Aufrichtige Erzählungen eines russischen Pilgers. Hrsg. v. E. Jungclaussen, Freiburg 1974, 86.

ist, begnügte sich der Starez nicht damit, den russischen Pilger über die Notwendigkeit des Gebetes zu unterweisen oder es ihm intellektuell nahezubringen, er führte ihn vielmehr in die existentielle Erfahrung des ihm eigenen und in ihm schon gegenwärtigen Gebetes ein, das ihm mit der Taufe zuteil wurde.

An erster Stelle im geistlichen Leben steht demnach das Gebet. Alle anderen Aktivitäten sind ihm gegenüber sekundär, so daß der Apostel seine Gemeinde auffordert: »Vor allem fordere ich euch auf zu Bitten und Gebeten ...« (1 Tim 2,1). Läßt der Mensch vom Gebet nicht ab und verrichtet er es unablässig, indem er sich in die Gegenwart des Namens Jesu versetzt, findet er zu einer grundlegenden Erneuerung in seinem Glaubensleben. Darum fügt der besagte Starez noch hinzu: »Folglich ist nur die Häufigkeit, die Unablässigkeit als Mittel unserem Vermögen zugefallen, um zur Reinheit des Gebetes zu gelangen, welche die Mutter eines jeden geistigen Gutes ist.«[45] Der innere Mensch ist also in der Tiefe des eigenen Herzens verborgen, und dorthin führt das innere Gebet mit seiner unablässigen Anrufung des Namens Jesu. Dieses innere Gebet läßt sich nicht einüben, um es schließlich »erreichen« zu wollen, vielmehr muß sich jeder auf jenen Weg führen lassen, den Gott für ihn erwählt hat. So wird sich der Beter in seinem Herzen dem Willen Gottes übergeben wollen.

Wer sich auf diese Weise in sein inneres Herzens hinein sammelt, wird dessen Dichte und Süßigkeit kaum ermessen können. Auch wenn das innere Gebet, das sich im Tempel des eigenen Herzens vollzieht, nur selten unmittelbar zu spüren ist, wird sich der Beter gerne an den Ort begeben, wo er schweigen und sich aller Sorgen entledigen darf; was ihn trotz aller Nüchternheit hier einkehren läßt, ist die Verheißung, dort erwartet zu sein. Doch kann er diesen Ort nicht erobern oder festhalten; ansonsten würden seine Kräfte recht rasch versiegen, was ihn in eine Krise stürzen würde, da er seiner schwindelerregenden Schwachheit gewahr wird. Die Zeit des Schweigens im inneren Herzen lehrt ihn die Haltung der demütigen Anbetung.

Demut ist die Bereitschaft, »täglich der uns ziehenden Gnade Gottes demütig zu folgen«, nämlich »gedemütigt durch unsere Schwachheit«[46]. Hierzu heißt es bei Basilius über Petrus, der den Herrn verleugnete: Da er sich und seine Kräfte überschätzte, »lieferte Gott ihn seiner menschlichen Feigheit aus, und er verleugnete Christus; sein Fallen aber machte ihn weise und ließ ihn künftig auf der Hut sein. Er lernte die Schwachen zu schonen, hatte er doch seine eigene Schwachheit erfahren; und er wußte nun genau, daß er durch die Kraft Christi bewahrt worden war, als er in Gefahr war zugrunde zu gehen durch seinen Mangel an Glauben, in diesem

---

[45] Ebd., 29.
[46] Johannes Cassian, Collationes patrum XIII,3.13.

Sturm des Skandals, so wie er von der rechten Hand Christi gerettet worden war, als er fast zu ertrinken drohte [...]. Die Demut befreit oft denjenigen, der häufig und schwer gesündigt hat«. [47]

Im Leben der Heiligen wird auf ganz besondere Weise der Vorgang einer Neuwerdung des menschlichen Daseins erkennbar, wie es Christus jedem Menschen eröffnen möchte. Der Prozeß der Neuwerdung beginnt mit der Aufrichtigkeit im Gebet: Sie wird den Beter in sich selbst eine ganz neue Qualität seines Daeins erkennen lassen.

Sobald er nämlich aus dem Dunkel seiner Sünde aufbricht und dankbar das neue Leben in Christus annimmt, darf er erfahren, zu welcher Größe er bestimmt ist. Dies schenkt ihm den Mut, sich zu bejahen als von Gott bejaht. Auf diese Weise schenkt das Heil, das Christus eröffnet hat, eine neue Qualität des Menschseins. In der Tat, der auferstandene Herr hat keine bestimmte Daseinsgestalt, weil er sich in jede verwandelt, nämlich in das Leben eines jeden Glaubenden. [48]

In jedem Augenblick seines Daseins vollzieht sich unter dem Wirken des Heiligen Geistes ein Pfingsten, ist der auferstandene und zum Vater heimgekehrte Herr doch nicht mehr – wie zu seiner Erdenzeit – *vor* seinen Jüngern, sondern *in* ihnen. Das Leben Jesu mit seinen dreiunddreißig Jahren ist alles andere als abgeschlossen; es aktualisiert und entfaltet sich weiter, nämlich im »fünften Evangelium« seiner Zeugen.

* * *

In einer vierten Studie soll den soeben entfalteten Ausführungen über das »Leben in Christus« eigens nachgegangen werden unter dem Leitmotiv einer »Theologie des geistlichen Lebens«. Es wird darum gehen, die Grunderfahrungen eines Glaubenslebens auf ihren theologischen Gehalt hin zu untersuchen und mit Blick auf den Alltag eines gläubigen Daseins zu vertiefen.

---

[47] Basilius von Caesarea, Homilia XX,4 (PG 31,531ff.).
[48] Vgl. R. Guardini, Die Daseinsgestalt Jesu, in: ders., Unterscheidung des Christlichen. Gesammelte Studien 1923-1963, Mainz-Paderborn [3]1995, 177-187, hier 187.

Printed by Books on Demand GmbH, Norderstedt / Germany